# Elemente der Politik

**Reihe herausgegeben von**
H.-G. Ehrhart, Hamburg
B. Frevel, Münster
K. Schubert, Münster
S.S. Schüttemeyer, Halle-Wittenberg

Die ELEMENTE DER POLITIK sind eine politikwissenschaftliche Lehrbuchreihe. Ausgewiesene Experten und Expertinnen informieren über wichtige Themen und Grundbegriffe der Politikwissenschaft und stellen sie auf knappem Raum fundiert und verständlich dar. Die einzelnen Titel der ELEMENTE dienen somit Studierenden und Lehrenden der Politikwissenschaft und benachbarter Fächer als Einführung und erste Orientierung zum Gebrauch in Seminaren und Vorlesungen, bieten aber auch politisch Interessierten einen soliden Überblick zum Thema.

**Reihe herausgegeben von**

Hans-Georg Ehrhart
Institut für Friedensforschung
und Sicherheitspolitik an der
Universität Hamburg, IFSH

Klaus Schubert
Institut für Politikwissenschaft
Westfälische Wilhelms-Universität
Münster

Bernhard Frevel
Fachhochschule für öffentliche
Verwaltung NRW, Münster

Suzanne S. Schüttemeyer
Institut für Politikwissenschaft
Martin-Luther-Universität
Halle-Wittenberg

Weitere Bände in der Reihe http://www.springer.com/series/12234

Katrin Möltgen-Sicking · Thorben Winter

# Verwaltung und Verwaltungswissen-schaft

Eine praxisorientierte Einführung

Katrin Möltgen-Sicking
Köln, Deutschland

Thorben Winter
Hagen, Deutschland

Elemente der Politik
ISBN 978-3-658-19084-2          ISBN 978-3-658-19085-9    (eBook)
https://doi.org/10.1007/978-3-658-19085-9

Die Deutsche Nationalbibliothek verzeichnet diese Publikation in der Deutschen
Nationalbibliografie; detaillierte bibliografische Daten sind im Internet über
http://dnb.d-nb.de abrufbar.

Springer VS
© Springer Fachmedien Wiesbaden 2018

Lektorat: Jan Treibel

Gedruckt auf säurefreiem und chlorfrei gebleichtem Papier

Springer VS ist Teil von Springer Nature
Die eingetragene Gesellschaft ist Springer Fachmedien Wiesbaden GmbH
Die Anschrift der Gesellschaft ist: Abraham-Lincoln-Str. 46, 65189 Wiesbaden, Germany

# Inhalt

# 1
# Allgemeine Grundlagen der Verwaltung in Deutschland

*Das erste Kapitel leistet einen allgemeinen Überblick über die öffentliche Verwaltung, über grundsätzliche Ordnungsprinzipien des deutschen Staatsaufbaus wie die horizontale und vertikale Gewaltenteilung. Nach der Beschreibung der Funktionen der öffentlichen Verwaltung in Deutschland wird der Dualismus aus Politik und Verwaltung Thema des Bandes sein. Weiter rücken die Aufgaben der öffentlichen Verwaltung in das Zentrum des Interesses. Sie werden ebenso differenziert dargestellt wie die unterschiedlichen Rechtsformen, in denen dem Bürger öffentliche Verwaltung begegnen kann.*

*Ein weiterer Schwerpunkt des Kapitels wird die Darstellung der Struktur der öffentlichen Verwaltung sein. Der vorliegende Band thematisiert die einzelnen Ebenen und widmet sich abschließend der Kontrolle staatlichen Handelns.*

## 1.1   Begriff der öffentlichen Verwaltung

Nahezu jeder Lebensbereich des Menschen ist von öffentlicher Verwaltung geprägt – ohne dass sich der Einzelne wahrscheinlich je vertiefte Gedanken darüber gemacht hätte. Wer morgens das Licht anstellt, der hofft auf leistungsfähige Stadtwerke, auf dem Weg zur Arbeit auf eine intakte Infrastruktur und auch am Abend, wenn der wohlverdiente Feierabend genossen wird, sind die Vorzüge der öffentlichen Verwaltung allgegenwärtig: Schnelles Internet oder auch ein lebendiges Kulturleben heißen dann die Segnungen, die die öffentliche Hand zur Verfügung stellt. Doch nicht nur der konkrete Tagesablauf, vielmehr das gesamte Leben findet seine Klammer in der öffentlichen Verwaltung. Ob Geburt oder Tod, die Meldung an das Bürgeramt hat stets zu erfolgen. Es hat also jeder mit Verwaltung zu tun, ob er will oder nicht. Nun gehört die Verwaltung nicht zu den Dingen des Lebens, die dazu angetan sind, dass sie täglich reflektiert werden. Dennoch – oder gerade deswegen – scheint ein genauerer Blick auf die Verwaltung lohnenswert.

Eine erste allgemeine Annäherung an den Begriff der öffentlichen Verwaltung muss bereits ernüchtern. So intensiv auch die Sekundärliteratur herangezogen wird, eine nahezu allgemein anerkannte Definition des Terminus existiert nicht. Wie ist das möglich, wenn doch – wie in der Einleitung deutlich geworden sein sollte – die Verwaltung nahezu jeden Bereich unseres Lebens tangiert, mitunter sogar bestimmt? Wenn gleichermaßen ehrfurchtsvoll wie resignierend von der „Macht des

**Abb. 1.1** Staatsgewalt nach dem Prinzip der Gewaltenteilung

```
┌──────────────────────────────────────────────────────────┐
│  ┌────────────────────────────────────────────────────┐  │
│  │  Staatsgewalt nach dem Prinzip der Gewaltenteilung  │  │
│  └────────────────────────────────────────────────────┘  │
│                                                            │
│  ┌─────────────────┐ ┌─────────────────┐ ┌──────────────┐ │
│  │  gesetzgebende  │ │vollziehende Gewalt│ │ rechtsprechende│ │
│  │Gewalt (Legislative)│ │   (Exekutive)   │ │Gewalt (Judikative)│ │
│  └─────────────────┘ └─────────────────┘ └──────────────┘ │
└──────────────────────────────────────────────────────────┘
```

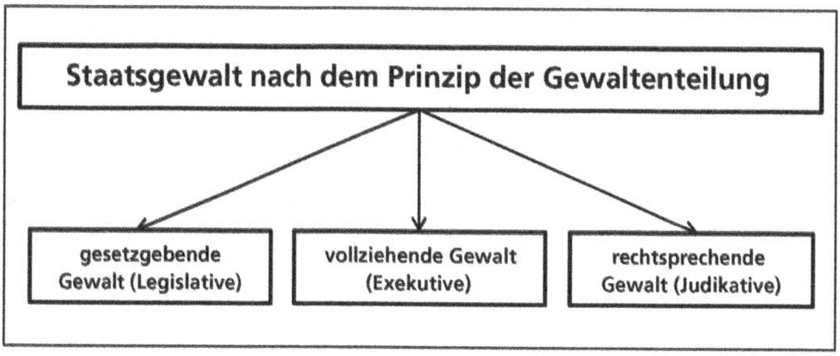

Quelle: Schmidt 2016, S. 1

Schreibtisches" gesprochen wird, um damit den Einfluss
der öffentlichen Verwaltung zu beschreiben?

Zunächst einmal hilft ein einführender Blick in das
Prinzip der Gewaltenteilung (Abb. 1.1).

Nachdem bereits *Aristoteles* (384–322 v. Chr.) erste
Ansätze einer Gewaltenteilung beschrieben hat, waren es
vor allem Staatsphilosophen wie *John Locke* (1632–1704)
oder *Charles de Montesquieu* (1689–1755), die im Sinne
eines aufkommenden Liberalismus die Gewaltenteilung
als Mittel gegen den allgegenwärtigen Machtmissbrauch
der absolutistischen Herrscher dieser Zeit etablieren
wollten (Schmidt 2016, S. 1). Der Weg war gleichermaßen steinig wie erfolgreich, erste Kodifizierungen des
neuartigen Prinzips finden sich in den *Bill of Rights of
Virginia* (1776) und in der *Erklärung der Menschen- und
Bürgerrechte* während der Französischen Revolution von
1789. In Deutschland sind erste Indizien in der Paulskirchenverfassung von 1848 und in der Reichsverfassung

von 1871 nachweisbar, „jedoch wurde die Gewaltenteilung in der heutigen Form erst im Grundgesetz von 1949
verankert" (Schmidt 2016, S. 1). Und auch hunderte Jahre nach der Formulierung der Grundintention gilt noch
immer, dass die Aufteilung der Staatsmacht vor allem
der Begrenzung von Macht dienen solle.

Und welche Rolle spielt die öffentliche Verwaltung in
diesem Gefüge? Eine erste Klassifizierung wird sie gewiss der zweiten Gewalt, der Exekutive, zuordnen. Es ist
doch die Verwaltung, die die Gesetze ausführt. Das ist
landläufige Meinung und in der Grundtendenz auch zu-
treffend, gleichwohl scheint ein differenzierter Blick auf
die Tätigkeit der Verwaltung geboten.

Allgemeiner Konsens ist die Unterscheidung in einen
*organisatorischen,* einen *materiellen* und einen *formellen*
Verwaltungsbegriff. Der *organisatorische* ist rasch um-
schrieben, handelt es sich um die „Gesamtheit aller staatlichen Einrichtungen, die Verwaltungsaufgaben erledigen, sofern sie vom Staat getragen (…) werden" (Ehlers
2010, S. 5).

Der *materielle* Verwaltungsbegriff dagegen ist unklar
und somit Ausgangspunkt rechtswissenschaftlicher Er-
örterungen. Ein häufiger Weg zur Bestimmung des materiellen Verwaltungsbegriffs ist die sogenannte Subtraktionsmethode. Hier wird die Annahme zu Grunde
gelegt, dass all das zur Verwaltung gehört, was nicht zu
den beiden anderen Gewalten – der Legislative und der
Judikative – zählt. Nur: Eine exakte Ableitung kann lediglich dann erfolgen, wenn die beiden anderen Gewalten definitorisch zweifelsfrei bestimmt werden können.
Leider ist dies kaum der Fall, wie das folgende Beispiel

verdeutlicht. Aus der Sicht der Exekutive ist diese berechtigt, „Aufgaben der Rechtssetzung wahrzunehmen, indem sie (materielle) Gesetze des Art. 80 GG erlässt" (Erbguth 2005, S. 41). Es ist also nicht ausschließlich die Legislative als erste Gewalt, die mittels mehrheitlicher Abstimmung im Parlament Recht setzt, sondern auch die vermeintlich ausschließlich ausführende Gewalt der Exekutive, die per Rechtsverordnung ebenfalls ursächlich daran beteiligt ist. Zudem bietet Art. 28 II GG den Gemeinden das Recht, die lokalen Angelegenheiten eigenständig zu regeln (Franz 2013, S. 17). Und nicht zuletzt wird eine rein negative Aufzählung im Sinne eines „Rests" der einflussreichen Funktion der öffentlichen Verwaltung keineswegs gerecht.

Wenn nun die negative Begriffsbestimmung keine eindeutige Definition hervorbringt, wird womöglich der umgekehrte Weg, also die Annäherung über eine positive Bestimmung dessen, was zur Verwaltung gehört, erfolgversprechender sein. Es existieren eine Vielzahl von Definitionen (Hofmann et al. 2016, S. 4), die von der Verwirklichung gesetzgeberischen Willens, der sozialen Gestaltung im Rahmen der Gesetze bis hin zur Herstellung verbindlicher Entscheidungen reichen (Ehlers 2010, S. 6). Diese positive Einordnung birgt dabei die Gefahr einer mangelnden Konkretion, sie ist eher ein allgemeiner Betrag mit nicht allzu viel Gebrauchswert.

Eine dritte und letzte Möglichkeit der definitorischen Bestimmung bietet die Aufzählung all jener Tätigkeiten, die die Verwaltung ausführt. Dabei sind folgende Tätigkeiten exemplarisch zu nennen (Hofmann et al. 2016, S. 4; Franz 2013, S. 18):

- Indirektes Setzen politischer Ziele bei gleichzeitigem Vorrang der Entscheidungen des Parlaments;
- Vollzug von Gesetzen;
- Innere und äußere Sicherheit;
- Staatsfinanzierung;
- sozialstaatliche Aufgaben;
- Schaffung und Unterhaltung von Einrichtungen für Bildung und Freizeit: Museen, Musikschulen, Sportstätten;
- Umweltschutz und Planung.

Diese Aufstellung kann aufgrund der Aufgabenfülle der öffentlichen Verwaltung nur eine exemplarische sein. Führt man sich zudem die ungeheure Dynamik und den Wandel des Verwaltungshandelns vor Augen, so scheint es ebenfalls kaum möglich zu sein, alle Tätigkeiten der Verwaltung in enumerativer Nennung anzuführen. In einer Bewertung ist es wohl die *Kombination aller dreier Modelle,* die die beste definitorische Annäherung an die öffentliche Verwaltung bietet. Zunächst wird mittels der Subtraktionsmethode eine Abgrenzung zur ersten wie zur dritten Gewalt geleistet, anschließend erfolgt eine Ergänzung durch eine positive Herangehensweise an die öffentliche Verwaltung, die wiederum letztendlich um eine Nennung der prägenden Verwaltungstätigkeiten erweitert wird.

Nicht zuletzt birgt der *formelle* Verwaltungsbegriff keinen Diskussionsstoff. Verwaltungstätigkeiten im formellen Sinne sind alle Tätigkeiten, die die Verwaltung ausübt – „unabhängig davon, ob es sich um Verwaltung im materiellen Sinne oder z. B. um Regierung oder Gesetzgebung handelt" (Ehlers 2010, S. 9).

Um die Differenziertheit des Verwaltungsbegriffs zu veranschaulichen, ist somit die bekannte Darstellung der drei Staatsgewalten – bezogen auf die zweite Gewalt – einer Erweiterung zu unterziehen und innerhalb ihrer selbst zu differenzieren in die Tätigkeit der Regierung (Gubernante), der die politische Staatsleitung obliegt und organisatorisch in der Bundes- und den Landesregierungen seinen organisatorischen Niederschlag findet und in die Verwaltung im engeren Sinne (Administrative), die primär mit der Umsetzung der Gesetze beschäftigt ist. Die folgende Grafik 1.2 veranschaulicht in weiterführender Differenzierung den horizontalen Mechanismus der Gewaltenteilung, also das Zusammenspiel der drei Staatsgewalten mit einem besonderen Blick auf die Exekutive (Abb. 1.2).

**Abb. 1.2**　Die Staatsfunktionen nach Art. 20 II 2 GG

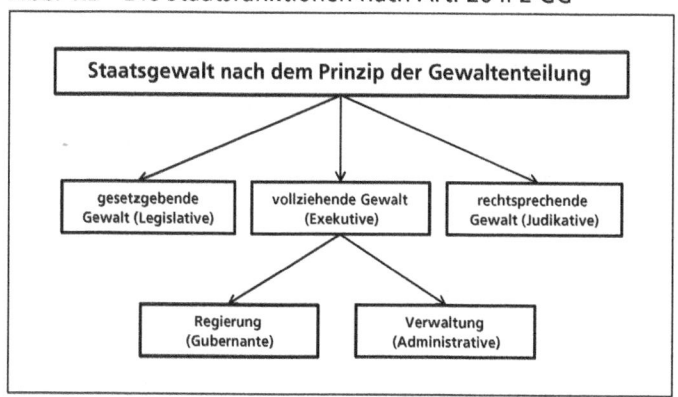

Quelle: Erbguth 2005, S. 41

Nun handelt es sich bei der Bundesrepublik Deutschland um einen föderalen Bundesstaat, der einen äußerst komplexen Aufbau ebenfalls in vertikaler Hinsicht aufweist. Neben der dargestellten horizontalen existiert demnach auch eine *vertikale Gewaltenteilung,* die die staatlichen Ebenen miteinander verknüpft. Terminologisch wird unter einem föderalen Staat ein politisches Grundprinzip verstanden, unter dem sich ein Zentralstaat und mehrere Gliedstaaten zusammenschließen. Die Souveränität zwischen beiden Akteuren ist also geteilt, im Unterschied zum Staatenbund, der ein loser Zusammenschluss von souveränen Staaten ist, sowie vom dezentralisierten Einheitsstaat, der den nachgeordneten Einheiten keine Staatsqualität zubilligt (Rudzio 2015, S. 321).

Deutschland verfügt über eine lange Tradition dezentraler Staatsorganisation – beginnend mit der Aufteilung in einzelne Fürstentümer über das Deutsche Reich oder die Weimarer Republik – und brachte somit für die Alliierten ideale Voraussetzungen mit, um nach 1945 ein föderales, auf Machtverschränkung ausgelegtes Staatswesen in (West-)Deutschland zu installieren und zu etablieren. Dieser „Aspekt der Verteilung der Staatsgewalt auf Bund und Länder war den Eltern des Grundgesetzes (und den Alliierten) so wichtig, dass sie ihn in der Form einer Ewigkeitsgarantie in Art. 79 III GG verankerten" (Gerlach 2010, S. 126). Es kam den Alliierten also weniger auf die föderale Tradition Deutschlands als auf die machtverschränkende Wirkung des Föderalismus an. Dafür spricht zudem die Tatsache, dass die deutschen Bundesländer nach 1945 kaum an gewachsene Traditionen anknüpfen konnten, sondern der Zuschnitt der Länder eher rationaleren Kriterien folgte, damit ein Ungleichgewicht, wie es in der Weimarer Republik aus einem dominanten Preußen und deutlich kleiner Gebietsteilen bestand, vermieden werden konnte (Rudzio 2015, S. 326).

Die grundsätzliche Systematik der Aufteilung der Kompetenzen und Zuständigkeiten zwischen dem Bund und den Ländern war und ist immer zumindest theoretisch unkompliziert, denn auch in einem Bundesstaat existieren Aufgaben, die ausschließlich vom Zentralstaat erledigt werden müssen. Ist es denkbar, dass das Bundesland Sachsen-Anhalt eine andere Strategie in der Außen- oder Verteidigungspolitik verfolgt als das Bundesland Hessen? Natürlich nicht, daher zählen die Themenkreise *Außenpolitik* und *Landesverteidigung* auch zur *ausschließlichen Zuständigkeit des Bundes.* Weitere exemplarische Segmente sind:

- Staatsangehörigkeitsrecht;
- Währungs- und Münzwesen;
- Einheit des Zollgebietes;
- Postwesen, Telekommunikation;
- Terrorabwehr;
- Zusammenarbeit Bund/Länder;
- Waffen- und Sprengstoffrecht.

Diese Bereiche, in denen der Bund ausschließlich tätig ist, sind in Art. 73 GG enumerativ genannt. Damit einher ging die Annahme, dass bei allen anderen Themenkreisen die Länder zuständig sind. Bis zur ersten *Föde-*

*ralismusreform* im Jahr 2006 bestand einschränkend die Regelung, dass der Bund immer dann einschreiten konnte, wenn „es zur Herstellung gleichwertiger Lebensverhältnisse notwendig erschien" (Bogumil und Jann 2009, S. 77). Machte der Bund davon keinen Gebrauch, waren grundsätzlich die Länder zuständig. Die reale Gesetzgebungspraxis sprach allerdings eine andere Sprache, der Bereich der *konkurrierenden Gesetzgebung* war durch den Bund stark normiert und damit dem Einfluss der Landesgesetzgeber weitestgehend entzogen.

Ziel der ersten Föderalismusreform 2006 war somit die Entflechtung der gesetzgeberischen Vorgaben zwischen Bund und Ländern. So benennt nun Art. 72 GG zehn Bereiche, für die die bisherige Regelung weiter gilt (z. B. Aufenthalts- und Niederlassungsrecht für Ausländer, öffentliche Fürsorge), bei allen anderen Angelegenheiten handelt es sich nach Art. 74 GG um Bundesrecht. In weiteren sechs Bereichen dagegen können die Länder nun abweichende Regelungen beschließen, auch wenn der Bund vorher von seinem Recht zur Gesetzgebung Gebrauch gemacht hat (Bogumil und Jann 2009, S. 77).

Im Ergebnis wurde in der Reform erreicht, dass die Gesetzgebung grundsätzlich auf die Bereiche der *ausschließlichen* und der *konkurrierenden Gesetzgebung* reduziert wurde. Die zuvor praktizierte Rahmengesetzgebung nach Art. 75 GG – der Bund setzte einen Rahmen, die Länder konnten ihn unter Erfüllung dieser Vorgaben weitgehend autonom füllen – entfiel. Zudem wurde die Anzahl der Gesetze, bei denen der Bundesrat zustimmungspflichtig ist, reduziert.

Damals wie heute sind die Gesetzgebungskompetenzen der Länder im Grundgesetz nicht erschöpfend genannt, sondern leiten sich aus den Themenkreisen ab, für die der Bund keine originäre Zuständigkeit besitzt und die auch nicht Teil der konkurrierenden Gesetzgebung sind. Dies sind im Wesentlichen:

- Bildung, Kultur
- Polizei
- Kommunalrecht
- Presse- und Rundfunkrecht

Auch nach der *zweiten Föderalismusreform 2009,* in deren Rahmen die Finanzbeziehungen im deutschen Föderalismus neu geordnet wurden, ebbten die Reformdiskussionen über Anzahl und Struktur der deutschen Bundesländer nicht ab.

Abbildung 1.3 kombiniert nun die beiden Grundprinzipien der vertikalen und horizontalen Gewaltenteilung und bildet damit die Grundlage für die weiteren Ausführungen.

Nun suggeriert die Grafik einen weitgehend klaren und in gesetzgeberischer Hinsicht auch ausgewogenen Aufbau, der den einzelnen staatlichen Ebenen – also dem Bund und den Ländern – eigene Aufgaben mit eigener Verwaltung zur Aufgabenerledigung zuweist. Die Kommunen sind dabei keine eigene staatliche Ebene, sondern verfassungsrechtlich geschützter Teil der Länder. Die Praxis ist aber eine andere, und dies im Wesentlichen aus zwei Gründen: Zum ersten, so viel sollte deutlich geworden sein, konnte die erste Föderalismusreform 2006 die Kompetenzen der Länder bei der Gesetzgebung

**Abb. 1.3** Der deutsche Staatsaufbau

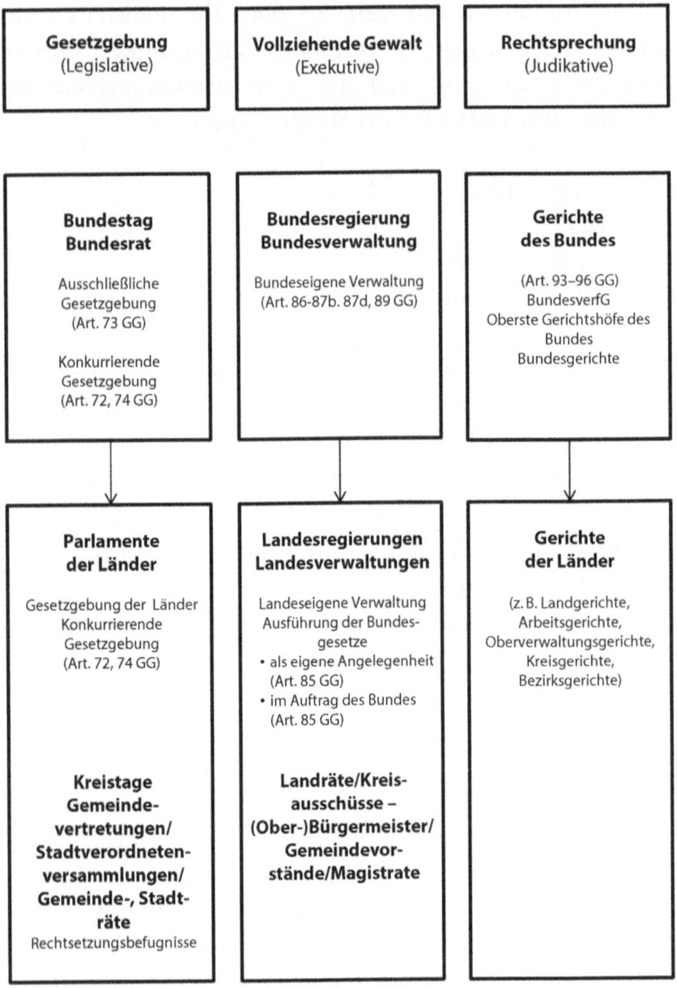

| Gesetzgebung (Legislative) | Vollziehende Gewalt (Exekutive) | Rechtsprechung (Judikative) |
|---|---|---|

| **Bundestag Bundesrat** | **Bundesregierung Bundesverwaltung** | **Gerichte des Bundes** |
|---|---|---|
| Ausschließliche Gesetzgebung (Art. 73 GG)<br><br>Konkurrierende Gesetzgebung (Art. 72, 74 GG) | Bundeseigene Verwaltung (Art. 86-87b. 87d, 89 GG) | (Art. 93–96 GG) BundesverfG Oberste Gerichtshöfe des Bundes Bundesgerichte |

| **Parlamente der Länder** | **Landesregierungen Landesverwaltungen** | **Gerichte der Länder** |
|---|---|---|
| Gesetzgebung der Länder Konkurrierende Gesetzgebung (Art. 72, 74 GG)<br><br>**Kreistage Gemeinde- vertretungen/ Stadtverordneten- versammlungen/ Gemeinde-, Stadt- räte**<br>Rechtsetzungsbefugnisse | Landeseigene Verwaltung Ausführung der Bundes- gesetze<br>• als eigene Angelegenheit (Art. 85 GG)<br>• im Auftrag des Bundes (Art. 85 GG)<br><br>**Landräte/Kreis- ausschüsse – (Ober-)Bürgermeister/ Gemeindevor- stände/Magistrate** | (z. B. Landgerichte, Arbeitsgerichte, Oberverwaltungsgerichte, Kreisgerichte, Bezirksgerichte) |

Quelle: Bogumil und Jann 2009, S. 71

kaum spürbar erweitern. Zum zweiten würde die Analyse des deutschen Föderalismus zu kurz greifen, wenn lediglich das Übergewicht des Bundes bei der Gesetzgebung benannt wird.

Ebenso signifikant ist die wiederum dominante Rolle der Länder bei der Ausführung der Gesetze, die mit dem Begriff des *Exekutivföderalismus* beschrieben wird. Das Grundgesetz bestimmt dazu in Art. 83: „Die Länder führen die Bundesgesetze als eigene Angelegenheiten aus, soweit dieses Grundgesetz nichts anderes bestimmt oder zulässt". Es soll keinesfalls der Eindruck entstehen, dass diese Verfassungspraxis in hohem Maße kritikwürdig sei, *Verfassungsintention* und *Verfassungsrealität* weichen nur in jahrzehntelanger Anwendung mitunter voneinander ab. Zusammenfassend lässt sich festhalten: Der Bund hat ein klares Übergewicht beim Erlass, das Land bei der Umsetzung von Gesetzen.

Umgekehrt – und das ist für die Betrachtung der öffentlichen Verwaltung von großem Interesse – stellt sich die Situation beim administrativen Vollzug der Gesetze dar. Der Bund hat nur wenige Behörden, die die eigenen Aufgaben erfüllen, daher bildet der Normalfall „Bundesgesetze, die von Landesbehörden (und als deren Hilfsorgane: von Kommunalverwaltungen) ausgeführt werden" (Rudzio 2015, S. 339). Nummerisch werden ca. 80 % der Bundes- und auch der Landesgesetze von den kommunalen Rat- und Kreishäusern erledigt, sodass die kommunale Ebene bei der Analyse der öffentlichen Verwaltung besonders von Interesse ist und einen Schwerpunkt der weiteren Ausführungen bilden wird.

Und auch in dieser Hinsicht kann sich Deutschland

auf eine bestehende Tradition berufen, da bereits seit der Paulskirchenverfassung von 1849 das Basisarrangement existierte, welches „den Vorrang der Gesetzgebung beim Bund sieht, aber mit Rücksicht auf die bereits vorhandenen Verwaltungen die Überlassung der inneren Verwaltung an die Länder delegiert" (Bogumil und Jann 2009, S. 72). Manche Politikwissenschaftler gehen sogar noch weiter und stellen gerade die Interventionsmöglichkeiten des Bundes zur Wahrung gleichwertiger Lebensverhältnisse heraus und bezeichnen sie als derart hohes Gut, dass das föderale Deutschland eher ein aus interregionaler Nivellierung spezialisierter Einheitsstaat sei (Schmidt 2007, S. 38).

Auf eine beachtliche, auf die *Preußische Städteordnung von 1808* zurückgehende, Tradition können sich die deutschen Kommunen berufen. Auch wenn, nicht zuletzt aufgrund des hohen Autarkiegrades der Kommunen insbesondere im internationalen Vergleich, die Kommunen mitunter als *dritte Ebene* bezeichnet werden, so trifft dies lediglich im administrativen, nicht aber im staatsrechtlichen Sinne zu, da die Kommunen verfassungsrechtlich geschützter Teil der Länder sind, nicht aber eine separate staatliche Ebene darstellen. In Deutschland erfüllen sie eine Doppelrolle. Einerseits fungieren sie als Ausführungsorgan staatlicher Entscheidungen und sind nicht befugt, in den Kompetenzbereich von Bund und Land einzugreifen, „andererseits als Selbstverwaltung der Kommune, wobei der gewählte Rat oder die Gemeindebürger das Sagen haben, deren Entscheidungen ebenfalls die kommunale Verwaltung umsetzt" (Rudzio 2015, S. 355 f.).

Als Rechtsquelle ist der Art. 28 II GG einschlägig, der den Gemeinden das Recht einräumt, „alle Angelegenheiten der örtlichen Gemeinschaft im Rahmen der Gesetze in eigener Verantwortung zu regeln". Es lässt sich aus diesem Grundgesetzartikel kein fester Aufgabenkanon für die Kommunen ableiten. Es ist ein Zeichen für die starke Stellung der Kommunen, wenn der Gesetzgeber den Weg ebnet, die *örtlichen Angelegenheiten,* die der Bundes- oder Landesgesetzgeber aufgrund der räumlichen und inhaltlichen Distanz mitunter eh nur schwierig beurteilen kann, sachgerecht und unter Förderung des lokalen Zusammenhangs zu erledigen.

Diese Eigenverantwortlichkeit bezieht sich im Wesentlichen auf die Hoheiten, die in Abbildung 1.4 dargestellt werden.

Neben den Gemeinden haben die (Land-)Kreise als weitere kommunale Gebietskörperschaft eine wichtige Funktion inne. Sie nehmen die öffentlichen Aufgaben wahr, „die von den kreisangehörigen Gemeinden mangels eigener Leistungskraft nicht übernommen werden können oder über ihren Bereich hinausgehen" (Kipke 2000, S. 75).

**Abb. 1.4**  Die Hoheiten der Gemeinden in Deutschland

| | |
|---|---|
| Personalhoheit | Den Kommunen wird das Recht gewährt, eigenes Personal zu rekrutieren, einzustellen, zu befördern und zu entlassen. |
| Rechtsetzungshoheit | Die Kommunen haben das Recht, kommunale Rechtsnormen wie Satzungen zu erlassen. |
| Organisationshoheit | Den Kommunen wird die Befugnis zur Regelung der eigenen Verwaltungsorganisation eingeräumt |
| Finanzhoheit | Die Kommunen stellen einen eigenen Haushaltsplan auf, der vom Gemeinderat beschlossen wird |
| Steuerhoheit | Die Kommunen erheben eigene Steuern und beschließen über den Hebesatz (Gewerbe-, Grundsteuer; weitere kleinere Steuern wie die Hunde- oder die Vergnügungssteuer). Die Kommunen haben ein begrenztes Steuerfindungsrecht. |

Quelle: eigene Darstellung, nach Kipke 2000, S. 78

## 1.2  Funktionen der öffentlichen Verwaltung

Es scheint zielführend zu sein, einen Blick auf die Funktionen der Verwaltung zu werfen, die sich in administrative, Rechtsprechung entlastende und koordinierende Funktionen unterteilen lassen. Mit der *Administrativfunktion* der Verwaltung wird einführend die wichtigste Funktion der öffentlichen Verwaltung beschrieben: die Ausführung der vom Parlament beschlossenen Gesetze durch rechtsverbindliche Entscheidungen. Die Verwaltung hat aber auch in eher geringem Ausmaß die Funktion, Rechtsprechung dahingehend zu ersetzen bzw. zu entlasten, dass „die früher der Rechtsprechung zugeordnete Aufgabe der Ahndung von Bagatellunrecht in breitem Maße durch das Recht der Ordnungswidrigkeiten auf die Verwaltung verlagert wurde" (Franz 2013, S. 31).

Einen eingehenderen Blick verdient nun die Funktion der *koordinierenden bzw. kooperativen Verwaltung*. Bislang war der Fokus des Bandes eher auf den reaktiven und auch in sich organisch getrennten Charakter der Verwaltung und ihrer Ebenen gerichtet. Die grundsätzliche, auch aus Grundgesetz und weiteren normativen Quellen abgeleitete Staats-Architektur ist auf diese Weise korrekt beschrieben. Gleichwohl: Dass die Aufgabenerledigung durch die Verwaltung nicht ohne unterschiedliche Formen der Zusammenarbeit funktioniert, dürfte unstrittig sein und wird im Folgenden mit dem Begriff *Governance* belegt.

Als *Vorbereiter* politischer Entscheidungen ist die Verwaltung keineswegs nur ausführendes Organ oder gar Zaungast politischen Handelns. Neben den Parteien wirken in zunehmendem Maße auch Interessenvertretungen und -verbände auf das politische System und damit auf die öffentliche Verwaltung ein. Und beide Seiten profitieren: Die Verwaltung nutzt die sachliche Expertise der Fachleute, während der Verband seine neugewonnene Nähe zur Verwaltung zu schätzen weiß, um eigene Vorstellungen möglichst frühzeitig in den Politikprozess einfließen zu lassen (Voigt 1995, S. 59).

Nicht viel anders verhält es sich, wenn die *Implementation und Umsetzung* der politischen Ergebnisse zu er-

folgen hat. Oft ist es kaum möglich, ein Gesetz ohne einen gewissen Interpretations- und Handlungsspielraum
anzuwenden. Voigt verweist auf eine Studie aus dem Bereich der Umweltgesetzgebung, die in den USA bereits
zu Ende der 1970er, Beginn der 1980er Jahre veröffentlicht worden ist. Das Ergebnis war, dass die US-amerika-
nischen Behörden die Programme nur höchst defizitär
umgesetzt hatten. Neben den mitunter kritikwürdigen
Vorgaben wurden grundsätzliche Probleme bei der Implementierung gesehen. Eine gesamtstaatliche Vorgabe
kann nicht über den Konkretionsgrad verfügen, der benötigt wird, um auf jede detaillierte Herausforderung vor
Ort reagieren zu können. Soll die Grundintention nicht
aus den Augen verloren werden, so ist es notwendig, dass
das Instrumentarium zur Zielerreichung auf dem Ver-
handlungswege den exakten lokalen Gegebenheiten angepasst wird. Dies kann im Einzelfall zu pragmatischen
Vorgehensweisen führen: „In vielen Bereichen tritt daher
an die Stelle hoheitlichen Handelns der Verwaltung die
vertragliche Beziehung zwischen dem Staat und Privaten
oder sogar ein informales Verwaltungshandeln, das auf
mehr oder weniger formlosen Absprachen mit den Ad-
ressaten beruht" (Voigt 1995, S. 62).

Laut Voigt bietet die koordinierende Arbeitsweise
nachweisbare Effizienzvorteile (Voigt 1995, S. 62 f.):

- hohe Flexibilität, schnelle Anpassung an veränderte
  Rahmenbedingungen;
- Mobilisierung externen Sachverstands;
- erleichterter Zugang zu Informationen, über die nur
  die Kooperationspartner verfügen;

- problemadäquate Lösungsansätze komplexer Herausforderungen;
- Vermeidung von Rechtsstreitigkeiten durch frühzeitige Konsensorientierung.

Die stark auf Kooperation ausgelegten Handlungsweisen werden insbesondere von der Rechtswissenschaft unter dem Gesichtspunkt der Rechtsstaatlichkeit kritisiert. Ein weiteres Problem ergibt aus einer oft selektiven Auswahl an Kooperationspartnern. Gerade bei Wohlfahrtsverbänden, die auf allen Ebenen administrativen Handelns erheblichen Einfluss ausüben, ergibt sich nicht ohne Grund die Frage nach einer angemessenen Beteiligung aller Sichtweisen.

## 1.3 Politik und Verwaltung

Obwohl sie es wahrscheinlich nie war, galt die öffentliche Verwaltung lange Zeit als unpolitisch. Ihre Aufgabe – so der allgemeine Konsens – bestand ausschließlich darin, die vom Parlament beschlossenen Gesetze in administrativ präziser Rationalität umzusetzen. Und diese Grundintention wird wohl jeder begrüßen, denn wer schon präferiert eine Verwaltung, die nach politischen Erwägungen handelt, die also flatterhaft und eher unberechenbar agiert? Nein, die Verwaltung ist die Konstante in einer sich schneller drehenden Welt, geradezu abgekoppelt und immun vom tagespolitischen Geschäft. Oder anders ausgedrückt: „Die Trennung von Politik und Verwaltung gehört zu den wesentlichen Errungenschaften einer rechtsstaatlichen Verwaltung und damit von moderner Verfassungsstaatlichkeit überhaupt" (Seibel 2016, S. 110).

Nun ist diese These schon seit geraumer Zeit nicht mehr aufrecht zu erhalten. In einem Spannungsfeld aus Politik, Verwaltung und Gesellschaft existieren zahlreiche Interdependenzen, die sich gegenseitig bedingen und es geradezu unmöglich erscheinen lassen, dass eine öffentliche Verwaltung als isolierte Einheit „nur" den Vollzug geltenden Rechts verantwortet. Spätestens mit den 1980er Jahren, als die Politikfeldforschung in der Politikwissenschaft immer stärker an Bedeutung erlangte, wurde die Erkenntnis gewonnen, dass die Verwaltung gerade bezüglich der Vorbereitung politischer Entscheidungen eine wichtige Rolle einnimmt (Naßmacher 2010, S. 69).

Neben dem prinzipiell auf Machtvermehrung ausgerichteten Habitus der Parteien ist es vor allem eine insgesamt wachsende Politisierung, die den Weg einer politischer werdenden Verwaltung geebnet hat (Benz 1994, S. 43):

- immer mehr private und gesellschaftliche Probleme werden zum Gegenstand öffentlicher Auseinandersetzungen;
- steigende Konfliktbereitschaft bei der Bewältigung gesellschaftlicher Aufgaben;
- Verlust der Steuerkraft mittels standardisierter Handlungsweisen, „der deduktive Ableitungszusammenhang von politischer Normsetzung und Verwaltungsvollzug" (Benz 1994, S. 43) löst sich weiter auf.

Das Aufrechterhalten der These von der unpolitischen Verwaltung würde zudem bedingen, dass sich die Politiker nicht mehr für die Folgen der von ihnen beschlossenen Gesetze interessieren. Verwaltung kann also kaum unpolitisch sein, da die Kontrolle der Beschlüsse Bestandteil des politischen Prozesses ist. Und so sind parlamentarische Kontrollrechte wie *Aktuelle Stunden* oder *Große* und *Kleine Anfragen* gängiges Instrumentarium der parlamentarischen Demokratie Deutschlands. Es ist demnach nicht nur aus der Warte der Verwaltung, sondern auch aus der der Politik eine Interdependenz zu sehen.

Wird der Fokus auf die Verwaltung gelegt, können wiederum die nachstehenden Einflussmöglichkeiten genannt werden. Zunächst verfügt die öffentliche Verwaltung über weitreichende *Kompetenzen bei der Rechtsetzung*. Gewiss, die legislatorische Grundlage ist das vom Parlament verabschiedete Gesetz, dem aber in aller Regel ministerielle Rechtsverordnungen zur konkreten Anwendung folgen. Franz benennt anschaulich das folgende Beispiel: „Es gibt ein Immissionsschutzgesetz und 37 ministerielle Immissionsschutzverordnungen des Bundes" (Franz 2013, S. 29). Insgesamt ist das gesamte Spektrum administrativen Vollzugs von Gesetzen kaum übersehbar, was eine selektive und auch interpretierende Anwendung bestimmter Rechtsbereiche unabdingbar werden lässt und dazu führt, dass die Verwaltung während des Vollzugs des Gesetzes konkretisierend und damit rechtsetzend eingreift. Insgesamt hat sich aus der hoheitlichen Verwaltung eine Leistungsverwaltung und daraus wiederum eine planende Verwaltung entwickelt (Naßmacher 2010, S. 70).

Als *Vorbereitungsherrschaft* wird die Tatsache bezeichnet, dass die Verwaltung über eine fachliche wie ressourcentechnische Überlegenheit verfügt, um Gesetze vorzubereiten. Die übliche erste Hürde, die ein neues Gesetz zu nehmen hat, ist – so die Initiative aus der Bundesregierung kommt – die Billigung eines Referentenentwurfs im Kabinett. Letztlich beginnt bereits an diesem Punkt des Politikprozesses die Beeinflussung des Parlaments durch die Verwaltung, insbesondere durch die die Entwürfe vorbereitenden Ministerien. Es sind nicht selten die Ministerien, die ein Thema auf die politische Agenda setzen und mit einem Gesetzentwurf zu gestalten versuchen. Insgesamt „erscheint das Bild einer im Kampf der Meinungen im Parlament entstehenden Mehrheit für eine bestimmte Politik vollends als eine verfehlte Beschreibung der Wirklichkeit" (Franz 2013, S. 30). Es ist einschränkend hinzu zu fügen, dass die Entwürfe in der Regel während des politischen Meinungsbildungs- und Abstimmungsprozesses erkennbaren Veränderungen unterworfen werden. Gleichwohl ist die Grundsatzentscheidung zur näheren Betrachtung einer künftigen Aufgabe unter ursächlicher Initiative der Verwaltung bereits früher gefallen: „Politische Auswahlentscheidungen, die nach dem liberalstaatlichen Idealmodell dem Parlament vorbehalten sind, werden zunehmend von der Verwaltung (im Auftrage der Regierung) vorgenommen" (Naßmacher 2010, S. 68 f.).

Der *Informationsvorsprung,* als letzte Einflussform genannt, ist im Bereich der kommunalen Verwaltung besonders stark ausgeprägt, treffen hier doch ehrenamtlich tätige Kommunalpolitiker auf eine hauptamtlich arbeitende Verwaltung. Auch wenn erneut das Entscheidungsrecht beim politisch besetzten Gemeinderat liegt, so ist dennoch das qualifikatorische wie zeitliche Übergewicht auf Seiten der Verwaltung. Als Beispiele sind zu nennen (Naßmacher 2010, S. 68):

- *Bürgernähe:* Bürger tragen Probleme an die Verwaltung heran, die wiederum proaktiv zur Beseitigung der Mängel tätig werden kann.
- *Konkretisierung:* Der Verwaltung gelingt es oftmals, aus Ideen und nicht abschließenden Plänen von Politikern konkrete Handlungen abzuleiten.
- *Finanzen:* Die Planung der öffentlichen Finanzen ist eine Aufgabe der öffentlichen Verwaltung. Es ist somit an ihr, diskutierte Projekte mit Ressourcen zu hinterlegen und sie damit einem realistischen Meinungsbildungsprozess auszusetzen.

Wenn nun in der täglichen Arbeit die Rollen der Politik als Auftraggeber und der Verwaltung als Auftragnehmer de facto verschwimmen, dann scheint der Schluss folgerichtig, dass gerade die Spitzen der Verwaltung einen sehr politischen Beruf ausüben. Es ist erstaunlich, dass auch dieses Phänomen erst in den vergangenen 30 Jahren eingehender thematisiert worden ist und unter dem Begriff des *politisch-administrativen Systems* Eingang in die Verwaltungswissenschaft gefunden hat. Hier empfiehlt sich ein erster Blick in Max Webers Verwaltungssoziologie, die in Kap. 2.1 noch intensiver besprochen werden wird: „In jedem modernen Staat liegt die wirkliche Herrschaft, welche sich ja weder in parlamentarischen Reden noch in Enunziationen von Monarchen, sondern in der Handhabung der Verwaltung im Alltagsleben auswirkt, notwendig und unvermeidlich in den Händen des Beamtentums" (Weber 2005a, S. 360).

Die Monarchen mögen sich als politische Akteure in Europa dem Lauf der Geschichte gebeugt haben, die grundsätzliche Kräfteverteilung zwischen Politikern und Verwaltungsmitarbeitern hat Max Weber gleichwohl vor rund 100 Jahren treffend wiedergegeben. Und wenn die Gründe für diesen Befund mit denen oben genannten, die institutionellen Rahmenbedingungen betreffenden, eng zusammenhängen, so ist doch die Rolle der Politik – und damit auch der Parteien – als Akteur der *Politisierung der öffentlichen Verwaltung* zu analysieren.

Es sind im Wesentlichen die folgenden Instrumente, derer sich die Politik bedient. *Erstens* werden leitende Verwaltungsämter aufgrund parteipolitischer Präferenzen vergeben. Diese Praxis ist so etabliert wie beamtenrechtlich bedenklich, da „sich die Vergabe öffentlicher Ämter allein nach den Kriterien der Eignung, Leistung und fachlichen Befähigung" (Seibel 2016, S. 114) richten sollte. Gewinnt eine Partei eine Wahl, dann wird sie unverzüglich beginnen, einflussreiche Positionen wie beispielsweise die der Staatssekretäre mit Führungspersonal mit demselben Parteibuch zu besetzen.

Eine besondere Betrachtung der kommunalen Ebene ist hier geboten, nehmen doch die Beigeordneten[1] eine Zwitterstellung zwischen Gemeinderat und Verwaltung

---

1   Diese Arbeit folgt in den kommunalen Bezügen den nordrhein-westfälischen Regelungen und Begrifflichkeiten.

ein. Einerseits leiten sie ein Dezernat einer Kommune und sind damit als leitende Beamte Teil der Kommunalverwaltung, andererseits sind sie vom Gemeinderat für eine bestimmte Zeit für diese Aufgabe gewählt und damit der Mehrheit des Rates verpflichtet. Diese Ausgangslage hat dazu geführt, dass in der Kommunalpolitik ein immer stärker politisiertes Umfeld vorgefunden wird, da die Parteien versuchen, im unmittelbaren Leitungsbereich einer kommunalen Verwaltung Entscheidungen auf parteipolitische Weise zu beeinflussen. Es ist ein Unterschied, ob eine SPD-Ratsfraktion die Einrichtung einer Gesamtschule fordert oder ob die vermeintlich neutrale Verwaltung mit einem SPD-Beigeordneten an der Spitze eine entsprechende Vorlage dem Rat zur Entscheidung vorlegt. Besonders schlagkräftig wird es natürlich, wenn in Rat und Verwaltung politisch konsonant intoniert wird.

Auch spielt die kommunale Ebene aufgrund der Unmittelbarkeit von Entscheidung und Akteur eine Sonderrolle. In großen Verwaltungen wie beispielsweise in Bundes- oder Landesministerien ist die arbeitsteilige Struktur in Ressorts, die oft räumlich getrennt von anderen Ressorts in größerer Unabhängigkeit operieren, dafür verantwortlich, dass sich die politische Durchsetzung von Querschnittsanliegen schwieriger gestaltet. Seitdem der Einfluss der (meist) hauptamtlichen Bürgermeister merklich zugenommen hat, ist auf kommunaler Ebene eine Machtfülle anzutreffen, die eine Einflussnahme direkter erscheinen lässt (Bach et al. 2010, S. 529).

*Zweitens* nehmen Partei und auch Verbände themenbezogen Einfluss auf die Verwaltung. Die Parteien agieren hier aufgrund ihrer dezentralen Struktur, die Orts-, Stadt- und Kreisverbände kennt und dementsprechend nah an den Mitarbeitern des Rathauses ist. Eine Besonderheit stellen dagegen die Bürgerinitiativen da. Einerseits sind sie Ausweis einer aktiven und am lokalen Umfeld interessierten Bürgerschaft und damit eine thematische Erweiterung des Portfolios einer Stadt(-verwaltung). Andererseits bedingen sie eine lediglich selektive Repräsentanz, da sich in Bürgerinitiativen oft die Meinung der gesellschaftlich engagierten Mittelschicht äußert und damit das Bild einer ausgesprochen partizipationsfreundlichen Gesellschaft verzerrt (Seibel 2016, S. 114 f.)

*Drittens* können sich Beamte außerhalb ihres Dienstes ehrenamtlich engagieren. Grundrechte wie die freie Entfaltung der Persönlichkeit oder auch die Versammlungs- oder Meinungsfreiheit schützen die privaten Partizipationsambitionen der Angehörigen des öffentlichen Dienstes. Es dürfen aber keine Ressourcen, die das öffentliche Amt sich bringt, für private Engagements ins Spiel gebracht werden (Seibel 2016, S. 115). Liegt eine klar erkennbare Trennung zwischen der beruflichen Tätigkeit und dem sachlichen Anliegen vor, ist die Teilhabe nicht zu kritisieren. Sollte aber internes, vertrauliches Verwaltungswissen Parteien oder anderen Akteuren zur Verfügung gestellt werden, dann ist dies eine Form illegitimer Einflussnahme.

# 1.4 Aufgaben der öffentlichen Verwaltung

Die Auffassung darüber, was ein Staat leisten sollte, hat sich in den vergangenen Jahrhunderten drastisch gewandelt. In der Zeit des Absolutismus, also vom 16. bis zum 18. Jahrhundert, nahm der Staat für sich „in Anspruch, sich um das gesamte Wohlergehen der Bevölkerung zu kümmern und beispielsweise sogar die Kleidung durch Kleiderordnungen vorzuschreiben" (Hofmann et al. 2016, S. 9). Ein Jahrhundert später war es eher gängige Meinung, dass sich die Tätigkeit des Staates ausschließlich auf Kernbereiche wie die öffentliche Sicherheit begrenzen solle. Kurzum: Wofür der Staat zuständig ist, darüber scheint immer wieder ein gesellschaftlicher Konsens herzustellen zu sein, der die Rolle von staatlichen wie privaten Akteuren stets neu austariert.

Bei der Darstellung des materiellen Verwaltungsbegriffs wurde bereits der Versuch unternommen, einen auf aktuellen Erkenntnissen staatlichen Handelns beruhenden Katalog zu benennen, der in positiver Aufzählung Aufgaben des Staates auflistet. Die folgende Aufstellung liefert hier eine plausible Systematik (Bogumil und Jann 2009, S. 71):

- *Staatliche Kernaufgaben:* Es existiert ein gesellschaftlicher Konsens, dass diese Aufgaben ausschließlich vom Staat zu erledigen sind. Als Beispiele sind Verteidigung und innere Sicherheit anzuführen.
- *Staatliche Gewährleistungsaufgaben:* Die Aufgabe ist dem Grunde nach durch den Staat zu gewährleisten,

dennoch ist im Einzelfall zu prüfen, ob nicht Verbände, andere Akteure des Dritten Sektors oder gar Private die Aufgabe besser erledigen könnten. Hier seien technische Überwachungsdienste oder der Betrieb von Kindergärten genannt.

- *Staatliche Ergänzungsaufgaben:* Es handelt sich um eine nichtstaatliche Aufgabe, „die der Staat wahrnehmen könnte, sofern er dies wirksamer und wirtschaftlicher als Private tun kann" (Bogumil und Jann 2009, S. 71). Als Beispiele können die Reinigung öffentlicher Gebäude oder die Straßeninstandsetzung gelten.
- *Private Kernaufgaben:* Diese Aufgabe wird explizit durch Private oder andere nichtstaatliche Akteure erledigt.

Diese Systematik erscheint nachvollziehbar und gut begründet. Nur bietet sie auch gleich das passende Beispiel für einen sich stetig wandelnden gesellschaftlichen Konsens bei der staatlichen Aufgabendefinition. Wohl niemand hätte vor fünf Jahren bezweifelt, dass die öffentliche Sicherheit und Ordnung eine staatliche Kernaufgabe darstellt. Heute ist nicht zuletzt durch Vorkommnisse wie die Kölner Silvesternacht 2015 oder auch die steigende Anzahl an Wohnungseinbrüchen das Vertrauen in die Sicherheitsbehörden gesunken. Als Folge davon ist zu beobachten, dass vor allem der privaten Vorsorge mehr Raum gegeben wird; sei es durch privat organisierte Bürgerwehren, eine bessere häusliche Abwehr gegen Einbrüche oder gar die Schutzsuche bei privaten Sicherheitsdiensten. Ohne Frage handelt es sich bei der öffentlichen Sicherheit um eine originäre Kernaufgabe des Staates, dennoch veranschaulicht dieses Beispiel die wechselhafte Beziehung zwischen staatlichem und privatem Handeln. Generell ist die Tendenz zu beobachten, dass sich der gesellschaftliche Konsens bei der Erfüllung öffentlicher Aufgaben zuungunsten des Staates und zugunsten privater und verbandlicher Strukturen wandelt.

Eine Unterscheidung, mit der die Arten staatlicher Tätigkeit geordnet werden, bietet die Differenzierung in die Eingriffs-, Leistungs- und Gewährleistungsverwaltung. Von *Eingriffsverwaltung* wird immer dann gesprochen, wenn in die Rechte von Bürgern, beispielsweise mit Polizei- und Ordnungsverfügungen oder Steuerbescheiden, eingegriffen wird. „Aufgrund der damit verbundenen Grundrechtsbeeinträchtigungen gilt für diesen Bereich des administrativen Handelns die Gesetzmäßigkeit der Verwaltung – d. h. Vorrang und Vorbehalt des Gesetzes (Art. 20 III GG)" (Schmidt 2016, S. 7). Die Verwaltung darf folglich nur tätig werden, sofern sie durch ein Gesetz dazu ermächtigt ist.

Die *Leistungsverwaltung* hingegen enthält begünstigende Verwaltungsmaßnahmen in Form von Erteilung von Erlaubnissen oder der Gewährung finanzieller Zuwendungen. Weitere Bereiche werden der Leistungsverwaltung zugerechnet (Schmidt 2016, S. 8):

- Sozialverwaltung
- Förderungsverwaltung
- Vorsorgeverwaltung
- Genehmigung von Vorhaben

Die *Gewährleistungsverwaltung* schließlich umfasst den Bereich der Daseinsvorsorge wie Wasser- oder Energieversorgung und wird heute nicht mehr wie einst von der Kommune übernommen. Die öffentliche Hand ist lange dazu übergegangen, diese Einrichtungen zu privatisieren und zwar dergestalt, dass die Gesellschaft zwar eine privatrechtliche ist, die Kommune aber dennoch die Mehrheit der Anteile hält.

## 1.5 Träger der öffentlichen Verwaltung

Bei der Beschreibung der Arten von Verwaltungsträgern gilt zunächst der Grundsatz, dass alle Einheiten der öffentlichen Verwaltung in rechtlicher Hinsicht bestimmten Verwaltungsträgern zugeordnet sind (Franz 2013, S. 46). Verwaltungsträger sind somit rechtsfähige Träger staatlicher Verwaltung. Bei öffentlich-rechtlichen Organisationen sind dies:

- Staaten (Bund, Länder);
- Körperschaften (z. B. Kommunen);
- Anstalten und
- Stiftungen des öffentlichen Rechts.

In privatwirtschaftlicher Organisation sind zu nennen:

- Beliehene;
- Privatrechtlich organisierte Verwaltungsträger ohne Beleihung.

Die staatlichen Verwaltungsträger stehen in diesem Kapitel im Mittelpunkt der Ausführungen, sodass zunächst eine Konzentration auf die übrigen Verwaltungsträger erfolgt. *Körperschaften des öffentlichen Rechts* sind mitgliedschaftlich verfasste, vom Wechsel der Mitglieder unabhängige Organisationen, wobei die „Mitglieder maßgeblichen Einfluss auf die Gestaltung der Verbandsangelegenheiten haben" müssen (Erbguth 2005, S. 81). Körperschaften werden unterschieden in (Franz 2013, S. 47):

- *Gebietskörperschaften:* Mitgliedschaft ist an Wohnsitz geknüpft (z. B. Stadt).
- *Personalkörperschaften:* Eigenschaft der Person steht im Mittelpunkt (z. B. Mitgliedschaft eines Arztes in der Ärztekammer).
- *Verbandskörperschaften:* Zusammenfassung juristischer Personen des öffentlichen Rechts (z. B. Zweckverband)
- *Realkörperschaften:* Zuständigkeit ist an das Eigentum an bestimmten Grundstücken gebunden (z. B. Jagdgenossenschaft).

Bei *Anstalten des öffentlichen Rechts* handelt es sich um dezentralisierte öffentlich-rechtliche Organisationen, die über einen Bestand an sachlichen und persönlichen Mitteln verfügen. In der Hand eines Trägers der öffentlichen Verwaltung sollen diese Ressourcen nun einem besonderen öffentlichen Zweck dauerhaft zur Verfügung gestellt werden. Anstalten werden nicht von Mitgliedern, sondern von Nutzern getragen, wobei die Nutzung meistens freiwillig ist (Badeanstalt). In Ausnahmen

wie der Justizvollzugsanstalt kann die Nutzung gesetzlich vorgeschrieben sein. Das Verwaltungsrecht differenziert in:

- *rechtsfähige Anstalten:* Hier sind die Anstalten selbst
  Verwaltungsträger und verfügen über die Befugnis zur
  eigenverantwortlichen Aufgabenwahrnehmung. Beispiele sind die öffentlich-rechtlichen Rundfunkanstalten oder die Kreis- und Stadtsparkassen.
- *nicht rechtsfähige Anstalten:* Diese Anstalten sind keine
  selbstständigen Verwaltungsträger. Beispiel: Kranken-
  häuser, Stadtwerke.

*Stiftungen* sind organisatorisch eigenständige und rechtsfähige Organisationen. Die Stiftung verfügt über ein
Stiftungsvermögen, das der Stifter für einen bestimmten Zweck übergeben hat. „Stiftungen haben weder Mitglieder noch Nutzer, sondern Nutznießer, so genannte
Destinatäre, und werden mittels staatlichen Hoheits-
akts – durch oder aufgrund eines Gesetzes – errichtet"
(Erbguth 2005, S. 85). Inhaltlich ist vor allem der Kunst-
und Kultursektor (Stiftung Preußischer Kulturbesitz) zu
nennen, aber auch politische Bildungswerke sind oftmals in der Rechtsform einer Stiftung organisiert (Kon-
rad-Adenauer-Stiftung, Friedrich-Ebert-Stiftung).

*Beliehene* sind Private, die aber mit hoheitlichen Be-
fugnissen ausgestattet sind und hoheitliche Aufgaben
wahrnehmen. Die Beleihung ist dabei die Übertragung
hoheitlicher Kompetenzen auf Private. Der Beliehene ist
im Außenverhältnis Behörde, gleichwohl ist er nicht Teil
der Verwaltungsorganisation und unterliegt der Rechts-

und Fachaufsicht des beleihenden Trägers. Beispiele sind Notare oder auch Bezirksschornsteinfeger.

Ein besonderer Punkt der Wahrnehmung öffentlicher Aufgaben ist seit längerem die Diskussion um die Privatisierung. Nicht erst mit der Übernahme der Bundesregierung Anfang der 1980er Jahre durch eine christlich-liberale Bundesregierung unter Kanzler Helmut Kohl wurde eine neue Strategie der Privatisierung verfolgt (vgl. dazu Kap. 3.1). Vor dem Hintergrund einer sich abzeichnenden Finanzkrise der kommunalen Haushalte wurden bereits in den 1970er Jahren in Deutschland erste Diskussionen geführt, wie nicht nur Privatisierungen, sondern auch der strategische Wechsel der Rechtsform zu Effizienzvorteilen bei den öffentlichen Haushalten führen könnten.

Insbesondere die Kommunen nahmen diese Entwicklung auf und deuteten sie als Strategie einer zunehmenden Krise der öffentlichen Haushalte. Es sollten Chancen ergriffen werden, staatliche Leistungen dem Wettbewerb zu öffnen, um Vorteile im Bereich der Effizienz zu erzielen. Als erste Beispiele sind vor allem die Bereiche Energie- und Wasserversorgung sowie der Öffentliche Personennahverkehr zu nennen: „Diese Aufgabenbereiche waren in Deutschland seit Ende des 19. Jahrhunderts überwiegend von der öffentlichen Hand wahrgenommen worden" (Jann und Bogumil 2009 S. 244). Ein weiterer Grund ist die zunehmende Europäisierung, die sich gerade mit dem Vertrag von Maastricht 1992 in weitaus höherer Geschwindigkeit als bisher vollzog und eine Liberalisierung der Wirtschaft im europäischen Binnenmarkt mit sich brachte.

Während in der öffentlichen Verwaltung weiter der Regelfall die unmittelbare Anbindung an die Verwaltung ist, so ist das Bild, das eine öffentliche Verwaltung organisatorisch abgibt – insbesondere auf kommunaler Ebene – doch ein sehr viel facettenreicheres als früher. Die Wahl der Organisationsform stellt eine wichtige Entscheidung dar. Sie ist auch durch die Organisationshoheit der Kommunen rechtlich gedeckt. Gleichwohl kann sie nicht laufend gewechselt werden, da es rechtlich kaum möglich ist. Zudem entstehen Kosten, die die ökonomischen Vorteile der neuen Rechtsform aufzehren würden. Zentraler Aspekt der Ausgliederung ist vor allem der Grad der rechtlichen Selbstständigkeit und die damit verbundenen Kontroll- und Einflussmöglichkeiten der Verwaltung und der Politik (Odenthal 2015, S. 66).

Die folgende Aufstellung folgt nun der kommunalen Systematik und listet die gängigen Rechtsformen in zunehmendem Autarkiegrad auf: *Ämter, Fachbereiche oder Fachdienste* sind administrativ wie wirtschaftlich abhängig, sie sind der Ressourcengewalt von Rats- und Ausschusssitzungen untergeordnet: „Rechnungsmäßig unterliegen sie den Vorschriften der kommunalen Haushaltsführung und damit dem Haushaltsplan" (Odenthal 2015, S. 67). Ähnlich ist der *Regiebetrieb* zu bewerten, dessen Unterschied oft darin besteht, dass er Dienstleistungen für die Verwaltung erbringt. Er ist „rechtlich wie organisatorisch unselbstständiger Teil einer sie tragenden Körperschaft des öffentlichen Rechts" (Franz 2013, S. 69).

Der *Eigenbetrieb* dagegen ist administrativ wie wirtschaftlich unabhängig, weist aber keine eigene Rechtspersönlichkeit auf. Beim Eigenbetrieb wird eine höhere

Selbstständigkeit erzielt, da ein Werkausschuss existiert und der Eigenbetrieb durch eine Werkleitung geführt wird, die die Vertretung nach außen leistet und für die wirtschaftliche Leitung zuständig ist. Es wird ein jährlicher Wirtschaftsplan aufgestellt, anschließend ein Jahresabschluss verabschiedet. Gleichwohl haftet die Kommune in vollem Umfang, da der Eigenbetrieb keine eigene Rechtspersönlichkeit darstellt. Haushaltsrechtlich stellt der Eigenbetrieb Sondervermögen der Kommune dar.

Die *Anstalt öffentlichen Rechts* erhöht den Autarkiegrad weiter und bildet eine rechtlich selbstständige Einheit, die aber Teil der unmittelbaren Kommunalverwaltung ist. „Rechtlich ist der Begriff als Bestand von sächlichen und persönlichen Mitteln, die in der Hand eines Trägers öffentlicher Verwaltung einem besonderen Zweck dauernd dienen, im Sinne eines Nutzungsverhältnisses zu verstehen und damit von der Nutzung in einer Körperschaft abzugrenzen" (Rau 2007, S. 538). Die Anstalt öffentlichen Rechts bietet den Vorteil einer flexibleren Aufgabenerledigung bei gleichzeitiger organisatorischer wie rechtlicher Anbindung an die Kommunalverwaltung und die entsprechenden Aufsichtsgremien wie den Gemeinderat. Sie wird geleitet von einem Vorstand, der wiederum von einem Verwaltungsrat kontrolliert wird. Insgesamt unterliegt die Anstalt öffentlichen Rechts der Kommunalaufsicht, dennoch sind die Wirtschaftspläne „nicht Anlage zum Haushaltsplan der Gemeinde und damit nicht Gegenstand der kommunalaufsichtlichen Prüfung" (Rau 2007, S. 538). Mit dem Grad der Selbstständigkeit steigen zudem die Anforderungen an die Steuerung der durchaus als autark zu bezeichnenden Gesellschaften. Durch das Fehlen einer jährlichen kommunalaufsichtlichen Prüfung existiert die grundsätzliche Gefahr, „Schattenhaushalte" einzurichten, die dann erst nach fünf Jahren einer rechtlichen Prüfung anheimfallen würden. Umgekehrt ist die Anstalt öffentlichen Rechts nicht insolvenzfähig, in der Gewährträgerhaftung befindet sich stets die Kommune.

Der *Zweckverband* bietet Gemeinden und Gemeindeverbänden die Möglichkeit, Aufgaben gemeinschaftlich wahrzunehmen. Es wird eine Körperschaft öffentlichen Rechts gegründet, in der die entsprechenden Gemeinden und Kreise Mitglied werden können. Als Organe der Gesellschaft sind die Verbandsversammlung und der Verbandsvorsteher als administrativer Leiter vorgesehen. Der Zweckverband ist die häufigste Form interkommunaler Zusammenarbeit, wobei die Finanzierung über ein Umlageverfahren abgewickelt wird. Als Beispiele für die Gründung von Zweckverbänden sind vor allem Volkshochschulen und Musikschulen zu nennen. Auf der einen Seite besteht die Notwendigkeit, ein adäquates Angebot zu schaffen, auf der anderen Seite wird dies aber durch die ökonomische Leistungsfähigkeit der einzelnen Gemeinde determiniert. Bei einem Zweckverband können administrative Synergieeffekte dagegen direkt genutzt werden.

Grundsätzlich kann die *Privatisierung* öffentlicher Aufgaben auf drei verschiedene Arten geschehen:

• Investitions- und Planungsvorhaben werden von freien Planern und Architekten erstellt. Die öffentliche Verwaltung hält dadurch weniger Personal vor und vergibt entsprechende Aufträge an privatwirtschaftliche Unternehmen wie z. B. Ingenieurbüros.

- Gutachter, die außerhalb der Verwaltung tätig sind, nehmen durch Organisationsgutachten Einfluss auf die Struktur der Verwaltung und deren Aufgabenerledigung.
- Privatisierungen von Teilbereichen der Organisation, „also die Bereitstellung öffentlicher Dienstleister durch gemeindeeigene Kapitalgesellschaften (AG, GmbH)" (Naßmacher und Naßmacher 2007, S. 126).

Als häufigste Rechtsform ist die Ausgliederung öffentlicher Leistung in eine *Gesellschaft mit beschränkter Haftung (GmbH)* anzuführen. Als juristische Person des Privatrechts verfügt die GmbH über folgende Organe:

- Gesellschafterversammlung als Gesamtheit der Gesellschaft;
- Geschäftsführung (abberufbar durch die Gesellschafter);
- Aufsichtsrat (bei mehr als 50 Beschäftigten).

Auch hier ist – ähnlich wie bei Volkshoch- und Musikschule – die Kultur ein Vorreiter der Privatisierung, so dass „Kultur-GmbHs" als Auslagerung des klassischen Kulturamtes landauf, landab anzutreffen sind. Mit einer erneuten Steigerung des Grades der Selbstständigkeit wächst auch hier die Gefahr der Verselbstständigung.

Keine dieser genannten Organisationsformen bringt es jedoch mit sich, dass sich ein privater Dritter an der

Aufgabenerledigung der öffentlichen Hand beteiligt. So genannte *Public Private Partnership-Modelle (PPP)* können nun zwischen Privaten und der öffentlichen Hand vereinbart werden, wobei die Aufgaben der Eingriffsverwaltung nicht darunter fallen dürfen.

Die Bewertung der Organisation in externen – also dem unmittelbaren Einfluss der öffentlichen Verwaltung entzogenen – rechtlichen Konstrukten ist heute eine eher nüchterne. Die der Privatisierung grundsätzlich zu Grunde liegende Überlegung, also die Eindämmung staatlicher Handlungen, mag dem Zeitgeist seit den 1980er Jahren entsprechen, zudem hat sich die Europäische Union mit der Deregulierungspolitik in der Energieversorgung und beim Verkehr auf Seiten der Privatisierungsbefürworter positioniert. Gleichwohl greift es zu kurz, lediglich die Effizienz- und Wettbewerbsvorteile zu betrachten, es wird allzu leicht aus den Augen verloren, dass die Steuerung eines komplexer gewordenen Gesamtsystems umgekehrt Steuerungsverluste verursacht bzw. den Boden für ebendiese bereitet hat. „Es gibt manchmal ein kaum noch koordiniertes Nebeneinander von einer z. T. dezentralisierten Kernverwaltung ohne zentrales Controlling mit Eigenbetrieben, PPP, Wettbewerbselementen und privatisierten Unternehmen" (Bogumil und Jann 2009, S. 247). Abbildung 1.5 veranschaulicht die Rechtsformen öffentlicher Betriebe.

In den vergangenen Jahren sind die Privatisierungsbestrebungen in der öffentlichen Verwaltung merklich zurückgegangen. Dies ist gewiss auch eine Folge der Bewertung der vermeintlichen Erfolge, die mit der Um-

**Abb. 1.5**   Rechtsformen öffentlicher Betriebe

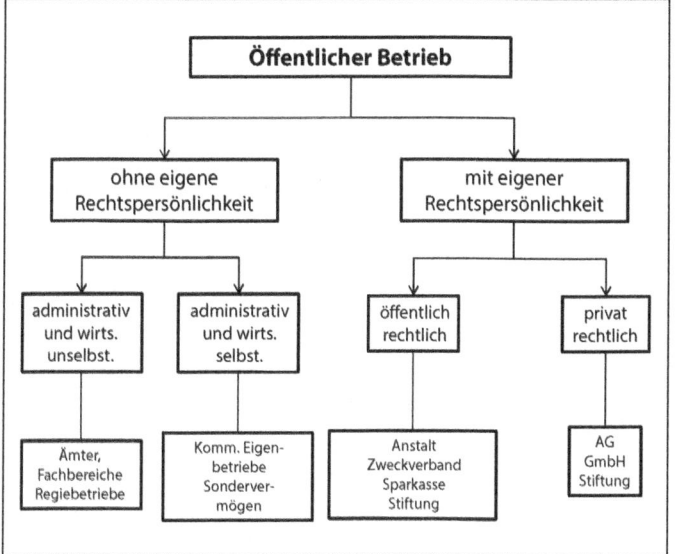

Quelle: Odenthal 2015, S. 67

wandlung einhergegangen sind. Naßmacher und Naßmacher sehen vor allem drei gravierende Nachteile
(Naßmacher und Naßmacher 2007, S. 139):

- Entwicklung von einem staatlichen in ein privates
  Monopol;
- keine Entlastung der öffentlichen Haushalte, da die
  Privatisierung auf gewinnbringende öffentliche Bereiche beschränkt ist;
- Abbau oder zumindest Einschränkung flächendecken-
  der Leistungsangebote.

Eine weiterführende Frage des Verwaltungshandelns, die
möglicherweise einen strategischen Blick auf Vor- und
Nachteile weiterer Rechtsformen staatlicher Tätigkeiten
eröffnet, ist die nach dem Willen des Bürgers, der in politischen Wahlergebnissen die praktische Umsetzung leitet. Nun ist dieser Wählerwille meist alles andere als eindeutig, gerade auf kommunaler Ebene sind zersplitterte
Gemeinderäte, unprofessionelle Steuerung und diffuse
Rollenverständnisse eher an der Tagesordnung. Ohne
Frage wird der Rat durch den Wähler am Wahltag gleichermaßen kontrolliert und legitimiert, dennoch bedingt die Anzahl beteiligter Akteure, „dass es mehr Möglichkeiten für Ziel- und Interessenkonflikte gibt" (Rau
2007, S. 534).
    Es ist nicht nur eine rein quantitative Problematik, die
lediglich in den Aufsummierung von Akteuren an Dynamik gewinnt, sondern eine qualitative Frage, die in
der Gefahr der Interessenkollision zwischen dem Ratsmandat und dem Sitz im Aufsichtsrat einer kommunalen GmbH liegt. Jeder Fachpolitiker muss diesen Konflikt ständig aushalten, die Fraktion hat den Gesamtetat,
der Fachpolitiker „seinen" Etat, bei dem es allgemein
eher als Zeichen der Stärke verstanden wird, wenn dieser ausgeweitet oder zumindest nicht gekürzt wird. Nun
lösen die internen Machtverhältnisse diesen Zielkonflikt
in der Fraktion auf politische Art. Aber ist die unein-
geschränkte Übertragbarkeit auf die ausgegliederte Gesellschaft gegeben? Hier sei verwiesen auf die Aussagen
zu den unterschiedlichen Graden an Unabhängigkeit der
jeweiligen Gesellschaft. Aber es scheint doch festzuste-
hen, dass die Bindung an die Fraktion mit dem Grad der

Selbstständigkeit abnimmt und somit Loyalitätskonflik-
te zu erzeugen versteht.

Und letztlich geht die Privatisierung mit einem
Machtverlust des Rates einher. Sind wesentliche Bereiche der kommunalen Daseinsvorsorge an private Akteure ausgelagert, so kann dies letztlich unter demokratie-
theoretischen Gesichtspunkten nicht gewollt sein.

# 1.6 Struktur/Aufbau der öffentlichen Verwaltung

## 1.6.1 Mehrebenensystem, Europa

Es wurde bereits deutlich, dass die Bundesrepublik
Deutschland nicht zuletzt aufgrund des föderalen Staatsaufbaus ein politisches System aufweist, das von vielen
Verflechtungen und Interdependenzen geprägt ist. Auch
die Beziehungen zur Europäischen Union tragen dazu
bei, dass Aufbau und Abläufe als intransparent wahrgenommen werden. Insgesamt finden wir bei der organisatorischen Betrachtung ein Vier-Ebenen-System vor,
das sich in die EU-Ebene, den Bund, die Länder und die
Selbstverwaltungsebene der Kommunen gliedert (Franz
2013, S. 49). Diese vier Ebenen werden im Folgenden
näher beleuchtet.

Die Beziehungen der Bundesrepublik Deutschland
zur Europäischen Union sind dabei rasch beschrieben,
nach Art. 291 AEUV werden bei wenigen Ausnahmen
verbindliche Rechtsakte nach innerstaatlichem Recht
vollzogen. Aber welche staatsrechtliche Stellung hat die

Europäische Union eigentlich? Ist sie überhaupt ein Staat? Und, wenn ja, welchen Organisationsprinzips? Eher Staatenbund oder Bundesstaat?

Zunächst ist sie *kein* Staat, da charakteristische Merkmale von Staatsqualität fehlen: ein eigenes Staatsvolk, eigene Staatsgewalt, Vollzug des Unionsrechts durch nationale Behörden. Die Europäische Union ist wiederum auch kein Staatenbund, denn dafür sind die politischen Beziehungen, die die Mitgliedsstaaten eingehen, viel zu eng. Unterschieden wird hier zwischen intergouvernementaler Zusammenarbeit auf der Grundlage voller nationaler Souveränität und supranationaler Kooperation, die auf der Abgabe von eigenen Souveränitätsrechten fußt, beispielsweise durch die Zoll- und Währungsunion.

Die Europäische Union ist kein Staat, dennoch aber rechtsfähig, völkerrechtsfähig und auch dienstherrnfähig und mit sieben Hauptorganen ausgestattet:

- Europäisches Parlament
- Europäischer Rat
- Rat der Europäischen Union
- Europäische Kommission
- Europäischer Gerichtshof
- Europäische Zentralbank
- Europäischer Rechnungshof

## 1.6.2 Bund

Komplizierter wird es, wenn der Fokus auf den Verwaltungsaufbau der Bundesrepublik Deutschland gelegt wird. Nun ist es aus verwaltungswissenschaftlicher Perspektive theoretisch möglich, eine grundständige Verwaltungsstruktur auf zweierlei Weise zu installieren. Zunächst sei dabei das *Gebietsorganisationsmodell* beschrieben. Es ist dadurch charakterisiert, dass kein stringenter Behördenapparat von der höchsten bis zur untersten Ebene existiert, sondern eine Verwaltungseinheit in einem Gebiet die anfallenden Verwaltungsaufgaben erfüllt. Es handelt sich um eine überwiegend einheitliche Verwaltung mit gebündelten Aufgaben und ist eher in föderal strukturierten Staatsorganisationen anzutreffen.

Das *Aufgabenorganisationsmodell* dagegen „ist historisch jünger und trat vor allem dort auf, wo eine hochentwickelte, komplexe Industriegesellschaft besonderen Wert auf die optimale Erfüllung von öffentlichen Teilfunktionen legte" (Bogumil und Jann 2009, S. 86). Zur Umsetzung der Verwaltungsaufgaben werden spezielle Behörden vorgehalten, die für ebendiese Aufgabe geschaffen wurden. Während dem Gebietsorganisationsmodell eher eine harmonisierende Tendenz mit einem leichten Hang zur Ineffizienz zugeschrieben wird, gewährleistet das Aufgabenorganisationsmodell eine optimale Erledigung der Verwaltung, leistet sich aber Schwächen bei der Kontrolle des Verwaltungshandelns. Nachfolgend – das werden die folgenden Ausführungen illustrieren – folgt die Bundesrepublik Deutschland in seinem Verwaltungsaufbau dabei weitgehend dem Gebietsorganisationsmodell. Gleichwohl existieren ausgewählte Sonderbehörden, die der Erledigung eines Themenkreises willen eingerichtet worden sind.

Im Wesentlichen lassen sich in Deutschland drei Verwaltungsebenen unterscheiden:

- Bund
- Länder
- Kommunen

Hinzu kommen Anstalten des öffentlichen Rechts wie die Bundesagentur für Arbeit, die Bundesbank, die öffentlich-rechtlichen Rundfunkanstalten oder die Sozialversicherungen (Jann und Bogumil 2009, S. 83).

Eine grundsätzliche Differenzierung auf horizontaler Ebene bietet die Unterscheidung in *unmittelbare* und *mittelbare Staatsverwaltung*. Während bei der unmittelbaren Staatsverwaltung der Staat der alleinige Träger ist, „bei der also keine andere Körperschaft, Anstalt oder Stiftung zwischengeschaltet ist" (Hofmann et al. 2016, S. 26), ist bei der mittelbaren Staatsverwaltung Träger der Verwaltung nicht der Staat selbst, sondern eine andere Körperschaft, Anstalt oder Stiftung. Beispiele für die unmittelbare Staatsverwaltung sind die Behörden des Bundes oder der Länder, für die mittelbare Staatsverwaltung sind dies die Bundesagentur für Arbeit oder die Deutsche Rentenversicherung.

Bei der vertikalen Betrachtung der Verwaltung in Deutschland ist ein dreistufiger Aufbau der Verwaltung in oberste/obere, mittlere und untere Behörden zu beobachten (Abb. 1.6). Aus Art. 83 GG sollte noch bekannt

**Abb. 1.6**   Verwaltungsaufbau der Bundesrepublik Deutschland

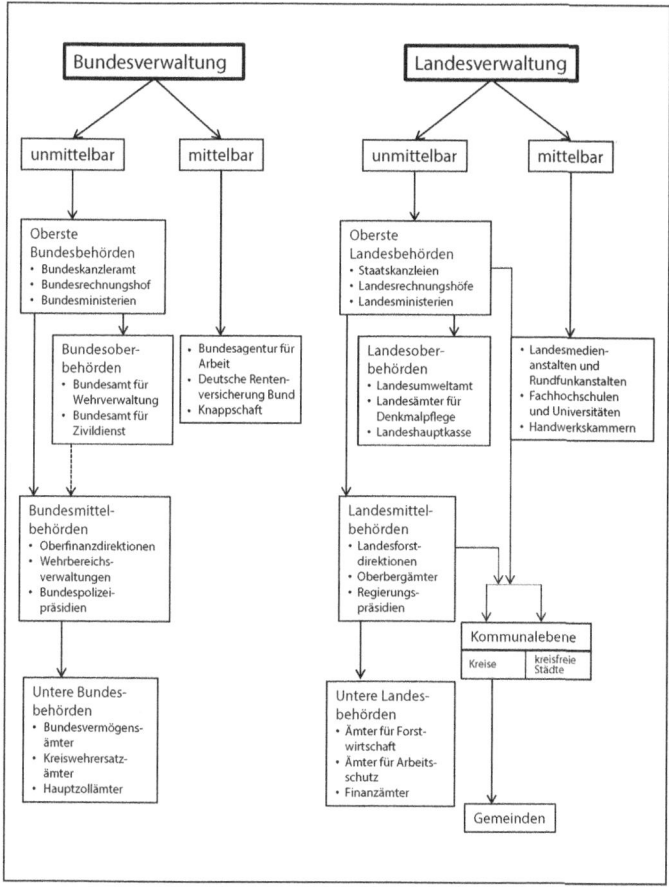

Quelle: Bogumil und Jann 2009, S. 88

sein, dass den Ländern bei der Ausführung der vom
Bundestag beschlossenen Gesetze eine Hauptrolle zuge-
dacht ist. Dies ist vor allem darauf zurückzuführen, dass
die Länder über eben diese dreistufige Behördenstruktur verfügen und damit quasi die Verwaltungskulisse
zur sachgerechten Aufgabenerledigung vorweisen. Der
Bund verfügt darüber – von einigen Ausnahmen abgesehen – nicht. „Nur wenige Staatsaufgaben sind durch
das Grundgesetz dem Bund zugewiesen, mithin originäre Bundesaufgaben" (Franz 2013, S. 54). Dies sind insbesondere die nachfolgenden Bereiche:

- Auswärtiger Dienst
- Bundesfinanzverwaltung
- Bundeswehrverwaltung

Damit kein Missverständnis aufkommt: Natürlich existieren Bundesbehörden, nur fehlt von wenigen Ausnahmen abgesehen ein mehrstufiger, bundeseigener Behördenapparat, der den Vollzug der Gesetzte administrativ
umsetzt. Die Verwaltung von Bundeseben ist daher eher
von obersten und oberen Bundesbehörden geprägt, die
dann jeweils ohne den typischen Unterbau der Verwaltung auskommen müssen. Als oberste Bundesbehörden
bilden der Bundeskanzler und die Ministerien die Exekutive des Bundes. Die Rolle des Bundeskanzlers ragt
dabei besonders heraus, da die Bundesminister auf seinen Vorschlag hin ernannt und entlassen werden. Es
sind drei Prinzipien, die die Arbeitsweise des Kabinetts
(Bundeskanzler und Minister) prägen.

Der *Bundeskanzler* ist für die Politik seiner Regie-

rung, der er vorsteht, verantwortlich. Daher besitzt er
die Macht, mittels *Richtlinienkompetenz* die grundsätzlichen Inhalte der Politik der Bundesregierung zu bestim-
men. Er wird unterstützt durch das Bundeskanzleramt
als zentrales Amt, in dem alle politischen Fäden zusammen laufen und das von einem Staatsminister, der auf
Grund seiner Nähe zum Bundeskanzler als einer der ein-
flussreichsten Minister des Kabinetts gilt, geleitet wird.
Eine weitere, den Kanzler unterstützende oberste Bundesbehörde, ist das Presse- und Informationsamt des
Kanzlers.

Das *Kabinettsprinzip* als zweiter Grundsatz der Arbeitsweise der Bundesregierung beinhaltet, dass bestimmte
Entscheidungen vom gesamten Kabinett getroffen werden müssen. Einzelheiten werden in der Geschäftsord-
nung der Bundesregierung geregelt.

Das *Ressortprinzip* wiederum bedeutet die eigenständige Leitung des Ressorts durch den Minister. „Das Ressortprinzip ist ein entscheidendes Strukturprinzip der
deutschen Verwaltung, denn in aller Regel interveniert
der Bundeskanzler nicht in die Arbeit der einzelnen Ressorts" (Bogumil und Jann 2009, S. 90).

Neben den *Ministerien* sind die folgenden obersten Bundesbehörden additiv zu nennen: Bundespräsi-
dialamt, Verwaltungen von Bundestag und Bundesrat,
Bundeskanzleramt, Presse- und Informationsamt, Be-
auftragte der Bundesregierung für Kultur und Medien
und Bundesrechnungshof. Charakteristisch für all diese
Behörden ist, dass sie keiner weiteren Behörde, sondern
direkt einem Verfassungsorgan unterstellt sind, weiter
fehlt ihnen der übliche dreistufige Verwaltungsaufbau.

Es sind wenige Ausnahmen, die das Grundgesetz zulässt,
so dass bei den folgenden Behörden der dreistufige Aufbau aus oberster Bundesbehörde, Bundesmittelbehörde
und Bundesunterbehörde anzutreffen ist:

- Bundesfinanzverwaltung
- Wasser- und Schifffahrtsverwaltung
- Bundeswehrverwaltung
- Bundespolizei

Während die Bundesministerien administrativ nur über
einen überschaubaren nachgeordneten Bereich verfügen,
steht in der Verwaltungshierarchie direkt darunter die
*unmittelbare nichtministerielle obere Bundesverwaltung,*
die einen speziellen Aufgabenbereich wahrnimmt, ohne
über eigene, nachgeordnete Behörden zu verfügen. Als
Beispiele sind zu nennen:

- Bundeskriminalamt
- Statistisches Bundesamt
- Bundesamt für Verfassungsschutz
- Bundeskartellamt

Die *Oberbehörden* sind, ohne rechtsfähig zu sein, als unmittelbare Staatsverwaltung als Bundesoberbehörden
oder in der mittelbaren Staatsverwaltung als Bundes-
anstalten anzutreffen. „Bundesoberbehörden vermeiden
die unerwünschte und unökonomische Parallelität der
Verwaltungsbehörden von Bund und Ländern und sind
unter vereinfachten Voraussetzungen zulässig (Art. 87 III
1 GG)" (Schmidt 2016, S. 26).

Da den meisten obersten oder oberen Bundesbehörden aus verfassungsrechtlichen Gründen der Verwaltungsunterbau fehlt, sind Bundesmittelbehörden oder Bundesunterbehörden selten. Ausnahmen bilden die Bereiche, die das Grundgesetz ermöglicht wie beispielsweise die Wasser- und Schifffahrtsdirektionen. Die unteren Bundesbehörden sind wiederum den Mittelbehörden nachgeordnet und ähneln sich diesen in Struktur und Aufgaben. Eine besondere Angrenzung ist an dieser Stelle zu den Gemeinden zu ziehen. Sie nehmen zwar ebenfalls Aufgaben des Bundes wahr (Pass- und Meldewesen), gleichwohl sind sie kommunale Behörden und keine Behörden des Bundes.

## 1.6.3 Länder

Die Exekutive der Bundesländer, namentlich die *Landesregierung* und die *Landesverwaltung,* folgt in der groben Systematik der Bundesebene. Neben der Ausführung der vom Bundestag beschlossenen Gesetze, die eine Hauptaufgabe der Landesebene darstellt, setzen sie darüber hinaus „wesentliche Rahmenbedingungen für die Kommunalverwaltung (Kommunalaufsicht, Gemeindeordnungen, Regelung von Verfahrensweisen)" (Bogumil und Jann 2009, S. 97). Eine eigene originäre Zuständigkeit besteht bei den Ländern vor allem in den folgenden Themenfeldern:

- Kulturhoheit (Schulen, Hochschulen, Förderung von Kunst und Kultur, Denkmalschutz, Archivwesen)

- Innere Sicherheit
- Presse, Funk und Fernsehen
- Kommunalrecht

Die *unmittelbare Landesverwaltung* ist in den einzelnen Ländern, auch aufgrund der stark differierenden Größe, recht unterschiedlich organisiert. „In den meisten Flächenstaaten ist der Behördenaufbau ebenfalls dreistufig, im Übrigen zweistufig" (Schmidt 2016, S. 26). Und auch wenn der Aufbau ein dreistufiger ist, so ist der Unterschied zu benennen, dass hier – anders als beim Bund – die Existenz von nachgeordneten Behörden die Regel und nicht die Ausnahme ist.

Oberstes Exekutivorgan ist der *Ministerpräsident, oberste Landesbehörden* sind die *Ministerien.* Unterhalb rangieren die *Landesoberbehörden,* die eine sachlich determinierte Zuständigkeit für das gesamte Landesgebiet aufweisen. Sie werden eingerichtet, um die Ministerien in Fragen zu entlasten, bei denen besonderes Fachwissen gefragt ist (Schmidt 2016, S. 26). Als Beispiele können das Landeskriminalamt, das Statistische Landesamt oder die Landesämter für Verfassungsschutz angeführt werden.

Eine wichtige Ebene der Landesverwaltung sind die *allgemeinen Landesmittelbehörden,* die in den größeren Flächenländern Deutschlands anzutreffen sind und ein Bindeglied zwischen den obersten Landesbehörden (Ministerien) und dem Landrat bilden. Sie sind eine dem Ministerium nachgeordnete Behörde und damit nur mit eingeschränkten eigenen Handlungskompetenzen ausgestattet. Gleichwohl verfügen sie beispielsweise im Bereich der lokalen Schulorganisation über weitreichende Aufsichtskompetenzen. Im Normalfall erledigt der Bürger seine administrativen Anliegen im kommunalen Rat- oder Kreishaus, unwissend, welch komplexes Verfahren im Hintergrund wirkt.

## 1.6.4 Kommunen

Die Unterstufe des Verwaltungsaufbaus der Länder sind zumeist die kommunalen Verwaltungen. Die Kommunen haben, das sollte auch in Kap. 1.1. deutlich geworden sein, nicht nur die *Selbstverwaltungsaufgaben* aus Art. 28 II GG, sondern werden ebenso als *untere staatliche Behörde* tätig. „Es wäre ineffizient, wenn der Staat sich nicht die vorhandenen Kommunalbehörden zunutze machen würde" (Schmidt 2016, S. 29). Wenn der Staat auf die kommunalen Behörden auf Kreisebene (Kreise, kreisfreie Städte) zurückgreift, so nennt man dies *Organleihe,* da sich das Land den Leiter der Kreisbehörde als Ausführender staatlichen Verwaltungshandelns „ausleiht".

Da das Kommunalrecht eine der wenigen Bereiche ist, in denen die Landesparlamente über die ausschließliche Gesetzgebungskompetenz verfügen, finden sich in den deutschen Bundesländern zum Teil recht unterschiedliche Regelungen bei der *Binnenorganisation der Gemeinde,* gerade bezüglich der Leitung. Ist der Bürgermeister haupt- oder ehrenamtlich tätig? Wird er in direkter Wahl oder durch den Gemeinderat bestimmt? Wie gestalten sich weitere Leitungsstrukturen der Gemeinde?

Hier sind je nach Bundesland und auch nach Gemeindegröße individuelle Recherchen zur Beantwortung dieser Fragen notwendig.[2]

Seit 1999 wird in Nordrhein-Westfalen der Bürgermeister per Direktwahl von den Wählern bestimmt. Er
leitet sowohl die Verwaltung als auch den Rat, wobei
er nicht Mitglied des Gemeinderates ist. Unterhalb des
Bürgermeisters komplettieren *Beigeordnete* den Verwal-
tungsvorstand, die vom Gemeinderat als Wahlbeamte
für die Dauer von acht Jahren gewählt werden. Die Anzahl der Beigeordneten hängt von der Größe der Gemeinde ab und wird durch den Rat in seiner Haupt-
satzung festgelegt. Sie leiten weitgehend eigenständig
ihren Verantwortungsbereich, als Beispiel sei hier der
Stadtkämmerer genannt, der als „Finanzvorstand" einer Kommune für die gemeindlichen Finanzen zuständig ist.

Unterhalb dieser absoluten Leitungsebene folgen die
Ämter, die wohl für den Bürger die Kernorganisation
der kommunalen Verwaltung bedeuten. Den Personal-
ausweis im Bürgeramt zu verlängern, einen Hochzeits-
termin im Standesamt zu beantragen oder im Bauamt
einen Bauantrag einzureichen, gehört zu den zentralen Berührungspunkten der Bürgerinnen und Bürger
mit der öffentlichen Verwaltung. Es wird später deutlich, dass diese Ämterstruktur in den meisten Kom-

---

2  Aufgrund der Größe des Bundeslandes konzentrieren sich die
   folgenden Aussagen in den konkreten Beispielen auf das Land
   Nordrhein-Westfalen, wohlwissend, dass die Regelungen in den
   übrigen Bundesländern differieren (können).

munalverwaltungen nicht länger Bestand hat, zu massiv waren die Reformkräfte, die seit den 1990er Jahren an den bisherigen organisatorischen Grundpfeilern der Kommunen gerüttelt haben (siehe Kap. 3.1.). Und so hat sich, weitgehend unbeachtet von der Öffentlichkeit, eine neue Organisationsstruktur auf kommunaler Ebene etabliert, die die Orientierung an so genannten Fachbereichen anstrebt. Haupttriebfeder dieser Entwicklung war die Kommunale Gemeinschaftsstelle für Verwaltungsmanagement (KGSt), die die Transformation der althergebrachten Ämterstruktur in ein modernes Fachbereichssystem maßgeblich geprägt hat (Abb. 1.7).

Die Abbildung beginnt in der Darstellung der Hierarchie in der Kommunalverwaltung quasi mit der Ebene der Fachbereichsleiter. Es wird in Kap. 3.1.3. noch belegt werden, dass es sich nicht um eine reine Umbenennung von Begrifflichkeiten handelt, sondern eine Reform an Haupt und Gliedern der bisherigen kommunalen Verwaltungspraxis bedeutete. An dieser Stelle soll es genügen, dass sich mit der qualitativen Aufwertung der Ämter zu Fachbereichen auch die Binnenorganisation der Kommunalverwaltung verändert hat: „Generell besteht die Tendenz, die Fachbereiche zu vergrößern und sie mit bisher von der Querschnittsverwaltung wahrgenommenen Aufgaben zusätzlich zu betrauen" (Naßmacher und Naßmacher 2007, S. 75).

Wir haben gelernt, dass die Rolle der Kommunen im Staatsaufbau Deutschlands eine doppelte ist, ausführend als unterste administrative Ebene des Staates, selbstverwaltend in der Tradition der Preußischen Städteordnung. Und so gliedern sich auch die Aufgaben in einen

**Abb. 1.7** Verwaltungsgliederungsplan der KGSt

| 1 Allgemeine Verwaltung | 2 Finanzverwaltung | 3 Rechts-, Sicherheits- und Ordnungsverwaltung | 4 Schul- und Kulturverwaltung | 5 Sozial-, Jugend- u. Gesundheitsverwaltung | 6 Bauverwaltung | 7 Verwaltung für öffentliche Einrichtungen | 8 Verwaltung für Wirtschaft und Verkehr |
|---|---|---|---|---|---|---|---|
| 10 Hauptamt | 20 Kämmerei | 30 Rechtsamt | 40 Schulverwaltungsamt | 50 Sozialamt | 60 Bauverwaltungsamt | 70 Stadtreinigungsamt | 80 Amt für Wirtschafts- u. Verkehrsförderung |
| 11 Personalamt | 21 Kasse | 31 | 41 Kulturamt | 51 Jugendamt | 61 Stadtplanungsamt | 71 Schlacht- und Viehhof | 81 Eigenbetriebe |
| 12 Statistisches Amt | 22 Steueramt | 32 Ordnungsamt | 42 Bibliothek | 52 Sportamt | 62 Vermessungs- u. Katasteramt | 72 Marktamt | 82 Forstamt |
| 13 Presseamt | 23 Liegenschaftsamt | 33 Einwohner- u. Meldeamt | 43 Volkshochschule | 53 Gesundheitsamt | 63 Bauordnungsamt | | |
| 14 Rechnungsprüfungsamt | 24 Amt für Verteidigungslasten | 34 Standesamt | 44 Musikschule | 54 Krankenhäuser | 64 Wohnungsförderungsamt | | |
| | | 35 Versicherungsamt | 45 Museum | 55 Ausgleichsamt | 65 Hochbauamt | | |
| | | 36 | 46 Theater | | 66 Tiefbauamt | | |
| | | 37 Feuerwehr | 47 Archiv | | 67 Grünflächenamt | | |
| | | 38 Zivilschutz | | | | | |

Quelle: http://www.politische-bildung-brandenburg.de/sites/default/files/bilder/verwaltungsgliederungsplang.gif, Zugriff 20. April 2017

Selbstverwaltungsbereich und einen übertragenen Wirkungskreis (Abb. 1.8).

Die Arbeit der *ehrenamtlichen Gemeinderäte* ist eine recht ambivalente. Vom Rollenverständnis her sehen sich die gewählten Kommunalpolitiker gerne als „Politiker im Kleinen", quasi als Miniaturausgabe der Berufspolitiker in Bundes- und Landtag. Staatsrechtlich wurde allerdings nachgewiesen, dass die Kommunen aus juristischer Perspektive Teil der Länder sind und somit über keine eigenen verfassungsrechtlich abgeleiteten Kompetenzen verfügen. Der Gemeinderat ist somit *kein Parlament,* sondern der bürgerschaftliche Teil der kommunalen Verwaltung. Dies steht in Widerspruch zur gängigen Praxis innerhalb der Kommunen, die eine erkennbare Trennung in Politik einerseits und Verwaltung andererseits aufweist.

Dabei sind die teilprofessionalisierten Räte durchaus auf die Verwaltung angewiesen. Es ist schließlich die Verwaltung, die die Vorlagen, über die Rat und Ausschüsse abstimmen, erstellt. Die Verwaltung bereitet also die Beschlüsse vor und kann daher im Vorfeld der Entscheidung Einfluss nehmen. Hinzu kommt der Fakt der ungleichen Ressourcenzugänge: Arbeiten die Kommunalpolitiker ehrenamtlich, so sind die Mitarbeiter der Verwaltung hauptamtlich tätig, was zweifelsfrei eine intensivere Beschäftigung mit der Materie zu Folge hat. Es wird in diesem Zusammenhang von einer *exekutiven Führerschaft* der Verwaltung gesprochen (Naßmacher und Naßmacher 2007, S. 213). Es ist selbstverständlich jede Gemeinde in ihrem Zusammenspiel aus Politik und Verwaltung individuell zu betrachten, aber durch die be-

**Abb. 1.8** Die Aufgaben der Kommunen

| Selbstverwaltungsbereich | | Übertragener Wirkungskreis | |
|---|---|---|---|
| Freie Selbstverwaltungsaufgaben | Pflichtige Selbstverwaltungsaufgaben | Pflichtaufgaben zur Erfüllung nach Weisung | Auftragsangelegenheiten |
| Ob die Gemeinde die Aufgabe überhaupt wahrnimmt und wie sie sie durchführt, liegt in ihrem Ermessen (aber im Rahmen der Gesetze) | Die Gemeinde ist verpflichtet, sich der Aufgabe anzunehmen | Die Gemeinde ist verpflichtet, sich der Aufgabe anzunehmen. Auf die Durchführung kann der Staat durch Weisung im gesetzlich vorgeschriebenen Rahmen Einfluss nehmen | Die Gemeinde ist gesetzlich verpflichtet, sich der Aufgabe anzunehmen. Da es sich um staatliche Aufgabe handelt, besitzt der Staat ein unbeschränktes Weisungsrecht hinsichtlich der Durchführung |
| Beispiel: Büchereien, Museen, Theater | Beispiel: Straßenbau und -unterhaltung, Wasserversorgung, Müllbeseitigung | Beispiel: Feuerschutz, Bauaufsicht | Beispiel: Durchführung der Bundestagswahl |
| Staat hat nur die Rechtsaufsicht (geregelt in den Gemeindeordnungen) | | Sonderaufsicht (geregelt in Gemeindeordnungen und Spezialgesetzen) | Rechtsaufsicht und Fachaufsicht (d. h. Überprüfung von Ermessensentscheidungen auf Zweckmäßigkeit) |
| Rechtsmittel gegen Aufsichtsmaßnahmen: Widerspruch und Anfechtungsklage | | Rechtsmittel: Widerspruch und Anfechtungsklage | keine Rechtsmittel |

Quelle: Naßmacher und Naßmacher 2007, S. 113

schriebenen Sachverhalte ist häufig anzutreffen, dass die wesentlichen Inhalte von der Verwaltung und weniger von den gewählten Ratsvertretern initiiert werden. Ausnahmen bilden Anfragen und Anträge aus der Mitte des Rates, die ebenfalls kommunale Projekte auslösen können. An der Gesamtverteilung der Initiativen ändert dies aber nichts.

Der Zeitaufwand für ein Ratsmandat ist hoch, natürlich differierend nach der Gemeindegröße (ca. 60–80 Stunden pro Monat). „Dabei ist noch gar nicht berücksichtigt, dass kommunale Mandatsträger oft auch örtliche Parteifunktionen bekleiden und in anderen Bereichen des gesellschaftlichen Lebens am Ort (etwa im Vereinswesen) oder in Initiativen (z. B. Elterninitiativen oder Agenda-Prozessen) aktiv mitwirken" (Naßmacher und Naßmacher 2007, S. 212 f.).

## 1.7 Kontrolle der öffentlichen Verwaltung

### 1.7.1 Rechtliche, administrative und finanzielle Kontrolle

In einem Rechts- und Verfassungsstaat ist selbstverständlich auch die Exekutive an Recht und Gesetz gebunden: „Rechtsstaatlichkeit umfasst die Garantie der Grundrechte, Gewaltenteilung, die Rechtsbindung aller Staatsorgane, die Rechtssicherheit sowie einen gerichtlichen Schutz gegenüber Rechtsverletzungen und die öffentliche Gewalt" (Bogumil und Jann 2009, S. 129). In

Deutschland existiert dabei keine eigene Gerichtsbarkeit, es werden die *Verfassungsgerichtsbarkeit* und die *Fachgerichtsbarkeit* unterschieden.

Aber auch administrativ wird Verwaltungshandeln kontrolliert, vor allem intern. Der hierarchische Aufbau der öffentlichen Verwaltung bietet eine wirksame *Dienst- und Fachaufsicht,* bei Bedarf kann externer Sachverstand hinzugezogen werden. Während des laufenden Haushaltsvollzugs ist die interne *Rechnungsprüfung* Protagonist der administrativen Verwaltungskontrolle.

In finanzieller Hinsicht sind die *Rechnungshöfe* für die Kontrolle administrativen Handelns zuständig. Deren Geschichte ist dabei eine durchaus wechselhafte: Zunächst gegründet, damit absolutistische Herrscher *ihre* Beamten kontrollieren, leisteten sie aus historischer Perspektive exakt das Gegenteil dessen was wir heute darunter verstehen. Erst ab 1871, also mit der Gründung des Deutschen Reichs, wurde ein einheitlicher Rechnungshof ins Leben gerufen, der die Kontrolle der Regierung gewährleisten sollte. Heute prüfen 16 Landesrechnungshöfe und der Bundesrechnungshof die Haushalts- und Wirtschaftsführung des Staates auf Kriterien wie die Ordnungsmäßigkeit oder die Wirschaftlichkeit des Verwaltungshandelns. Da die Rechnungshöfe oberste Behörden ihrer Staatsebene sind, unterliegen sie keiner Weisungsgebundenheit und können selbstständig tätig werden. Nicht selten erfolgt eine spezifische Prüfung auf Wunsch des Parlaments.

## 1.7.2 Politische und mediale Kontrolle

Es ist für Studierende der Verwaltungswissenschaft ein immer wieder überraschendes Phänomen, wie sehr die Arbeit in der öffentlichen Verwaltung auch das private Umfeld tangiert. Insbesondere bei einer Tätigkeit in der Kommunalverwaltung wird deutlich, dass das Wort „öffentlich" bedeutet, dass die Entscheidungen, die in einer Kommune getroffen werden, coram publico diskutiert und kommentiert werden. Hauptinformationsquelle sind für viele Bürgerinnen und Bürger die lokale Tageszeitung und daneben das Lokalradio, wobei der Grad der politischen Berichterstattung bei der Zeitung in der Regel deutlich höher ist.

Die Frage nach der Zukunft der Lokalzeitung ist in Zeiten von Digitalisierung und einer veränderten Mediennutzung an anderer Stelle zu beantworten, derzeit steht der Lokaljournalismus auch bei sinkenden Auflagen vor Ort recht konkurrenzlos da. Denn wer berichtet über die Rats- und Ausschusssitzungen? Die Lokalzeitung zeigt hier oftmals eine bemerkenswerte Präsenz und versorgt die Bürgerinnen und Bürger mit den wichtigsten Neuigkeiten aus der Kommunalpolitik.

Gleichwohl ist der Lokaljournalismus nicht frei von Stolpersteinen. Zu nennen sind (Naßmacher und Naßmacher 2007, S. 219):

- „Verlautbarungsjournalismus": Im Mittelpunkt der journalistischen Arbeit steht nicht die Formulierung eigener Texte, sondern das Redigieren eingereichter Artikel.

- In Flächenkreisen ist eine journalistische Versorgung aller Orte nicht immer möglich.
- Die eigentlich als positiv zu betrachtende Nähe zum lokalen Geschehen kann bezüglich der Anzeigemärkte in eine wirtschaftliche Abhängigkeit abdriften.

Nun hat sich die Mediennutzung in den vergangenen Jahren stark gewandelt. Während, wie Abbildung 1.9 illustriert, die Bedeutung der Tageszeitung abgenommen hat, rückt der Bereich des sogenannten Social Media verstärkt in den Fokus der öffentlichen Verwaltung.

In den vergangenen Jahren haben mobile Telekommunikationsgeräte breiten Einzug in die private Nutzung gehalten und damit die Art und Weise des Umgangs mit dem Internet und damit auch die Informationsbeschaffung und -verarbeitung des Einzelnen nachhaltig verändert (Mergel et al. 2017, S. 21). Die öffentliche Verwaltung kann das Phänomen des Social Media nicht als flüchtige Entwicklung abtun, der keine Aufmerksamkeit geschenkt werden muss. Aus diesem Grund haben viele Behörden auf allen staatlichen Ebenen mittlerweile Social Media in ihre Kommunikationsstrategie integriert. Doch worin genau bestehen die Neuheiten in der digitalen Kommunikation? Hier ist zwischen zwei Kommunikationsparadigmen zu unterscheiden (Mergel et al. 2013, S. 29):

- *Kommunikation nach dem Prinzip „One-to-many":* Hier kommuniziert ein Individuum mit einer Menge an Empfängern. Beispiele sind Newsletter oder andere Mailingaktionen, bei der ein Sender Informatio-

**Abb. 1.9** Entwicklung der verkauften Auflage der Tageszeitungen in Deutschland 1991 bis 2016

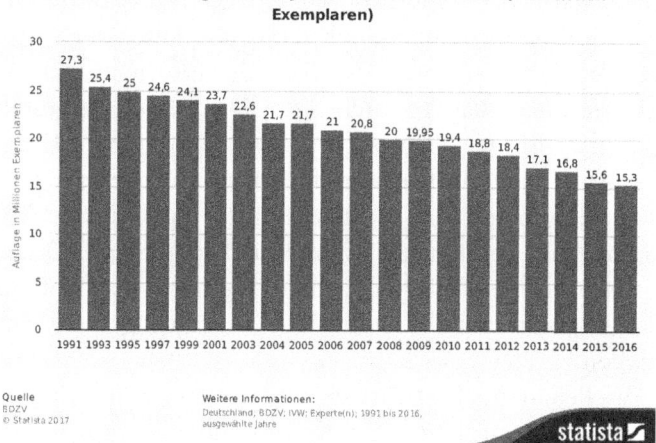

Entwicklung der verkauften Auflage der Tageszeitungen in Deutschland in ausgewählten Jahren von 1991 bis 2016 (in Millionen Exemplaren)

Quelle: https://de.statista.com/statistik/daten/studie/72084/umfrage/ verkaufte-auflage-von-tageszeitungen-in-deutschland; Zugriff 22. Mai 2017

nen an eine möglichst große Gruppe von Empfängern sendet. Bei dieser klassischen Form des Mailings bestehen Probleme in der mangelnden Feedbackmöglichkeit und dem gewachsenen Misstrauen vieler Internetuser in Bezug auf Spammails, etc.

- *Kommunikation nach dem Prinzip „Many-to-many"*: Dieses Prinzip öffnet nun die klassischen Rollen des Senders und Empfängers zugunsten einer offenen Kommunikationsbeziehung, wobei Rückmeldungen, Anregungen und fachliche Erweiterungen nicht nur möglich, sondern auch erwünscht sind.

Damit wachsen auch die Anforderungen an die behörd-
liche Kommunikationspraxis. Die analoge Medienwelt
bot mit dem so genannten 24h-Zyklus insbesondere für
die öffentliche Verwaltung die Chance, Pressemitteilun-
gen dezidiert vorzubereiten, damit die Leser der Tageszeitungen am nächsten Morgen die Informationen erhalten. Heute dagegen stellt sich die Situation dergestalt
dar, dass Bürger ebenso schnell informiert sind wie die
Behörde, die Politiker oder die Journalisten selbst. „Dieses Phänomen wird bereits als der ‚140-Zeichen-Me-
dienzyklus' bezeichnet" (Mergel et al 2013, S. 48). Dieser
quasi reaktiven Seite der neuen, digitalen Medienland-
schaft kann sich die öffentliche Verwaltung nicht ent-
ziehen.

Vielleicht noch wichtiger wird es sein, neue Medien
aktiv in den strategischen Kommunikationsprozess einzubeziehen. Hier besteht eine ganze Reihe von inter-
essanten und praktikablen Anknüpfungspunkten, beispielsweise in der „Einbeziehung von Meinungen von
Bürgern zu Bauvorhaben, Haushaltsentscheidungen
oder Ähnlichem" (Emmer 2017, S. 87). Es könnte der
Vorteil ausgespielt werden, dass Nutzer ohne größere
technische Vorkenntnisse an der Diskussion teilhaben
können.

Auch das öffentliche Personalmanagement kann von
der Entwicklung im Internet profitieren. Gewiss, kaum
eine Verwaltung wird leitende Mitarbeiter bei Facebook
suchen. Aber wie sieht es bei Businessplattformen wie
Xing aus? Und auch Facebook könnte spätestens dann
ins Spiel kommen, wenn vorwiegend jüngere Mitarbeiter, z. B. Auszubildende, gesucht werden. Aufgrund der

hohen Verbreitung bei Jugendlichen und jungen Erwachsenen sind hier durchaus Potenziale zu erkennen.

Ein letzter Vorteil ist die Optimierung der behördeninternen Kommunikation bzw. des Wissensmanagements. Die gemeinsame Bearbeitung von Dokumenten, der Austausch elektronischer Akten, die Terminabsprache per „doodle" oder alternativen Softwarelösungen und schließlich die Erstellung von Wikis als behördenweite Nachschlagewerke, die Digitalisierung bietet eine Vielzahl an Möglichkeiten zur Arbeitserleichterung.

Auf der anderen Seite stehen Hemmnisse, die vor allem aus den kulturellen und rechtlichen Unterschieden der neuen, digitalen Welt und der bürokratischen Behördenstruktur resultieren (Mergel 2013, S. 47). Kommunikation im Bereich der Social Media ist nicht hierarchisch. Das vertrauliche „du" ist quasi gesetzt, Dienstwege spielen ebenso wenig eine Rolle wie die grundsätzliche Abstimmung einer Behördenmeinung. Auch bekommt die Verwaltung Schwierigkeiten bei den im Internet üblichen Reaktionszeiten. Unabhängig davon, dass das Internet keine Öffnungszeiten kennt, so vollzieht sich digitale Kommunikation in sozialen Netzwerken verstärkt in Abendstunden, wenn das Smartphone als Feierabendablenkung zur Hand genommen wird, Reaktionen aus der Behörde aber mutmaßlich unterbleiben werden.

Ein weiterer Kontext, in dem soziale Medien für die öffentliche Verwaltung von Bedeutung sein können, ist das so genannte „Disaster Management". Neue Medien können bei Unfällen, Naturkatastrophen oder Amokläufen beruhigen oder informieren. Das Beispiel des Münchener Amoklaufs aus dem Juli 2016 mag hier als leuchtendes Beispiel gelten.[3]

Insgesamt nehmen Medien für das Funktionieren demokratischer Gesellschaften eine wichtige Rolle ein. Die für die öffentliche Verwaltung wichtigste ist die *Kritik und Kontrollfunktion.* Schon der amerikanische Publizist Joseph Pulitzer hat erkannt, dass die Furcht vor der Presse mehr Unmoral und Korruption verhindert hat als so manches Gesetz. Demokratie mag zwar in der wörtlichen Übersetzung die „Herrschaft des Volkes" bedeuten, gleichwohl ist es seit jeher „ein ausgeklügeltes System wechselseitiger Machtbegrenzung: Exekutive, Legislative und Judikative verweisen sich gegenseitig in Schranken" (Ruß-Mohl 2003, S. 23).

Die drei Staatsgewalten sind in diesem Band ausführlich thematisiert und beschrieben, mit den Medien muss nun eine „vierte Gewalt" hinzugefügt werden. Die Anführungszeichen sind korrekt gewählt, denn mit Ausnahme des Art. 5 I GG (Pressefreiheit) wird nun der vertraute Pfad normierter Kontrolle von Verwaltungshandeln verlassen. Jahr für Jahr veröffentlicht die Nichtregierungsorganisation *Reporter ohne Grenzen* eine Weltkarte der Pressefreiheit, deren mediales Echo naturgemäß recht hoch ist. Nun mag mancher einwerfen, dass sich Deutschland in puncto Pressefreiheit untadelig präsentiert, die Kontrollfunktion also uneingeschränkt ausgeübt werden kann. Zunächst kein Widerspruch, Deutschland befindet sich in der besten Kategorie

3  http://www.muenchen.de/aktuell/2016-09/auszeichnnung-fuerpressestelle-polizei-muenchen.html (Zugriff 22. Mai 2017)

(„Gute Lage") und belegt Platz 16 weltweit; allerdings hinter Staaten wie Costa Rica oder Jamaika.

Es mischt sich Skepsis in die Bewertung, wenn auf der Homepage von „Reporter ohne Grenzen" von „erschreckend vielen tätlichen Angriffen, Drohungen und Einschüchterungsversuchen"[4] berichtet wird. Vor dem Hintergrund allgemeiner Entwicklung in Ungarn, Russland oder – ganz aktuell – der Türkei sollte die Pressefreiheit nicht als Zusatz oder besonderes Zeichen von Freiheit, sondern als immanenter Bestandteil einer demokratischen Gesellschaft angesehen werden. Wo Macht ausgeübt wird, ist die Gefahr des Missbrauchs grundsätzlich gegeben, da stellt die öffentliche Verwaltung keine Ausnahme dar. Die Medien sind hier ein wirksames Instrument zur Prävention und Investigation.

*Nachdem Sie dieses Kapitel durchgearbeitet haben, sollten Sie Folgendes wissen bzw. erläutern können:*

- *Den Unterschied zwischen vertikaler und horizontaler Gewaltenteilung.*
- *Verwaltungshandeln ist weit mehr als nur die Ausführung von Gesetzen; stattdessen wirken zahlreiche Akteure auf das politisch administrative System.*
- *Der finanzielle Druck auf die öffentliche Verwaltung hat dazu geführt, dass die Verwaltung ihrerseits alternative Organisationsformen bis hin zur Privatisierung umgesetzt hat.*

4  https://www.reporter-ohne-grenzen.de/rangliste/2017/ (Zugriff 30. April 2017)

• *Verwaltungshandeln ist durch verflochtene Strukturen von Europäischer Union, Bund, Ländern und Kommunen geprägt.*

# 2

## Organisation und Personal der öffentlichen Verwaltung

*Das Kapitel 2 widmet sich dem Themenkreis Organisation und Personal der öffentlichen Verwaltung. Max Webers Verwaltungssoziologie bietet auch rund 100 Jahre nach dem Tode Webers einen sinnvollen theoretischen Einstieg in die Thematik. Mit der Aufbauorganisation wird die organisatorische Struktur der Verwaltung beschrieben, mit der Ablauforganisation die tatsächlichen Abläufe und Prozesse, die in diesem Band anhand von ausgewählten Modellen erläutert werden. Den zweiten Schwerpunkt des Kapitels bilden Ausführungen über das Personal der öffentlichen Verwaltung: rechtliche Grundlagen, der Wandel von der Personalverwaltung zum Personalmanagement, Herausforderungen des demografischen Wandels.*

## 2.1  Verwaltung als bürokratische Herrschaft

Die Organisationssoziologie kennt eine Vielzahl von theoretischen Ansätzen zur Erklärung von Verhalten in einer Organisation. Für die öffentliche Verwaltung ist dabei das Bürokratiemodell von *Max Weber* (1864–1920) ein wichtiger Referenzpunkt. Es zählt zu den klassischen Ansätzen der Management- und Organisationslehre und ist geprägt durch Effizienz, Effektivität und die Konzentration auf eine von der Organisation zu erfüllende Aufgabe. Klassische Ansätze – und damit auch das Bürokratiemodell von Max Weber – sind oftmals im ausgehenden 19. sowie beginnenden 20. Jahrhundert entstanden und stellen in fachlicher wie in gesellschaftlicher Hinsicht ein Spiegelbild ihrer Zeit dar.

Max Weber erkannte, dass „sowohl Menschen als auch größere Gruppen sich von ihren religiösen Vorstellungen gelöst hatten und sich stattdessen zu sachlichen und rationalen Aspekten des Lebens zuwandten" (Paulic 2001, S. 69). Der technische Fortschritt einerseits und die seinerzeit noch unbekannten Risiken eines unkontrollierten Wachstums andererseits führten dazu, dass die Rationalität allen Handelns künftig im Mittelpunkt stehen würde.

Weber sah in den *Weltbildern und Glaubenssystemen,* den *Institutionen* und der *praktischen Lebensführung* drei Ebenen, in denen sich der *Rationalisierungsprozess* vollzieht (Preisendörfer 2015, S. 106). Bezüglich der Weltbilder und des Glaubens verweist Weber auf den Rückzug der Religion zugunsten der modernen Wissenschaft: Sie ist nun der „neue Gott", der anbetungswürdig auf dem Olymp der Bewunderung thront. Aber auch die Institutionen verändern sich im neuen Rationalisierungspostulat. Spielten bisher Einzelpersonen und Verwandtschaftsbeziehungen eine zentrale Rolle, so entstehen rationale Organisationen mit zum Teil völlig neuen Rechtsformen, die vom Individuum losgelöst sind. Mit einer gewissen Zeitverzögerung fand die Rationalisierung ebenfalls Eingang in das private Leben. Die Menschen begannen nun, nach dem Vorbild der rationalen Organisation auch ihr privates Leben vernunftorientiert und den Gesetzen des vermeintlich erfolgreichen, augenscheinlich aufstrebenden Kapitalismus folgend zu führen.

Auf diesen kulturgeschichtlichen Grundlagen aufbauend entwickelte Max Weber sein System von Macht und Herrschaft. Er differenziert deutlich die beiden Begriffe: während *Macht* jede Chance bedeutet, „innerhalb einer sozialen Beziehung den eigenen Willen auch gegen Widerstreben durchzusetzen, gleichviel worauf diese Chance beruht" (Weber 2005, S. 38), so wird der Begriff der Herrschaft präziser gefasst: „*Herrschaft* soll heißen die Chance, für einen Befehl bestimmten Inhalts bei angebbaren Personen Gehorsam zu finden" (Weber 2005, S. 38).

Macht ist laut Weber eine amorphe Masse, sie ist wenig eingeschränkt und kann daher vielfältig Anwendung finden, auf verschiedene Sphären des sozialen Lebens (Beruf, Privatleben) und auf inhaltlich unterschiedlichen Segmenten. Konstitutiv für Macht ist allerdings, dass es sich um ein Durchsetzen gegen den Willen des Anderen handelt. Folgt dieser freiwillig, ist laut Weber

keine Macht im Spiel. Der Machtbegriff erfährt bei Max
Weber lediglich zwei Konkretisierungen: Macht ist immer Folge einer sozialen Beziehung und keine persönliche Charaktereigenschaft, d. h. Menschen sind nicht
per se mächtig, sondern werden es durch deren Anwendung. Auch setzt die Ausübung von Macht nicht den Erfolgsfall voraus, Macht bedeutet „jede Chance" (Weber
2005, S. 38), es existiert demnach keine Garantie, dass
sich der Machtausübende tatsächlich durchsetzt.

Die Präzision des Begriffs der Herrschaft geht bei Weber mit einer deutlichen Einschränkung einher. Denn
während Macht stets neu ausgeübt werden muss, basiert
die Herrschaft auf Freiwilligkeit. Setzt Macht also voraus,
dass etwas gegen den Willen des Einzelnen geschieht, so
ist gerade dann von Herrschaft zu sprechen, wenn diese Machtausübung freiwillig geschieht (Abraham und
Büschges 2009, S. 127). Eine weitere Einengung erfährt
die Herrschaft dabei, dass sie nur bestimmte Inhalte umfasst. Herrschaft wird also nur in einem thematisch begrenzten Rahmen ausgeübt, beispielsweise im Arbeitsleben. So folgt der Mitarbeiter seinem Vorgesetzten in
aller Regel freiwillig, so lange es sich um Anweisungen
handelt, die beruflicher Natur sind. Anders verhielte es
sich, wenn der Chef seinen Einfluss auf die Privatsphäre des Mitarbeiters auszudehnen versuchte. Es ist sogar
denkbar, dass der Chef in das Privatleben des Mitarbeiters „reinregiert" und private Verhaltensweisen fordert,
gleichwohl müsste er Machtmittel einsetzen wie die An-
drohung eines Beförderungsstopps oder dergleichen
und würde damit genau die Freiwilligkeit verlieren, die
Grundlage für die Herrschaft ist. Abbildung 2.1 erläutert

**Abb. 2.1**  Macht und Herrschaft bei Max Weber

| Macht | Herrschaft |
| --- | --- |
| • situativ | • dauerhaft |
| • abhängig von Machtmitteln verschiedenster Art aufseiten des Machtausübenden | • abhängig von der Bereitschaft der Gehorchenden, freiwillig einem Befehl zu folgen |
| • brüchig bei Fortfall der aktuellen Machtmittel | • auf Legitimität angewiesen, um dauerhaft zu sein |
| • Machtmittel eröffnen die Chance, Beliebiges zu erzwingen | • Die Bereitschaft zum Gehorsam ist auf bestimmte Bereiche und Personen beschränkt |

Quelle: Schwietring 2011: S. 229

den Zusammenhang zwischen Macht und Herrschaft bei Max Weber.

Zur Akzeptanz der Herrschaft muss es also einen Glauben geben, der die Legitimität für den freiwilligen Verzicht auf Widerstand liefert.

Diese Legitimität, die Weber in drei Modellen abbildet, ist ein zentrales Element in der Soziologie Max Webers.

Die *traditionale Herrschaft* ist geprägt vom Glauben an die Heiligkeit und überkommene Traditionen (Neuenhaus-Luciano 2012, S. 100). Im Zentrum des Legitimitätsglaubens steht, dass Sitten, Bräuche und Gesetze existieren und es traditionell gehandhabt wird, dass ein bestimmter Personenkreis von der Masse der Menschen Gehorsam einfordern kann (Preisendörfer 2016, S. 107). Neuerungen sind grundsätzlich nicht willkommen, da jedes Novum die Grundlage der bisherigen Legitimität untergräbt. Als Beispiel für traditionale Herrschaft können Erbmonarchien gelten. Die Folge über einen per Erbe legitimierten Herrscher funktioniert nur, solange dieser auch für die Aufgabe geeignet ist. Es führt unweigerlich zu einem Legitimitätsverlust, sollte der ererbte Monarch mit den Regierungsgeschäften überfordert sein. Problematisch können – vor allem bei abnehmendem Vertrauen – auch zarte Reformversuche seitens des Herrschers sein. Denn wie erklärt man Neuerungen als sinnvoll, wenn bisher die Innovation mit dem Verweis auf die besondere Tradition abgelehnt wurde?

Bei der *charismatischen Herrschaft* bilden die besondere Ausstrahlung des Herrschers und der Glaube an dessen Unfehlbarkeit die Legitimationsgrundlage. Diese Legitimationsgrundlage verliert jedoch an Kraft, sobald die Unfehlbarkeit des charismatischen Herrschers zur Disposition steht. Wird der charismatischen Herrschaft gefolgt, ist es notwendig, dass das Charisma als einzige Legitimationsgrundlage stets aufs Neue bewiesen bzw. verteidigt wird. Beispielhaft sind hier Diktatoren zu nennen, die die Aura der Unbesiegbarkeit gerade in militärischen Fragen umgibt, so Alexander der Große. Aus moderner Sicht müssen Diktatoren wie Adolf Hitler angeführt werden, die Weber, 1920 verstorben, allerdings nicht mehr kennengelernt hat.

Als die weitergehende Legitimierung der Herrschaft bezeichnet Max Weber die *legale oder bürokratische Herrschaft,* die in seinem Bürokratiemodell ihre konkrete Anwendung findet und den anderen beiden Typen gerade in der Dauerhaftigkeit, aber auch in der organisatori-

**Abb. 2.2**   Merkmale der Bürokratie nach Max Weber

| | |
|---|---|
| 1 | Positionen/Stellen als Bausteine der Organisation |
| 2 | Feste Amtskompetenzen und klare Amtshierarchie |
| 3 | Regelgebundenheit und Unpersönlichkeit der Amtsführung |
| 4 | Aktenmäßigkeit aller verwaltungstechnischen Abläufe |
| 5 | Qualifiziertes und loyales Fachpersonal |

Quelle: Preisendörfer 2016: S. 108

schen Sachbezogenheit überlegen ist. Ihre Legitimitätsgrundlage ist die Satzung – verfasstes Recht, ein aus Rationalität geschaffenes Regelwerk, das unabhängig von Religion oder Tradition gilt. Die in Abbildung 2.2 genannten Merkmale sind nach Weber für die Bürokratie konstitutiv.

Neu ist hier insbesondere die Trennung von Person und Position. Was heute selbstverständlich erscheint, war zur Zeit der Entwicklung des Bürokratiemodells eine innovative Errungenschaft und viele Jahre anders praktiziert. Im Mittelpunkt steht die Dienstleistung, die bestimmten Regeln folgt; daher ist es auch gleich, welcher Verwaltungsbeamte sie ausführt.

Einer bürokratischen Organisation inhärent ist ebenfalls die statische Struktur mit einer klaren Amtshierarchie. Der Aufbau einer bürokratischen Verwaltung ist streng in einem System der Über- und Unterordnung angelegt, „verbunden mit Weisungsbefugnissen und einer mehr oder weniger großen Befehlsgewalt" (Preisendörfer 2016, S. 109). Insgesamt ist der Entscheidungsspielraum für den einzelnen eher gering, der korrekte Beamte hat seinen Dienst „sine ira et studio" (ohne Zorn und Eifer) zu verrichten, wobei der Eifer nicht mit Fleiß gleichzusetzen ist, sondern damit, sich nicht zu ereifern, stattdessen unpersönlich und regelgebunden der Verwaltungsarbeit nachzugehen.

Öffentliche Verwaltung ist schriftlich! Es ist seit Max Weber obligatorisch, sämtliche Verwaltungsvorgänge schriftlich niederzulegen. Nicht das gesprochene Wort zählt als bleibender, beweisbarer und damit justitiabler Nachweis, sondern die professionell angelegte und mit schriftlichen Vermerken versehene Akte. Im Kontext der rationalen, auf Fachwissen beruhenden öffentlichen Verwaltung kann auf diese Weise die Unpersönlichkeit der Verwaltung ebenso gewährleistet werden wie die auf Fakten beruhende Klärung von Sachfragen im Streitfalle.

Das qualifizierte und loyale Fachpersonal sieht Max Weber in der Ausbildung in ersten Fachschulen für Verwaltung und in der Hinwendung zum Berufsbeamtentum. Der Leiter der bürokratischen Organisation besitzt eine mittels Wahl erfolgte Legitimation, ansonsten sind die Stelleninhaber abhängig beschäftigt. Sie sind „entgolten [...] mit festen Gehältern in *Geld* [Kursivierung im Original], meist mit Pensionsberechtigung, [...]" (Weber 2005, S. 162 f.).

Es ist ein verbreiteter Irrtum, dass Weber bürokratischen Organisationen uneingeschränkt positiv gegenüber gestanden hat. Weber sah die Vorzüge, die in der kühlen, rationalen Effizienz der Bürokratie liegen, dennoch macht er auch „darauf aufmerksam, dass die Mitarbeiter Gefahr laufen, ihre Individualität zu verlieren und zu hörigen Instrumenten einer Maschine degradiert zu werden" (Paulic 2016, S. 71).

Es sollte deutlich geworden sein, dass die Ausübung von Macht und Herrschaft in bürokratischen Organisationen kein eindimensionaler Prozess ist, der sich zwischen einem Anführer und einer Gefolgschaft vollzieht. Notwendig ist vielmehr ein organisatorisches Gebilde mit breiter Beteiligung, das von der Grundannahme ausgeht, dass viele kleine Rädchen notwendig sind, um das Funktionieren des Gesamtgefüges zu gewährleisten. Mit Beteiligung ist hier aber keine demokratisch beeinflussende Teilhabe gemeint, sondern die Ausübung von Verwaltungsarbeit innerhalb der Organisation. Daher ist das Hierarchieprinzip eine Organisationsform, die eine strikte Über- und Unterordnung der Amtsträger in sich birgt und ihr historisches Vorbild in der Organisationsstruktur des Militärs findet (Franz 2013, S. 103).

Im *Hierarchieprinzip* der öffentlichen Verwaltung erhält das Bürokratiemodell von Max Weber ein organisatorisches Gesicht: eine geschlossene Pyramide, die grundsätzlich lückenlos ist, da nur so wirklich jede Position einer demokratischen Verwaltung seine Legitimation in einer Organisationsstruktur erfährt und strikt von oben nach unten aufgebaut ist. „An oberster Stelle stehen die Organisationsziele; um diese zu erfüllen, werden die Aufgaben und Kompetenzen im Rahmen einer Aufbauorganisation verteilt" (Preisendörfer 2016, S. 84). Wird die Organisation aber zu komplex, so werden Aufgaben an organisatorische Teileinheiten verteilt, wobei die Spezialisierung nach den in Abbildung 2.3 genannten Regeln erfolgt.

**Abb. 2.3** Organisationsregeln der öffentlichen Verwaltung

| Differenzierung nach ... | Beispiele |
| --- | --- |
| Sachaufgaben | • Finanzverwaltung<br>• Sozialverwaltung<br>• Bildungsverwaltung Bauverwaltung |
| zu verwaltendem Raum | • Bundesland<br>• Kreis<br>• Gemeinde |
| Adressatenkreisen | • Anwaltskammer<br>• Ärztekammer<br>• Hochschullehrerbund<br>• Berufsverbände generell |
| Teilaktivitäten | • Personal<br>• Recht<br>• Finanzen |

Quelle: Eigene Darstellung nach König 2008, S. 109 f.

## 2.2 Aufbauorganisation der öffentlichen Verwaltung

Die *Aufbauorganisation* beschreibt die formale Struktur und Aufgabenabgrenzungen einer Organisation. Wer ist für die Leitung der Behörde zuständig? Welche Ressorts existieren zur Aufgabenerfüllung? Wie exakt stellt sich der pyramidale Aufbau dar? Die Organisationsforschung unterscheidet verschiedene Typen, die folgend näher erläutert werden.

Die *Einlinien-Organisation* „orientiert sich am Vorbild militärischer Befehlsgewalt vom höchsten Rang bis zum einfachen Soldaten" (Frantz 2013, S. 104). Auf die

öffentliche Verwaltung bezogen bedeutet dies, dass jeder
Amtsträger einen direkten, weisungsbefugten Vorgesetzten hat, der selbst wiederum einem Vorgesetzten unmittelbar unterstellt ist, sodass direkte Weisungslinien
entstehen. Sie „ist ein Organisationsgefüge, wie es sich
idealtypisch ergibt, wenn ein einheitliches Rollensystem
in mehrere Subsysteme differenziert wird, die dann wiederum in je mehrere Subsysteme differenziert werden
usw." (Endruweit 2004, S. 166). Eine Verbindung in der
Hierarchie besteht nur in der Vertikalen, nicht aber in
der Horizontalen. Und ebenso erfolgt die Kommunikation in der Einlinien-Organisation auch immer streng
von oben nach unten, nachgerade wie die Loyalität.

Und so sind auch die Vorteile der Einlinien-Organisation in ihren klaren Kompetenzen und transparenten Strukturen zu sehen (Abb. 2.4). Es gibt keine Über-

**Abb. 2.4**  Einlinienorganisation*

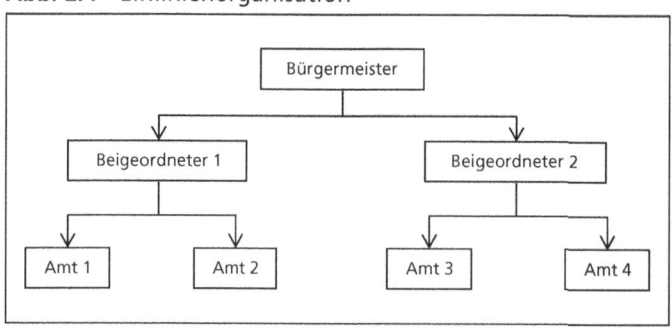

Quelle: Eigene Darstellung
* Diese wie auch die nächsten Abbildungen folgen der Systematik
kommunaler Verwaltungen.

schneidungen hinsichtlich der Weisungsbefugnisse und Zuständigkeiten, zudem sind vorgesetzte Stellen immer informiert. Speziell in größeren Organisationen überwiegen aber die Nachteile: Werden schnelle Entscheidungen benötigt, muss grundsätzlich zunächst der gesamte „Instanzenweg" beschritten werden. Und selbst wenn dieser eingehalten werden sollte, so sind bestimmte fachliche Anforderungen ausgeblendet, da die vertikale Abstimmung fehlt. Weiter kann es zu Überforderungen der Leitungsebene kommen, da grundsätzlich alle Entscheidungen dort getroffen werden; Delegation und flache Hierarchien sind im Einlinien-System nicht vorgesehen.

Das Fehlen der Abstimmung zwischen den einzelnen Linien der Organisation offenbart damit ein Paradoxon der Einlinien-Organisation: Werden auf der einen Seite Leitungsstrukturen geschaffen, damit die Organisation einem Gesamtziel untergeordnet ist, so fördern starre Einlinien-Strukturen wiederum Ressortegoismus und Spartendenken. Dies wird zudem gefördert in der üblichen Karriere- und Aufstiegspraxis. Zumeist verbleibt ein Mitarbeiter in „seiner" Linie, was die genannten Vor- und Nachteile weiter verstärkt (Endruweit 2004, S. 166 f.). Und nicht zuletzt besteht eine Problematik im so genannte „Stille-Post-Phänomen": Jede Information, die an die vorgesetzte Stelle weitergeleitet wird, wird nahezu unmerklich verändert, sodass die Information, die letztlich bei den Entscheidungsträgern ankommt, nicht nur in Nuancen, sondern gar substantiell von der Ausgangsaussage abweicht.

Die *Sparten-Organisation* stellt eine Sonderform der

**Abb. 2.5** Sparten-Organisation

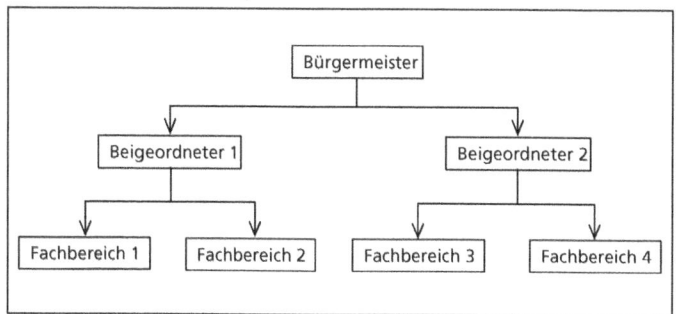

Quelle: Eigene Darstellung

Einlinien-Organisation dar. Bezugnehmend auf den Kritikpunkt der Überforderung der Leitungsebene wurde eine Organisationsform entwickelt, die in dem formalen Aufbau der Einlinien-Organisation ähnelt, gleichwohl eine weitere, eher dezentral ausgerichtete Ebene vorsieht, die wiederum mit gewissen Entscheidungskompetenzen ausgestattet ist.

Dem Organisationsprinzip der Spartenorganisation (Abb. 2.5) folgt das Neue Steuerungsmodell der KGSt, das in den 1990er Jahren flächendeckend in den deutschen Rathäusern implementiert worden ist (siehe Kapitel 3.1). Hier werden kommunale Ämter, die bisher lediglich über die Fach- nicht aber über die Ressourcenverantwortung verfügten, zu Fachbereichen aufgewertet. In ihrem Budget sind die Fachbereiche aufgefordert, zur Erreichung ihrer Ziele eigenverantwortlich zu wirtschaften.

**Abb. 2.6** Mehrlinien-Organisation

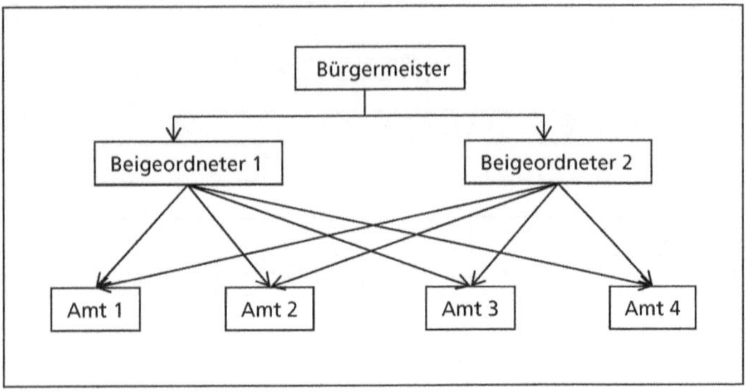

Quelle: Eigene Darstellung

Die *Mehrlinien-Organisation* unterscheidet sich von der Einlinien-Organisation dadurch, dass die Weisungs- und Kontrollfunktion auf mindestens zwei vorgesetzte, fachlich unterschiedliche Stellen aufgeteilt ist (Abb. 2.6).

Die Vorteile dieser Organisationsform liegen in den kurzen Kommunikations- und Kooperationswegen und in der Schnelligkeit, da die Gefahr, die „falsche Hierarchieleiter" zu nehmen, deutlich geringer ausfällt. Zudem kann aufgrund der Spezialisierung von einer höheren Fachkompetenz der Entscheider ausgegangen werden. Umgekehrt können als Nachteile divergierende Anweisungen der jeweiligen Leitungsebene und unklare Zuständigkeitsabgrenzungen angeführt werden (Endruweit 2004, S. 168).

Das in der öffentlichen Verwaltung weitaus am häufigsten anzutreffende Organisationsprinzip ist das der *Stab-Linien-Organisation* (Abb. 2.7). Grundlage des Or-

**Abb. 2.7** Stablinien-Organisation

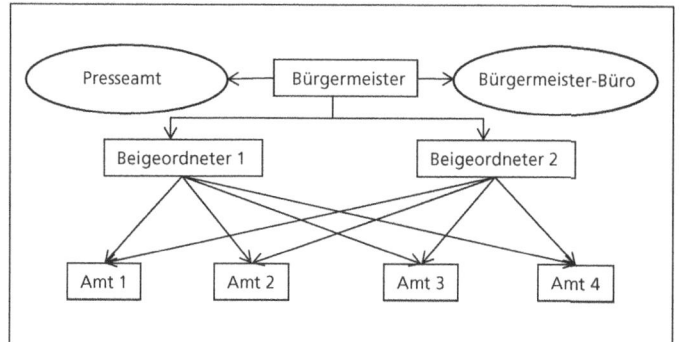

Quelle: Eigene Darstellung

ganigramms ist weiter die Linien-Organisation, der mit so genannten Stäben eine weitere Organisationseinheit hinzugefügt wird, die der Unterstützung der Behördenleitung dient und aus der eindimensionalen Hierarchiestruktur der Verwaltung ausgegliedert ist. Stäbe existieren als dauerhafte und als temporäre Erscheinung, sie sollen – gerade weil sie generell direkt mit der Leitungsebene verbunden sind – handlungsschnell und fachlich kompetent beraten. Mitglieder eines Stabes sind keine Entscheider, sie sind „nur als Zuarbeiter für die Konzipierung von Entscheidungen eines in der Regel sehr hochrangigen Linienmitgliedes beteiligt" (Endruweit 2004, S. 168). Minister-, Oberbürgermeisterbüros oder Pressestellen sind Beispiele für stetig eingerichtete Stäbe, aktuelle Themen werden oftmals in zeitlich begrenzten Stäben im Rahmen eines Projektmanagements bearbeitet.

Die Organisationsform der Stab-Linien-Organisation wird gewählt, wenn die Organisation insgesamt eine bestimmte Größe und Komplexität erreicht hat. Es soll auf diese Weise gewährleistet werden, dass Expertenwissen leichter in die Führungs- und Leitungskompetenz der Verwaltung integriert werden kann. Zudem wird die Führung entlastet (Frantz 2013, S. 105).

Der Dualismus aus den beiden Organisationsprinzipien *Linie* und *Stab* beinhaltet das größte Konfliktpotenzial. Müssen die Stäbe grundsätzlich ohne Leitungsverantwortung auskommen, so besteht gleichwohl die Gefahr, dass sie eine Art Eigenleben entwickeln und die der Leitung zugeordnete Position zur Durchsetzung eigener Machtansprüche nutzen. Mitarbeiter der Stäbe könnten ihr Fachwissen vor allem für sich gewinnbringend einsetzen und eine Abhängigkeit der Leitungsebene vom diesem anstreben.

Nicht selten werden beide Organisationsformen – Stab-Linien- wie Linien-Organisation – zusammengefasst, indem aus ursprünglichen Stabsstellen eine feste Organisationseinheit wird, „die in recht großem Umfang alle entsprechenden Funktionen für die gesamte Organisation erledigt und ohne weiteren Unterbau auf relativ hoher Organisationsebene angesiedelt ist" (Endruweit 2004, S. 171). Als Beispiele können hier die EDV- oder die Rechtsabteilung genannt werden.

Die *Matrix-Organisation* (Abb. 2.8) als letzte hier thematisierte Organisationsstruktur ist aus den so genannten Task Forces – bekannt beispielsweise als Sonderkommissionen der Kriminalpolizei – entstanden. Hier werden Mitarbeiter aller Stäbe und Linien aus ihren

**Abb. 2.8** Matrix-Organisation am Beispiel der Stadt Wuppertal

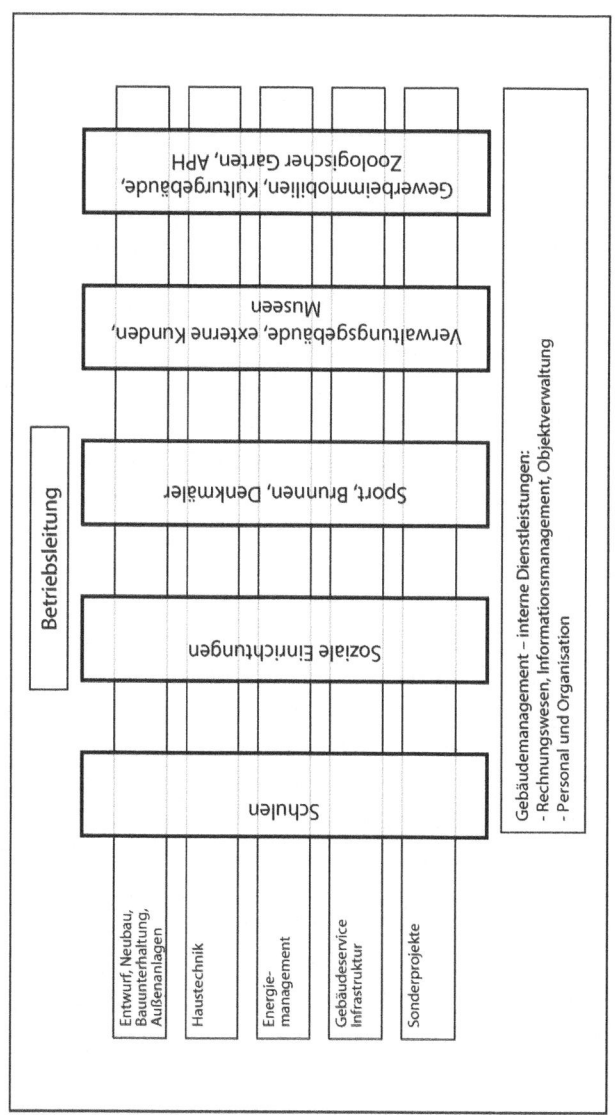

Quelle: Eigene Darstellung

bisherigen Organisationsstrukturen befreit und zweit-
weise in die Task Force übernommen. „Dort sollen sie
unter Befreiung von allen sonstigen Organisationsfunk-
tionen sich auf die Teilfunktion der Task Force konzentrieren, für die sich als Spezialisten gelten" (Endruweit
2004, S. 171). Es werden Mitarbeiter konzentriert, die ihr
Expertenwissen verschiedenster Disziplinen zur Lösung
eines Problems einbringen. Die Vorgesetztenfunktion
wird hier eigentlich in der Linie ausgeübt, bei einer zeitlich begrenzten Einrichtung der Matrix wird der Mitarbeiter an den neuen Vorgesetzten „ausgeliehen". Wenn
allerdings unterschiedliche Professionen miteinander
kooperieren müssen, empfiehlt sich das Prinzip der Matrix-Organisation durchaus als Dauerlösung. Die Stadt
Wuppertal hat den Bereich der Gebäudewirtschaft in der
Matrixorganisation abgebildet und kann daher als Beispiel gelten.

Auch wenn die öffentliche Verwaltung in aller Regel
dem Hierarchieprinzip folgt, bei dem Entscheidungen
auf der jeweiligen Hierarchieebene durch Einzelpersonen
getroffen werden, ist zu guter Letzt das *Kollegialprinzip* in der öffentlichen Verwaltung anzutreffen. Definitorisch ist es damit beschrieben, dass mehrere Amtsträger gleichrangig an Entscheidungen beteiligt sind. Als
Grundannahme gilt, dass eine Kollegialentscheidung die
beste denkbare Einzelentscheidung überbietet, das Ganze also hochwertiger als die Summe der Einzelteile ist.
Da dies in Reinform kaum praktikabel erscheint, ist das
Kollegialprinzip eher eine partizipative Ergänzung des
Hierarchieprinzips denn ein wirklicher Gegenpol. Weiter bedeutet das Kollegialprinzip nicht, dass in der Orga-

nisation keine Hierarchien bestehen, sondern lediglich, dass die jeweils an der Entscheidung Beteiligten gleichrangig votieren (Frantz 2013, S. 107).

Als Faustformel für die Implementierung gilt: Je größer der Entscheidungsspielraum, desto geeigneter ist das Kollegialprinzip. Daher sollten Routinetätigkeiten wie die eher eindimensionale Anwendung von Rechtsnormen hierarchisch klar und präzise organisiert sein, während Fragen, in denen ein breiter Sach- und Fachverstand notwendig ist, vornehmlich einer kollegialen Entscheidung harren. Die idealtypische Anwendung gerät dann in Unsicherheit, wenn innerhalb des Kollegialorgans Spannungen herrschen, weiter scheint es schlicht illusorisch, dass alle Mitglieder gleichsam partizipativ an der Bestimmung beteiligt sind. Dominante Mitglieder des Kollegialorgans können die Entscheidungen faktisch zu Einzelentscheidungen werden lassen, zudem besteht die Gefahr, dass eine Minderheit sich lautstark Gehör verschafft und damit eine faktisch vorhandene Mehrheit dominiert. Elisabeth Noelle-Neumann hat dieses Phänomen zu Beginn der 1980er Jahre mit dem Begriff der „Schweigespirale" belegt (Noelle-Neumann 2001).

In der öffentlichen Verwaltung sind Kollegialorgane in erster Linie auf kommunaler Ebene anzutreffen. Die Magistratsverfassung, die noch in Hessen angewendet wird, schreibt die Leitung der Verwaltung einer Kommune durch haupt- und ehrenamtliche Magistrate vor. Diese Aufteilung ist in den übrigen Bundesländern nicht bekannt bzw. bereits abgeschafft (z. B. Schleswig-Holstein), gleichwohl ist dem Grunde nach jeder kommunale Gemeinderat ein Kollegialorgan, da Ent-

scheidungen nach dem Mehrheitsprinzip gefällt werden. Und da der Gemeinderat Teil der Exekutive ist und
nicht – auch wenn das Selbstverständnis mancher Kommunalpolitiker etwas Anderes vermuten lässt – Teil der
Legislative, so mag die Arbeit der kommunalen Vertretungskörperschaft als Praxisbeispiel für das Kollegialprinzip gelten.

In der Praxis – das sollte deutlich geworden sein – gibt
es nicht *den* Aufbau einer öffentlichen Verwaltung. Je
nach Größe, Aufgabenspektrum und auch Platzierung
im Staats- und Verwaltungsaufbau der Bundesrepublik
Deutschland muss die jeweilige Verwaltung den für sie
passenden und angemessenen Weg finden. In den vergangenen Jahren hat sich dabei die *Arbeit in Projekten*
als weitere sinnvolle Alternative zu den vorgestellten und
grundsätzlich hierarchiedominierten Organisationsformen herausgebildet. Zunächst wird definitorisch zu klä-
ren sein, was genau ein Projekt ist, da der Begriff durchaus inflationär verwendet wird. Es „ist die Tendenz
erkennbar, alle Arbeitsformen, die von der regulären Arbeit abweichen, als Projekt zu titulieren" (Möltgen 2015,
S. 275 f.). Für die weiteren Ausführungen soll der Definition des Deutschen Instituts für Normierung gefolgt
werden: Ein Projekt ist ein „Vorhaben, das im Wesentlichen durch Einmaligkeit der Bedingungen in ihrer Gesamtheit gekennzeichnet ist, wie z. B. Zielvorgabe, zeitliche, finanzielle, personelle und andere Begrenzungen,
projektspezifische Organisation" (DIN 69901-5:2009
Nr. 3.43).

In einem Projekt sind aufgrund der weniger stark aus-
geprägten hierarchischen Diktion klare Absprachen be-

züglich der Projektziele und -abläufe notwendig. Es
empfiehlt sich, einen Projektplan zu erstellen, der das
Gesamtprojekt in einzelne Projektphasen unterteilt und
deren Anzahl von der Komplexität des Projekts abhängig gemacht werden sollte. Auch erscheint es sinnvoll,
einzelne Meilensteine des Projekts zu definieren, an
denen in sich geschlossene Arbeitsergebnisse geliefert
werden.

Sowohl in der theoretischen Beschreibung als auch in
der praktischen Anwendung hat sich die Unterteilung
eines Gesamtprojektes in vier Projektphasen bewährt
(Möltgen 2015, S. 280):

- *Initiierungsphase:* Es erfolgt die Problemdefinition
  und das Festlegen einer ersten Zieldefinition; zudem
  werden erste Verantwortlichkeiten benannt.
- *Analyse- und Planungsphase:* Ziele und Abläufe werden
  weiter spezifiziert, die Projektplanung wird exakter.
- *Umsetzungsphase:* Durchführung einer Auftaktveran-
  staltung, Implementierung eines Projektcontrollings,
  Dokumentation der laufenden Ergebnisse.
- *Projektabschluss:* Erstellung der endgültigen Dokumentation, Präsentation der Projektergebnisse an den
  Kreis der Entscheider, „Entlastung" des Projektleiters.

Auch wenn die Durchführung von Projekten in der Vergangenheit mehr und mehr zum Alltagsgeschäft der öffentlichen Verwaltung geworden ist, so ist es dennoch
für manchen Mitarbeiter eine neue Erfahrung, in einem
Projekt mitzuwirken. Daher sollen folgend Erfolgsfak-
toren benannt werden, die zumindest eine hinreichende

Bedingung für den erfolgreichen Abschluss eines Projektes darstellen.

- Projektumfeld beachten
- Zielorientierung
- Auswahl der richtigen Mitarbeiter
- Projektkultur etablieren

Zudem hat sich das Projektmanagement selbst weiterentwickelt. So finden zunehmend evolutionäre und agile Formen des Projektmanagements Anwendung wie z. B. Scrum.

## 2.3  Ablauforganisation der öffentlichen Verwaltung

Grundsätzlich wird von der Aufbauorganisation die *Ablauforganisation* unterschieden. Die Ablauforganisation umfasst alle „Prozesse, nach denen innerhalb der Organisation gearbeitet werden soll" (Bogumil und Jann 2009, S. 140). In den Ausführungen zum Bürokratiemodell wurde deutlich, dass die öffentliche Verwaltung durch eine äußerst kleinteilige Organisationsform charakterisiert ist. Nun hat aber eine öffentliche Verwaltung nicht nur genaue Vorstellungen davon, wie die organisatorischen Rahmenbedingungen zu wählen sind, sondern auch, welche festgeschriebenen Verfahrensweisen zur Aufgabenerledigung anzuwenden sind: „Bürokratisches und damit Verwaltungshandeln ist also stark regelgebunden und standardisiert" (Bogumil und Jann

2009, S. 140), in struktureller wie in prozessualer Hinsicht. Und wenn das Bürokratiemodell (siehe Abbildung 2.2) nun auf die Aufbau- wie auf die Ablauforganisation der öffentlichen Verwaltung bezogen wird, wird offenkundig, dass die Punkte 1 und 2 *(Stellen als Bausteine oder Organisation* und *Feste Amtskompetenzen und klare Amtshierarchie)* die Aufbauorganisation determinieren, die Punkte 3 bis 5 *(Regelgebundenheit und Unpersönlichkeit der Amtsführung, Aktenmäßigkeit der verwaltungstechnischen Abläufe* und *Qualifiziertes und loyales Fachpersonal)* aber die Abläufe in der Verwaltung betreffen.

Da beide Begriffe nicht organisch voneinander trennbar sind, wird in der Organisationsforschung auch die Unterscheidung in Aufbau- und Ablauforganisation zunehmend kritischer gesehen. Es ist geradezu ein zentrales Desiderat u. a. für die Verwaltungswissenschaft, in welcher Weise die eine Ebene die andere beeinflusst und umgekehrt.

Zur Analyse der hergebrachten Verwaltungsstrukturen ist diese Frage eine eher akademische: Sowohl die Aufbau- als auch die Ablauforganisation einer nach Weberschen Vorgaben verfassten Verwaltung operieren mit Standardisierungen, die sich auf den formalen Aufbau einerseits und die Verwaltungspraktiken andererseits beziehen. Und so ist es nur folgerichtig, dass nicht nur die formale Struktur, sondern auch die Arbeitsabläufe bis ins Kleinste geregelt sind. Betrachtet man das Organigramm einer öffentlichen Verwaltung, so erhält man erste Einblicke in den Dienstweg, der die Grundlage der Ablauforganisation darstellt. Die Information des nächsten Vorgesetzten (siehe Kap. 1.2) ist Basis der Arbeit in einer Linienorganisation, formal wie prozessural. Und so verfügt eine öffentliche Verwaltung – wie im Übrigen wohl jedes Unternehmen – über eigene Codes, deren Verständnis den Mitgliedern vorbehalten ist. So ist es in vielen öffentlichen Verwaltungen üblich, dass leitende Beamte Aktenvorgänge in unterschiedlichen Farben abzeichnen. Für den Außenstehenden mag dies befremdlich anmuten, dennoch ist auf diese Weise transparent und für jeden Mitarbeiter ersichtlich, wer die Akte gelesen hat und welche Anmerkungen von wem hinterlassen wurden.

Bislang wurde die öffentliche Verwaltung quasi als Reinform Weberscher Verwaltungssoziologie dargestellt. Theoretisch ist das selbstverständlich korrekt, nur wird sich Verwaltung in der Praxis selten so distanziert und regelgebunden vollziehen. Jeder, der sich näher mit der öffentlichen Verwaltung beschäftigt hat, sei es wissenschaftlich oder als Praktiker, wird erlebt haben, dass Verwaltungsarbeit durch Eigentümlichkeiten und mitunter Absurditäten charakterisiert ist, die in der Öffentlichkeit auf Unverständnis treffen. Es soll damit keinesfalls behauptet werden, dass die so genannte private Wirtschaft immer frei von Widersprüchen ist und dass sie stets und ohne Ausnahme als Muster an Effektivität und Effizienz gelten mag. Die öffentliche Verwaltung ist eben dadurch gekennzeichnet, dass sie neben den rechtlich normierten Kontrollorganen wie dem Parlament oder der kommunalen Vertretungskörperschaft vor allem die Öffentlichkeit als integralen Bestandteil der Kontrolle des Verwaltungshandelns vorsieht.

Zudem war das Menschen- und Mitarbeiterbild Weberscher Prägung ein durchaus positives. Gewiss, auf die Gefahr der „Automatisierung" der Verwaltung für den einzelnen Mitarbeiter wurde hingewiesen, aber grundsätzlich geht Weber vom Mitarbeiter aus, der an einer schnellen und ressourcenschonenden Aufgabenerledigung interessiert ist. Dieses Ideal konfrontieren Cohen, March und Olsen nun mit dem „Mülleimer-Modell" (Cohen et al. 1972), das dem wohlorganisierten Verwaltungskonstrukt die prägnante These entgegen stellt, dass eine Themenpriorisierung willkürlich erfolge oder gar nicht existiere, dass weiter keinerlei Kompetenzen zur Leitung der Verwaltung vorlägen und Entscheidungsprozesse ebenso ein Produkt von Zufälligkeiten seien (Preisendörfer 2016, S. 96). Und so erklärt sich die Metapher mit dem Mülleimer als Korb einer Entscheidungsgelegenheit, in die jeder Mitarbeiter Ideen, Themen, Vorstellungen nahezu ungeordnet ablegt. Das folgende, kräftige Durchschütteln verwischt letzte Spuren einer Strategie, sodass eine weitgehend unkoordinierte Zielfindung beginnt, in der zeitgleich unterschiedliche Prozesse, zum Teil miteinander interagierend, zum Teil isoliert, sich vollziehen. Die Art, wie Probleme, Lösungen, Auswahlgelegenheiten und Teilnehmer zusammenspielen, hängt dabei von den unterschiedlichen Faktoren des Zusammenspiels eben dieser Faktoren ab. Wirklich wichtig ist auf personaler Ebene die Anwesenheit von einzelnen, einflussreichen Mitgliedern der Verwaltung. Sind diese anwesend, wird die Entscheidung in einer bestimmten Weise getroffen. Aber was passiert, wenn sie fehlen?

Auch die Entscheidungsgelegenheit resultiert aus ei-

nem Zufall: Sachfragen werden auch dann als entscheidungsreif bezeichnet, wenn vermeintliche Sach-
oder Zeitzwänge sie dazu erklären. Letztlich, so Cohen,
March und Olsen, ist das „Mülleimer-Modell" die theoretische Antipode zu Webers Verwaltungssoziologie: Auf
der einen Seite ein in sich geschlossenes Organisationssystem, das mittels eines klaren Hierarchie- und Dienstweges Entscheidungsgewalt abbildet und über den pyramidalen Aufbau eine demokratische Legitimation der
öffentlichen Verwaltung bis in die kleinste Verästelung
nachzeichnet. Auf der anderen Seite nun eine Form von
*organized anarchy* (Preisendörfer 2016, S. 142), die die
tatsächliche Lösung von Problemen als Zufallsprodukt
erscheinen lässt.

Nun ist einschränkend anzumerken, dass die Grundsatzthese bereits 45 Jahre alt ist, auch war der Gegenstand der Forschung nicht *die* öffentliche Verwaltung
als Ganzes, sondern die Universität als besonderes Spezifikum. Und weiter räumen die Autoren die „bildhafte
Überzeichnung der Gegebenheiten in Organisationen"
(Preisendörfer 2016, S. 142) ein. Dennoch – und das belegen neuere Forschungen – ist das Mülleimer-Modell
geradezu ein Paradebeispiel dafür, wie entscheidungsunfreundlich und damit schwach die öffentliche Verwaltung bisweilen agiert.

Doch wie lauten die Reflexe, die die Verwaltung zur
„Problemlösung" anbietet? Hier bietet sich ein reiches
Potpourri aus der Problemnegation, der Abschiebung
des Problems in Ausschüsse oder Kommissionen, dem
Aussitzen oder der Weiterleitung in die bürokratische
Warteschleife mit unterschiedlichen Stellungnahmen

oder zuletzt die überbordende Kompromissfähigkeit als Quasi-Tauschgeschäft zu Lasten der öffentlichen Finanzen. Fernab einer fast kabarettistisch zynischen Sicht auf die Verwaltung, die das Mülleimer-Modell zum Teil des Spotts über die öffentliche Verwaltung erklärt hat, sind die genannten Handlungsweisen gleichermaßen usus wie gefährlich. Seibel sieht gerade das Schmieden von Kompromissen als großes Risiko an: Wenn ein inhaltlicher Dissens – beispielsweise in der aktuellen Situation der Großen Koalition besteht – so ist dieser mit der derzeit positiven Lage der staatlichen Finanzen zu „lösen". Besteht die SPD auf der „Rente mit 63", die CDU auf der „Mütterrente", so ist gegenwärtig beides darstellbar und führt zu medial kommunizierten politischen Erfolgen beider Parteien. Nun überdeckt die momentane finanzielle Lage diesen Konflikt, gleichwohl: Was geschieht, wenn die erforderlichen Mittel eines Tages nicht mehr zur Verfügung stehen (Seibel 2016, S. 100 f.)?

Letztlich gehen Cohen, March und Olsen gar so weit, dass im Endeffekt eine Lösung bereits feststehe, nun aber zunächst das dazugehörige Problem gesucht werden müsse. Als Beispiel mag die Anschaffung einer neuen EDV-Infrastruktur einer Verwaltung gelten. Die für den Ankauf Verantwortlichen preisen die Vorzüge der neuen Hard- und Software an (Lösung liegt vor), erst in einem zweiten Schritt werden die genauen Einsatzgebiete eruiert (Probleme werden nachträglich definiert).

Nun wird eine öffentliche Verwaltung nicht sonderlich erfolgreich operieren, wenn das Mülleimer-Modell allzu oft als Arbeitsgrundlage dient. Und wenn auch nicht jeder Ablauf als idealtypisch und reibungslos in Struktur,

Prozess und Ergebnis angesehen werden kann, so wäre die Erkenntnis, das Verwaltungshandeln auf Zufall basiert, doch recht ernüchternd und würde den Abläufen der Verwaltung gewiss nicht grundsätzlich gerecht. Ein letztes Modell, das auf die öffentliche Verwaltung angewendet werden kann, ist der *Inkrementalismus,* der als die Lehre des „Sich-Durchwurstelns" bezeichnet werden kann (Böhret et al 1988, S. 263). Diese Beschreibung ist sehr negativ konnotiert und bedarf daher der Klarstellung. Das Durchwursteln sollte nicht grundsätzlich als Kritik verstanden werden, sondern eher als die Beschreibung eines Politikstils, der einen kontinuierlichen Prozess der Problemlösung wählt. Dabei wird es nicht als sinnvoll und zielführend beschrieben, eine Herausforderung in großen Planungs- und Entwicklungsschritten anzugehen, stattdessen wird eine Strategie der kleinen Schritte angestrebt. Diese orientiert sich an den folgenden Vorgaben (Böhret et al. 1988, S. 264):

- Orientierung am Status Quo.
- Anstreben nur marginaler Veränderungen.
- Problemlösung schrittweise. Es wird nicht unbedingt eine endgültige Lösung gesucht, sondern ein Weg, der den Blick für eine endgültige Lösung perspektivisch öffnet.
- Es werden nicht nur für formulierte Zwecke adäquate Mittel gesucht, sondern auch Ziele aufgrund begrenzter Mittel angepasst. „Die wichtigsten Impulse für politische Entscheidungen ergeben sich nicht aus übergeordneten Zielen, sondern aus aktuellen Mißständen" (Böhret et al. 1988, S. 264).

Nun ist die öffentliche Verwaltung in den vergangenen Jahren unter Druck geraten, stetig noch besser zu werden. Es wird im Weiteren noch von den neuen Herausforderungen die Rede sein, die die Verwaltungen zu bewältigen haben, aber sie gehen höchst selten einher mit einer Ausweitung von sächlichen oder personellen Ressourcen. Ganz im Gegenteil: Es wird kaum eine kommunale Ratsfraktion geben, die nicht wegen der angespannten Haushaltslage in ihren alljährlichen Etatberatungen ein Streichkonzert in großer Besetzung aufzuführen versucht.

Aktuell wandelt sich dieses Bild, die wirtschaftliche Lage der öffentlichen Haushalte hat sich in den letzten Jahren in einer Weise verbessert, die in der Dynamik nicht zu erwarten war. Losgelöst von dieser Entwicklung, von der niemand weiß, wie lange sie anhalten wird, muss es der öffentlichen Verwaltung gelingen, immer neue Aufgaben mit maximal derselben Ressourcenausstattung zu erledigen. *Eine* Annäherung erfolgt über die Reform der organisatorischen Strukturen, sie wird Thema in Kap 4.1 sein. Eine weitere kann über die Prämisse erfolgen, die ablauforganisatorischen Prozesse dergestalt zu beeinflussen, dass der Prozess der Aufgabenerledigung als Feld für Optimierungsbemühungen und -chancen erkannt wird. Bei diesem Managementkonzept, „bei dem die konkreten Bedürfnisse der Leistungsempfänger in den Mittelpunkt der betrieblichen Tätigkeit gerückt werden" (Fischer 2014, S. 155 f.), handelt es sich um das *Prozessmanagement*.

In der Privatwirtschaft ist es eine übliche Managementmethode, bei der Übertragung auf die öffentliche

Verwaltung sind bestimmte Besonderheiten zu beachten. So ist die öffentliche Verwaltung deutlich mehr von gesetzlichen und anderen normativen Vorgaben abhängig als die Privatwirtschaft, zudem existiert ein nicht unerheblicher Machtfaktor seitens gewählter Politiker, die nicht selten Einfluss aufgrund ihrer demokratischen Legitimation zu nehmen versuchen. Hinzu kommt, dass viele Mandatsträger zu ihrem parteipolitischen Engagement noch in Interessenverbänden aktiv sind und sie somit aus mehreren Warten aus auf Entscheidungen der Verwaltung einwirken.

Definitorisch wird ein Prozess verstanden als „eine zielgerichtete, zeitlich-logische Abfolge von Aufgaben, die arbeitsteilig von mehreren Organisationen oder Organisationseinheiten unter Nutzung von Informations- und Kommunikationstechniken ausgeführt werden können" (Fischer 2014, S. 156). Der Prozess dient also der Leistungserstellung, wobei die Summe all dieser Prozesse die Ablauforganisation ist. Es wurde bereits ausgeführt, dass die strikte Trennung in Aufbau- und Ablauforganisation kaum aufrecht zu halten ist, wobei aus der Sicht der öffentlichen Betriebswirtschaftslehre häufiger von einer Prozessorganisation denn von einer Ablauforganisation die Rede ist. Denn es erfolgt nicht nur eine terminologische Weiterentwicklung, sondern auch eine sachliche. Steht bei der Ablauforganisation die Optimierung einzelner Arbeitsschritte im Vordergrund, so zielt die Prozessorganisation nun darauf, diese Verbesserungen im System so zu gestalten, dass sie eine organisationsübergreifende Verbesserung bedeuten. Um Prozesse einer Verwaltung zu optimieren, ist es zunächst

notwendig, ihnen systematisch auf den Grund zu gehen.
Dies geschieht anhand von drei unterschiedlichen Sichtweisen (Fischer 2014, S. 159):

- *Prozesssicht:* Der Gesamtprozess wird in einzelne
  Schritte und Teilprozesse zerlegt.
- *Organisationssicht:* Aus dieser Sichtweise heraus
  werden die Prozesse hinsichtlich ihrer Komplexität bewertet, wobei eine entscheidende Variable der
  Wiederholungsgrad darstellt. Ein Arbeitsprozess – beispielsweise ein Vergabeverfahren – wird nun bezüglich der rechtlich wie sächlich angemessenen Aufgabenerledigung in die einzelnen Schritte unterteilt und
  anhand der exakten Anforderungen bewertet. Leitfra-
  gen zur Bewertung der Komplexität könnten lauten:
  Hat diese Arbeit das Erfordernis eines Spezialisten?
  Und wenn ja, ist es für ihn eher Routine oder an-
  spruchsvoll? Oder handelt es sich doch eher um eine
  Tätigkeit, die von einem Generalisten ausgeübt werden kann? Welche Rolle spielt eine mögliche EDV-
  Unterstützung? Es sollte anschließend möglich sein,
  für das Beispiel des Vergabeverfahrens ein recht prä-
  zises, sogar grafisch animiertes, Prozessportfolio zu
  entwickeln. Nun können weitere Leistungen der öffentlichen Verwaltung auf dieses Prozessportfolio angewendet werden. Es ist quasi abzulesen, welches Ex-
  pertentum bei der Leistungserstellung notwendig ist.
- *Datensicht:* Die Entwicklung der Informations-
  Technologie hat neue, viel technischere Sichtweisen
  möglich gemacht. „Die modernen IT-Systeme werden häufig zur Unterstützung und Automatisierung

**Abb. 2.9**    Prozessmanagementzyklus

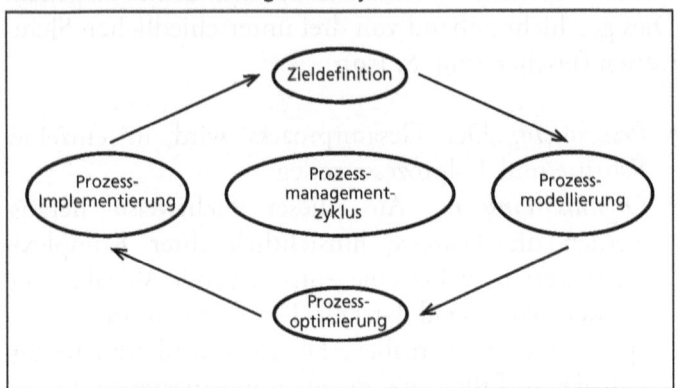

Quelle: Fischer 2014, S. 165

von einzelnen Prozessschritten, aber auch zur Automatisierung ganzer Arbeitsabläufe bzw. Prozesse eingesetzt" (Fischer 2014, S. 162).

Es wird deutlich, dass die Übertragung von betriebswirtschaftlichen Konzepten auf die öffentliche Verwaltung
nicht nur im Sinne neuer, effektivitäts- wie effizienzba-
sierter Organisationsformen geschieht, sondern auch die
Abläufe der Verwaltung erfasst hat. Und so folgt auch
der Prozessmanagementzyklus (Abb. 2.9) einem klassischen Managementprozess (Fischer 2014, S. 165).

## 2.4 Personal der öffentlichen Verwaltung

### 2.4.1 Historische Grundlagen des Berufsbeamtentums

Das Personal bildet die wichtigste Ressource einer Unternehmung – und dies gilt auch für die öffentliche Verwaltung. Es ist nicht nur für die Erledigung der anstehenden Aufgaben konstitutiv, sondern prägt in der Sicht des Bürgers auf die Bediensteten der öffentlichen Verwaltung in besonderer Weise deren Ansehen. Bereits der Terminus „öffentlicher Dienst" empfiehlt einen Blick auf die historische Genese des Berufsbeamtentums, da hier das „dienen" schon im Wort enthalten ist. Friedrich II. von Preußen nahm für sich bereits vor rund 350 Jahren in Anspruch, erster Diener des Staates zu sein (Bull und Mehde 2015, S. 183).

Die heute bekannte Struktur des Berufsbeamtentums hat sich in der Folge des Allgemeinen Preußischen Landrechts für die Preußischen Staaten von 1794 herausgebildet. Die öffentlich Bediensteten kannten weder die Sicherheit des öffentlichen Dienstes, die heute quasi Markenzeichen der öffentlichen Verwaltung ist, noch die besondere Rechtsform des Beamtenverhältnisses, „vorhanden war das bis heute gültige besondere Treueverhältnis, das in Deutschland eine alte Tradition besitzt" (Püttner 2007, S. 150). Gleichwohl war dieses Treueverhältnis auf die Ergebenheit zum Fürsten gemünzt, nicht wie heute auf die generelle Loyalität zum Staat und dessen Grundprinzipien. Dies änderte sich im ausgehenden

18. Jahrhundert, indem im Preußischen Landrecht eine Trennung des Dienstes vom Herrscher zum Staat vollzogen wurde: „Es sprach von den Rechten und Pflichten der Diener des Staates" (König 2008, S. 490). Eine weitere, das Beamtenrecht betreffende Rechtsquelle war die bayerische Dienstpragmatik von 1805 (Püttner 2007, S. 150). Auch in quantitativer Hinsicht war das Beamtentum der damaligen Zeit mit heute kaum vergleichbar. In ganz Preußen gab es 1815 zunächst 500, später gar nur ca. 400 Beamtenstellen in leitender Funktion, so dass – wenn schon ein Vergleich zu heute gezogen wird – nicht der Laufbahnbeamte, sondern eher der Zeit- oder der politische Beamte als Referenz dienen können.

Insbesondere die erste Hälfte des 19. Jahrhunderts sorgte mit den Folgen der Französischen Revolution für gesellschaftliche und staatorganisatorische Umwälzungen, die dem damaligen Zeitgeist folgten und Ausgangspunkt für manche Entwicklung waren, die auch heute noch für die Situation der öffentlichen Verwaltung konstitutiv ist. Während der Adel zu Beginn des 19. Jahrhunderts durch den Wiener Kongress, der einen stark restaurativen Charakter hatte, zunächst auf einen weitgehenden Erhalt seiner Macht hoffen durfte, so waren die Signale, die von der Französischen Revolution 1789 ausgegangen sind und in Entstehung und Aufstieg des Bürgertums mündeten, zu zwingend für die weitere Geschichte Deutschlands und damit auch für dessen Staatsorganisation. Der wachsende Einfluss der genannten Aristokratie führte letztlich dazu, dass sich der Adel aus der Leitung der Bürokratie in Preußen zurückzog und den Aufstieg des Bürgertums ermöglichte: „Am Ende der Monarchie in Deutschland hatte der Adel zwar noch eine starke Stellung im Beamtentum, dominierte es aber nicht mehr" (König 2008, S. 492).

Klagen Beamte aktuell womöglich über die vermeintlich schlechte Bezahlung, so ist dies eher historischer Betrachtung, denn grundlegenden Gegebenheiten geschuldet. Im 19. Jahrhundert wurden Beamte mit einem eher kargen Salär abgespeist, erst die Zeit der Weimarer Republik brachte neben auch heute noch gültigen beamtenrechtlichen Grundsätzen – wie beispielsweise dem Recht auf gleichen Zugang zu öffentlichen Ämtern 1927 – eine Besoldungsreform, die kurz vor der Weltwirtschaftskrise die wirtschaftliche Situation der Beamten des Deutschen Reiches verbesserte.

Die Zeit des Nationalsozialismus brach mit der mehr als 100 Jahre alten Praxis, dass die Loyalität des Beamten dem Staat und nicht einem Herrscher dient. Alle Bediensteten hatten nun dem Führer zu dienen und schworen ihren Amtseid auf ihn persönlich: „Ich werde dem Führer des Deutschen Reiches und Volkes Adolf Hitler treu und gehorsam sein."

Nach 1945 fand – wie auch in vielen anderen Segmenten – kein großer Bruch statt, das Deutsche Beamtengesetz von 1937 galt in wesentlichen Belangen weiter und wurde durch das Berufsbeamtengesetz von 1953 und das Beamtenrechtsrahmengesetz von 1957 weiter ausgestaltet (Püttner 2007, S. 151).

Heute werden die Beamten in Deutschland in besonderem Maße durch das Bundesverfassungsgericht gestützt. Es sieht sie als notwendigen Gegenpol zur parteipolitischen Dominanz an, als „eine Institution, die gegründet auf Sachwissen, fachliche Leistung und loyale Pflichterfüllung, eine stabile Verwaltung sichern und damit einen ausgleichenden Faktor gegenüber den das Staatsleben gestaltenden politischen Kräften darstellen soll" (BVerfG 7, S. 155 ff. 162).

## 2.4.2 Rechtliche Grundlagen des Personals der öffentlichen Verwaltung

Grundsätzlich kennt die öffentliche Verwaltung zwei verschiedene Statusarten ihrer Mitarbeiter: die *Mitarbeiter im engeren wie im weiteren Sinne.* Während unter die Mitarbeiter im engeren Sinne „alle abhängig Beschäftigten einer öffentlichen Verwaltung bzw. eines öffentlichen Unternehmens subsummiert" (Fischer 2015, S. 32.) werden, ist mit Mitarbeitern im weiteren Sinne das Personal gemeint, das beispielsweise Aufgaben übernimmt, die normalerweise Mitarbeiter der öffentlichen Verwaltung erledigen. Sie werden also quasi im Auftrag der öffentlichen Verwaltung tätig, beispielsweise im Rahmen von befristeten Arbeitsverträgen oder auch im Rahmen von Personalgestellungs- oder -überlassungsverträgen. Die folgenden Ausführungen nehmen ausschließlich die Mitarbeiter im engeren Sinne in den Blick.

Die Einordnung der Mitarbeiter nach der Verantwortung ihrer Tätigkeit in Vergütungsgruppen vorzunehmen, ist keine Erfindung der öffentlichen Verwaltung, sondern auch in der freien Wirtschaft gängige Praxis.

Denn bei allen Schwierigkeiten der Leistungsbemes-
sung bei Arbeitnehmern muss es ein System geben, das
eine rationale Begründung der unterschiedlichen Löh-
ne und Gehälter liefert. Unabhängig von allen motiva-
tionstheoretischen Diskursen ist es dennoch klar, dass
die Motivation von Menschen, einer Arbeit nachzugehen, eng mit dem Verdienen des eigenen Lebensunter-
halts zusammen hängen. Wird diese Tatsache nun mit
der Annahme kombiniert, dass der Anreiz auf eine Gehaltserhöhung der Motivation nützt, so wird deutlich,
wie wichtig ein nachvollziehbares und dem Grunde nach
als gerecht empfundenes Entlohnungs- und Laufbahn-
system ist. Dazu gehören im Allgemeinen

- „fachgerechte und transparente Entlohnung,
- finanzielle und leistungsgerechte Aufstiegsmöglichkeiten,
- leistungsabhängige Einkommenskomponenten" (Fischer 2015, S. 50).

Der Unterschied der öffentlichen Verwaltung zur freien
Wirtschaft besteht zum einen in der Transparenz der
monatlichen Bezüge, die mit etwas Sachkunde und wenigen Hintergrundinformationen per Internetabfrage
bestimmbar sind und zum zweiten in der Statuswir-
kung, die mit einer Besoldungsstufe einhergeht. Ist es in
Deutschland kulturell eher verpönt, über sein Gehalt zu
sprechen – in anderen Industriestaaten wie den USA ist
es dagegen durchaus üblich – so impliziert die Nennung
des Dienstgrades nicht selten eine dezidierte Statusaus-
sage. In Feldern wie der Polizei oder der Bundeswehr

ist der Dienstgrad sogar an der Dienstkleidung ablesbar und bietet weithin sichtbar einen Blick auf die Statusgruppen und -unterschiede der Beschäftigten.

Grundsätzlich bestehen weitere Unterschiede zum Personal der freien Wirtschaft, beispielsweise in der parlamentarischen Verantwortung, der der Stellenplan unterliegt. In den Parlamenten oder auch den kommunalen Vertretungskörperschaften wird per Gesetz (Bundestag, Landtag) oder Satzung (Gemeinde- oder Stadtrat, Kreistag) der Umfang des Stellenplans festgelegt und auf die entsprechenden Laufbahngruppen verteilt. Der Stellenplan, der als Teil des Haushaltsplanes beraten und verabschiedet wird, stellt eine der zentralen Steuerungsmöglichkeiten der Politik dar.

Ein weiterer Unterschied besteht in der Dauerhaftigkeit des Personals. Da die Ausbildung im mittleren und gehobenen Dienst häufig über eigene Studieninstitute oder Fachhochschulen organisiert wird, wird eine eng berufsbezogene Ausbildung gewährleistet, die auf dem freien Arbeitsmarkt weit weniger nachgefragt wird (siehe Kap. 3.5.) und daher der beruflichen Mobilität der Mitarbeiterschaft entgegensteht. Sind in der freien Wirtschaft Kündigungen aus differenzierten Gründen (betriebsbedingt, verhaltensbedingt, personenbedingt) durchaus gängige Praxis, so ist bei Beamten die Unkündbarkeit de jure vorgesehen. Auch bei tariflich Beschäftigten ist das Phänomen der Stetigkeit des Personals zu beobachten. Nach einer langen Verwaltungszugehörigkeit gelten diese ebenfalls als unkündbar. Wer hier arbeitet, verfügt über einen sicheren Arbeitsplatz. Ein letzter Unterschied besteht in der Einbindung in ein umfangreiches gesetzliches Regelwerk wie das Bundesbeamten-gesetz, das Beamtenrechtsrahmengesetz oder auch die gesetzlichen Vorgaben des TVöD (Bogumil und Jann 2009, S. 111).

Die Beschäftigten einer öffentlichen Verwaltung lassen sich in zwei Gruppen einordnen – die *Beamten* und die *tariflich Beschäftigen*. Bis zum Jahr 2005 existierte darüber hinaus noch die Gruppe der Arbeiter, diese wurde aber mit der Übernahme des neuen Tarifvertrages für den öffentlichen Dienst (TVöD) zum 1.10.2005 bzw. in den jeweiligen Tarifvertrag der Länder (TV-L) zum 19.05.2006 in einen mit den Angestellten einheitlichen Tarifvertrag überführt.

Der größte Unterschied der tariflich Beschäftigten zu den Beamten besteht darin, dass sie nicht nach gesetzlichen, sondern tarifrechtlichen Bestimmungen entlohnt werden. Grundlage der Entlohnung bildet eine Tabelle, die die Angestellten in ursprünglich 16 Entgeltgruppen klassifiziert (E 1 bis E 15Ü). Innerhalb dieser Entgeltgruppe existieren wiederum sechs Entwicklungsstufen, die nach Zeitablauf durchschritten werden und die in der Regel mit einer spürbaren Gehaltserhöhung verbunden sind. Durch die verschiedenen Arbeitgeber (Bund, Länder, Kommunen) unterscheiden sich die Entgeltgruppen, im Bereich der Vereinigung der kommunalen Arbeitgeberverbände (VKA) sind es im Jahr 2017 derzeit 19.[5]

---

5  http://oeffentlicher-dienst.info/c/t/rechner/tvoed/vka?id=tvoed-vka-2017z&matrix=1 (Zugriff 26. Juli 2017)

Diesem vergleichsweise neuen System für die tariflich Beschäftigten der öffentlichen Verwaltung ist dabei ein dreifaches Anreizsystem inhärent. Zum ersten ist es selbstverständlich möglich, innerhalb der eigenen formalqualifikatorischen Schranken eine höherwertige und damit besserbezahlte Tätigkeit auszuüben. Dies gelingt aber in der Regel nur, wenn der Arbeitsplatz gewechselt wird bzw. die momentan ausgeübte Stelle mit weiteren Inhalten angefüllt wird, die eine *Höherbewertung* rechtfertigen. Zum zweiten besteht eine entgeltgruppeninterne Möglichkeit der *Leistungsbeurteilung* laut § 17 TVöD in der Option, die Entwicklungsstufen schneller oder auch langsamer zu durchlaufen. Damit wird dem Arbeitgeber ein Instrument gegeben, mit dem er aktiv *Leistungsanreize* setzen, aber auch Minderleistungen sanktionieren kann. Gerade ältere Arbeitnehmer, die ohne Anwendung des § 17 TVöD nicht mehr die letzte Entwicklungsstufe erreichen könnten, werden so ermutigt, auch im letzten Viertel ihres Berufslebens noch eine neue, in aller Regel höherwertige, Aufgabe anzustreben. Zum dritten wird in § 18 TVöD neben dem monatlichen Tabellenentgelt die Chance eingeräumt, *Leistungszulagen und -prämien* zu gewähren. Diese können als Prämien im Erfolgsfall oder auch als temporäre monatliche Zulagen gezahlt werden.

Beamte werden in der Regel nach der A- oder B-Besoldung bezahlt. Die A-Besoldung sieht 16 Gruppen in vier Laufbahnen (einfacher, mittlerer, gehobener und höherer Dienst) vor, die Höhe der Besoldung richtet sich nach dem Dienstalter. Grundsätzlich existiert jede Besoldungsstufe nur einmal, die Ausnahme sind die so

genannten Verzahnungsämter, die es in jeder Laufbahngruppe gibt und die jeweils den Beginn wie das Ende
einer solchen markieren:

- einfacher Dienst (A2 bis A6)
- mittlerer Dienst (A6 bis A9)
- gehobener Dienst (A9 bis A 13)
- höherer Dienst (A 13 bis A 16)

Die B-Besoldung setzt hier auf und ist vorgesehen für
Spitzenbeamte wie Ministerialdirigenten auf Bundes-
oder Landesebene, Bürgermeister oder Landräte auf
kommunaler Ebene. Abweichend zur A-Besoldung ist
die B-Besoldung ein dienstalterunabhängiges Festgehalt,
das bei politischen Beamten oder auch Wahlbeamten
nur für einen festgesetzten Zeitraum gezahlt wird.

Neben diesem System der A- und B-Besoldung existieren noch eigene Besoldungssysteme für Richter (R-Be-
soldung) und Professoren (W-Besoldung, seit 2004), die
in ihrer Systematik eher der B-Besoldung folgen; in der
R- und W-Besoldung wird ein ebenfalls ein Festbetrag
gewährt, der nicht an das Dienstalter gebunden ist. Angesichts der absoluten Zahlen der Beamten geht es im
Folgenden ausschließlich um die A- und B-Besoldung.

Der grundsätzliche Unterschied zu den tariflich Beschäftigten besteht darin, dass die Besoldung – so heißt
das monatliche Salär bei Beamten, während es bei Angestellten Lohn oder Gehalt genannt wird – nicht Ausfluss
eines Tarifvertrages ist, sondern in der Höhe als Gesetz
beschlossen wird. „Das Bundesbesoldungsgesetz ist für
alle Besoldungsempfänger bindend, welche beim Bund,

in den Ländern, Gemeinden, Gemeindeverbänden und allen sonstigen Körperschaften, Anstalten und Stiftungen des öffentlichen Rechts beschäftigt sind" (Fischer 2015, S. 53).

Da weite Teile der Beamtenschaft in den Ländern beschäftigt sind (Lehrer, Polizisten), haben sich im Verlauf der Jahre einige abweichende Regeln zwischen den einzelnen Bundesländern herausgebildet. In Nordrhein-Westfalen existieren 12 Dienstaltersstufen, die aber nicht für alle Besoldungsstufen gelten. In einem Stufenaufstieg im Zwei-, Drei- und Vierjahresrhythmus verdient der Beamte im Lauf seines Berufslebens auch auf derselben Stelle stetig mehr Geld, Aufstiegsmöglichkeiten können zudem innerhalb einer Laufbahngruppe bestehen. Der Aufstieg in die nächsthöhere Laufbahngruppe ist eher nicht vorgesehen, wobei Tendenzen erkennbar sind, die Durchlässigkeit zu erhöhen bzw. Beschäftigte zu unterstützen und zu fördern, damit sie auf der Hierarchieleiter der öffentlichen Verwaltung weiterkommen. Seien es modulare Qualifizierungen oder das Masterstudium, das an den Fachhochschulen des öffentlichen Dienstes oder auch anderen Hochschulen angeboten wird und den Weg in den höheren Dienst ermöglicht. Die Folgen des demografischen Wandels für das Personal der öffentlichen Verwaltung wird in Kapitel 4.2.3 Thema sein, gleichwohl muss der öffentliche Dienst ein gesteigertes Interesse daran haben, dem entweder akut oder perspektivisch auftretenden Fachkräftemangel nicht nur mit Personalmaßnahmen von außen, sondern auch von innen zu begegnen.

Grundsätzlich folgt die Einstufung eines Beschäftigten nach der qualifikatorischen Höhe seiner Ausbildung. Und hier setzt die allgemeine Kritik an der Praxis der öffentlichen Verwaltung an. Neben der bereits ausgeführten, wenig motivierenden Erkenntnis, dass bei zügigem Erreichen des Endamtes der Laufbahn möglicherweise noch viele Jahre ohne berufliche Entwicklungsmöglichkeiten warten, impliziert diese Form der Einstufung eine nahezu ausschließlich retrospektive Sicht der erbrachten Leistungen in der Schul- und Ausbildungszeit. Die Bewährung und Entfaltung während eines mehrere Jahrzehnte dauernden Berufslebens spielt dabei nur insofern eine Rolle, als dass diese Leistungen zu einer schnelleren Beförderung innerhalb der Laufbahngruppe führen (können).

Abbildung 2.10 verdeutlicht exemplarisch die enge Verbindung aus Ausbildung, Tätigkeit und Laufbahnzugehörigkeit:

Dem Grunde nach besteht dieses Modell in der Verwaltung des Bundes und der Länder mit der Ausnahme, dass für die Bundesländer die Möglichkeit besteht, neue Laufbahnmodelle einzurichten. Und so gerieten in den vergangenen Jahren immer mehr der einfache und auch der mittlere Dienst unter Druck. In der Öffentlichkeit bekannt ist dabei insbesondere die Abschaffung des mittleren Dienstes in manchen Landespolizeien, so beispielsweise in Nordrhein-Westfalen. Und auch viele Kommunen bilden für den mittleren Dienst nur noch Verwaltungsfachangestellte, aber keine Beamten mehr aus.

Die fünf norddeutschen Bundesländer (Niedersachsen, Hamburg, Bremen, Schleswig-Holstein, Mecklenburg-

**Abb. 2.10** Qualifikatorischer Aufbau des öffentlichen Dienstes in Deutschland

| Laufbahn | Besoldung | Beispiele | Voraussetzungen |
|---|---|---|---|
| einfacher Dienst | A2 | Oberamts-gehilfe, Wacht-meister Schaffner | *schulisch:* Hauptschulab-schluss; als gleichwertig anerkannter Bildungs-abschluss; *sonstige Voraussetzungen:* Vorbere-tungsdienst; abgeschlosse-ne Berufsausbildung |
| | A3 | Hauptamtsgehilfe Oberwachtmeister Oberschaffner | |
| | A4 | Hauptschaffner Hauptwachtmeister Oberwart | |
| | A5 | Oberamtsmeister, Erster Hauptwacht-meister | |
| | A6 | Hauptwart | |
| mittlerer Dienst | A6 | Sekretär, Werkmeis-ter | *schulisch:* mittlerer Bil-dungsabschluss; Haupt-schulabschluss inkl. Berufsausbildung; als gleichwertig anerkannter Bildungsabschluss; *sonsti-ge Voraussetzungen:* er-folgreich absolvierter Vorbereitungsdienst (inkl. Laufbahnprüfung); inhalt-lich relevante Berufsaus-bildung, Berufsausbildung und hauptberufliche Tä-tigkeit |
| | A7 | Polizeimeister Oberwerkmeister Regie-rungsobersekretär | |
| | A8 | Polizeiobermeister Hauptfeldwebel | |
| | A9 | Stabsfeldwebel Regierungsamtsinspektor Polizeihauptmeister | |

| Laufbahn | Besoldung | Beispiele | Voraussetzungen |
|---|---|---|---|
| gehobener Dienst | A9 | Polizeikom-missar Amts-inspektor | *schulisch:* Schulbildung, die zum FH-Studium berech-tigt; als gleichwertig aner-kannter Bildungsabschluss; *sonstige Voraussetzungen:* erfolgreich absolvierter Vorbereitungsdienst (inkl. Laufbahnprüfung); BA-Ab-schluss; BA + hauptberuf-liche Tätigkeit |
| | A10 | Oberinspektor Oberkommissar | |
| | A11 | Polizeihauptkommissar Amtmann | |
| | A12 | Polizeihauptkommissar Realschullehrer, Amtsrat | |
| | A13 | Erster Polizeihauptkommissar Oberamts-rat | |
| höherer Dienst | A13 | Studienrat, Polizeirat Verwaltungs-rat | *schulisch:* Masterabschluss; gleichwertiger Abschluss; *sonstige Voraussetzungen:* erfolgreich absolvierter Vorbereitungsdienst (Lauf-bahnprüfung); inhaltlich dem Vorbereitungsdienst entsprechende Tätigkeit entsprechende Prüfung; hauptberufliche Tätigkeit |
| | A14 | Oberverwaltungsrat Polizeioberrat, Ober-studienrat | |
| | A15 | Verwaltungsdirektor, Studiendirektor, Polizeidirektor | |
| | A16 | Oberstudiendirektor, Leitender Polizei-direktor, Leitender Verwaltungsdirektor | |

Quelle: Eigene Darstellung

Vorpommern) haben bereits vor Jahren ein neues Lauf-
bahnsystem etabliert, das nur noch zwei Laufbahngruppen vorsieht und den einfachen und mittleren Dienst
einerseits und den gehobenen und höheren Dienst andererseits in je einer Laufbahn zusammenfasst. In jeder
Laufbahngruppe existieren nun – analog der alten Besoldungsgruppen – zwei Einstiegsämter, es ist nun aber für
Beamte möglich, in der erweiterten Laufbahn alle Ämter
ohne weitere Laufbahnprüfungen zu erreichen.

Das Land Nordrhein-Westfalen folgte mit dem
Dienstrechtsmodernisierungsgesetz vom 14. Juni 2016
diesem Vorbild und reformierte die Laufbahn in der beschriebenen Form umfassend. Abbildung 2.11 gibt Auf-
schluss über die Neuordnung, wobei auch die ersten
Stufen der B-Besoldung zur Laufbahngruppe 2 zählen,
sofern sie Laufbahnämter und nicht Wahlämter (Beigeordnete, Bürgermeister) sind.

**Abb. 2.11** Laufbahn- und Besoldungsgruppen

| Laufbahngruppe | Besoldungs-gruppe | Grundamts-bezeichnung |
|---|---|---|
| Laufbahngruppe 1, erstes Einstiegsamt | A5 | Oberamtsmeister |
| Laufbahngruppe 1, zweites Einstiegsamt | A6 | Sekretär |
| | A7 | Obersekretär |
| | A8 | Hauptsekretär |
| | A9 | Amtsinspektor |
| Laufbahngruppe 2, erstes Einstiegsamt | A9 | Inspektor |
| | A10 | Oberinspektor |
| | A11 | Amtmann |
| | A12 | Amtsrat |
| | A13 | Rat |
| Laufbahngruppe 2, zweites Einstiegsamt | A13 | Rat |
| | A14 | Oberrat |
| | A15 | Direktor |
| | A16 | Leitender Direktor |

Quelle: Gunkel und Hoffmann 2016, S. 231

## 2.4.3 Zahlen und Daten zum Personal des öffentlichen Dienstes in Deutschland

Werden die vergangenen 25 Jahre – also circa der Zeit-raum seit der Deutschen Einheit – betrachtet, so ist die Anzahl der Bediensteten in der öffentlichen Verwaltung stark zurückgegangen. Waren noch 1991 rund 17 % der Beschäftigen in Deutschland im öffentlichen Dienst be-

**Abb. 2.12**   Entwicklung der Beschäftigten der öffentlichen
Verwaltung

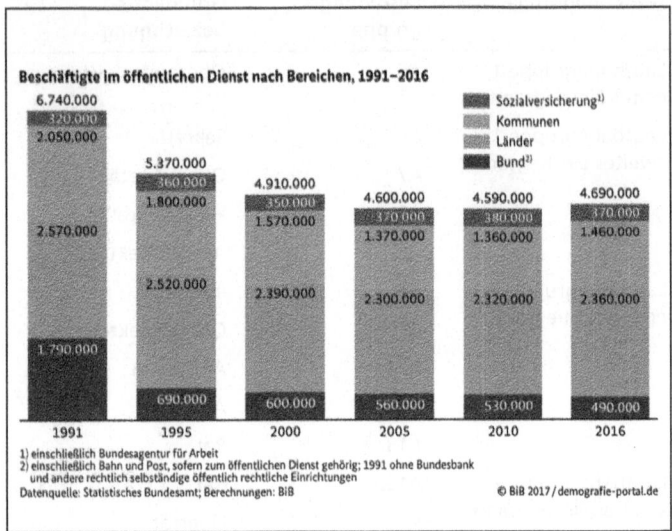

Quelle: https://www.demografie-portal.de/SharedDocs/Informieren/
DE/ZahlenFakten/Oeffentlicher_Dienst_Anzahl.html; Zugriff 26. Juli
2017)

schäftigt, sank diese Zahl auf aktuell ca. 11 % immer weiter ab.

Als Grund ist vor allem die politische und administrative Umsetzung der Deutschen Einheit anzuführen.
Nach der Einheit wurden in den neuen Bundesländern
große Reformen durchgeführt, die das Ziel hatten, den
Personalbestand der öffentlichen Verwaltung auf das
westdeutsche Niveau anzugleichen. Auch umfangreiche
Territorialreformen reduzierten nicht zuletzt auf kommunaler Ebene die Anzahl der Beschäftigten.

Weitere Gründe für den Rückgang der Zahl der öffentlich Beschäftigten waren die Privatisierungen bei Bundesbahn und Bundespost sowie mehrere Reformen bei der Bundeswehr, die mit einer Reduzierung von Standorten und Bediensteten einherging. Für alle Ebenen des öffentlichen Dienstes galt zudem die Prämisse des Personalabbaus vor dem Hintergrund knapper werdender öffentlicher Kassen (Gourmelon 2014, S. 14 f).

Es wird deutlich, dass rund die Hälfte aller öffentlich Beschäftigten in der Landesverwaltung arbeitet. Hier sind personalintensive Bereiche wie die Polizei, Schulen und auch Hochschulen angesiedelt. Abbildung 2.13 verdeutlicht anschaulich die genaue Verteilung.

Seit ca. 2011 ist der Trend zu beobachten, dass der öffentliche Dienst zumindest stagnierende oder gar leicht steigende Zahlen zu verzeichnen hat. Dies liegt vor allem an Veränderungen im Aufgabenkreis der Kinderbetreuung: Der flächendeckende Ausbau der Kinderbetreuung

**Abb. 2.13**  Personal der öffentlichen Verwaltung

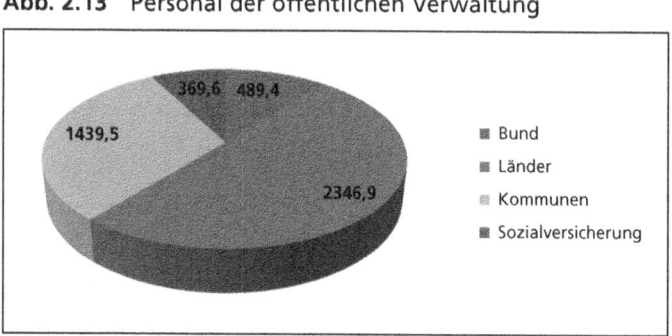

Quelle: eigene Darstellung

für Kinder unter drei Jahren hat eine Expansion der Anforderungen mit sich gebracht, der gerade in den Kommunen hoch gewesen ist, in denen die Kindertagesein-
richtungen ganz oder in der Mehrzahl in kommunaler
Trägerschaft stehen.

Insgesamt steht das Personal der öffentlichen Verwaltung durch die vielen Stellenstreichungen und Per-
sonalkürzungen deutlich mehr unter Druck als noch in
der Vergangenheit. Das Klischee des bequemen Beamten mit dem lauen Job mag sich an manchem Stamm-
tisch hartnäckig halten, entspricht aber nicht der Realität. Neben der Verringerung der Personalstärke sind
umgekehrt weitere Aufgaben für die öffentliche Verwaltung aufgekommen, die das Delta aus Aufgabenerledigung und erforderlicher Personalausstattung noch weiter
negativ beeinflussen. Ursächlich sind dabei neben neuen
rechtlichen Anforderungen aus der Europäisierung (beispielsweise im Vergabe- oder Umweltrecht) vor allem die
Herausforderungen der Digitalisierung, aber auch eine
gewachsene Anspruchshaltung gegenüber der Leistungserstellung der Dienstleistungen im öffentlichen Sektor
(Fischer 2015, S. 31).

## 2.4.4 Von der Personalverwaltung zum strategischen Personalmanagement

Mit dieser Ausweitung der quantitativen und vor allem qualitativen Anforderungen an die öffentliche Verwaltung hatte sich das Personalmanagement ebenso neu zu definieren. Erfahrene Mitarbeiter kennen noch die Schwartz'sche Vakanzen-Zeitschrift, die neben redaktionellen Beiträgen vor allem Stellenanzeigen beinhaltete. Wer sich im öffentlichen Dienst verändern wollte, schaute hier nach, welche Stellen gerade ausgeschrieben sind. Dieses Prinzip findet auch heute noch Anwendung, zwar modernisiert durch das Internet,[6] aber dennoch mit einem gravierenden Unterschied versehen: Jahrzehntelang konnten Verwaltungen sicher sein, dass sich zahlreiche Bewerber für eine Stelle finden. Die Folge war eine reaktive, abwartende Haltung seitens der Personalverwaltung. Bei einer Dominanz rein administrativer Tätigkeiten in einem operativ ausgerichteten Personalmanagement ging es im Wesentlichen darum, einen mehr als hinreichenden Bestand an Personal zu verwalten (Reichwein 2014, S. 61) und Arbeiten wie die Ausstellung von Arbeitsverträgen oder das Führen von Personalakten rechtssicher zu gewährleisten.

Heute haben sich die Voraussetzungen verändert: Der demografische Wandel – und damit sei der erste der beiden inhaltlichen Schwerpunkte dieses Kapitels genannt – hat die Anforderungen an das Personalmanagement grundlegend verändert und deutlich werden las-

---

6  z. B. www.interamt.de. (Zugriff 24. Juli 2017)

sen, dass statt einer Personalverwaltung ein strategisches Vorgehen unabdingbar ist. Aus dem Großbestand an potenziellen Mitarbeitern ist ein Wettbewerb mit den Unternehmen der Privatwirtschaft getreten, die mit eingeschränkten personalrechtlichen Zwängen zu einem ernsthaften Konkurrenten für die öffentliche Verwaltung geworden sind. Der zweite Aspekt, der nachfolgend behandelt wird, ist die Vereinbarkeit von Familie und Beruf. Beide Themen sind keineswegs neu, harren aber seit Jahren einer ganzheitlich ausgerichteten Betrachtung und bedingen einer stetig weiterentwickelten Strategie.

Es ist dem Umfang des Untersuchungsgegenstandes geschuldet, dass hier nur ausgewählte Teilaspekte des Gesamtthemas aufgegriffen und einer eingehenderen Betrachtung unterzogen werden können. Das Personalmanagement ist ein umfangreiches Forschungsfeld, das ähnlich multidisziplinär wie die Verwaltungswissenschaft in zahlreichen Einzelpublikationen bearbeitet wird. Dabei bestehen zwischen den einzelnen Unterthemen inhaltliche wie logische Interdependenzen, die in einer Gesamtstrategie zusammengeführt werden müssen, wie Abbildung 2.14 illustriert.

## (a) Personalmanagement und demografischer Wandel

Nicht erst seit die Enquête-Kommission des Deutschen Bundestages Anfang 2003 ihren Abschlussbericht mit dem Titel „Demografischer Wandel – Herausforderungen unserer älter werdenden Gesellschaft an den Einzel-

**Abb. 2.14** Elemente des Personalmanagements

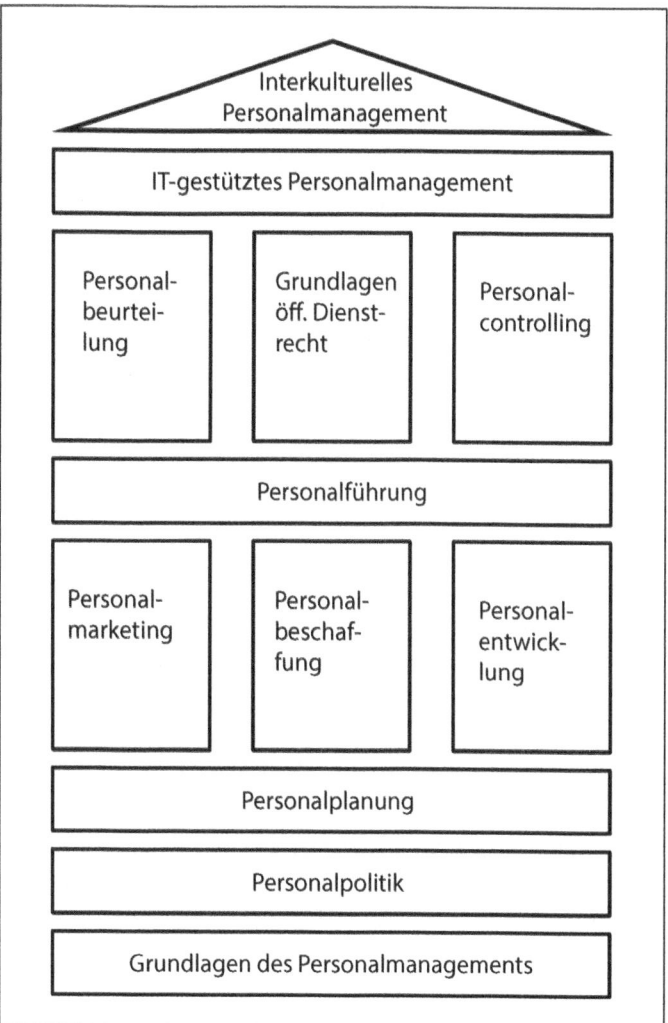

Quelle: Fischer 2014: 16

nen und die Politik" vorgelegt hat, ist der *demografische Wandel* in aller Munde (Deutscher Bundestag 2002). Nun funktionieren öffentliche Verwaltungen – die organisationstheoretischen Analysen in Kapitel 3.1 können dies belegen, die reformpolitischen in Kapitel 4.1 nicht endgültig widerlegen – mit Kontinuität, Bedacht und dem Fehlen von allzu hektischem Veränderungswillen. Dies hat ohne Frage seine Vorteile, bringt aber auf der Malus-Seite mit sich, dass notwendige gesellschaftliche Prozesse zunächst keine oder eine deutlich zu geringe Priorität erfahren. Es drängt sich der Eindruck auf, dass in vielen öffentlichen Verwaltungen die Bedeutung des demografischen Wandels für das eigene Personal noch unzureichend bekannt ist bzw. wenn sie bekannt ist, die Schlussfolgerungen für das Personalmanagement nur zögerlich gezogen werden.

Es reicht nicht aus, wenn der demografische Wandel bei Neujahrsempfängen als Bonmot, quasi als Pflichtprogramm einer jeden Sonntagsrede thematisiert wird, gleichzeitig aber Konzepte fehlen, wie diesem begegnet werden kann. Vor jeder Strategie steht also die Erkenntnis, dass dieses Dauerthema demografischer Wandel eines ist, dass die öffentliche Verwaltung in besonderer Weise tangiert. Daher ist es unerlässlich, einleitend die folgenden Fragen zu beantworten, bevor eine strategische – und damit demografieorientierte – Ausrichtung des Personalmanagements diskutiert und beschlossen werden kann:

- *Datenerhebung:* Wie stellt sich die Situation der derzeitigen Personalstruktur bezüglich des Alters und der

Laufbahn in der eigenen Verwaltung dar? Wie viele Beschäftigte aus welchen Laufbahnen gehen wann in den Ruhestand?

- *Planung:* Wie kann der künftige Personalbedarf und das Personalangebot bei der Personalplanung berücksichtigt werden? Welche gesellschaftlichen Entwicklungen sind zudem in die Analyse einzubeziehen?
- *Innovation:* Wie kann die öffentliche Verwaltung diese Herausforderung proaktiv angehen?

Die Demografieforschung hat mit den bekannten Determinanten „weniger, älter, bunter" eine Begrifflichkeit gefunden, die den demografischen Wandel in Deutschland plastisch, aber durchaus treffend charakterisiert. Gemeint sind damit die drei Entwicklungslinien des Geburtenrückgangs, der steigenden Lebenserwartung und Alterung und der Entwicklung zu einer multiethnischen Gesellschaft, die in Kapitel 4.2.3 beschrieben werden. Es ist die Aufgabe jeder einzelnen Behörde, diese Phänomene auf die eigene Verwaltung anzuwenden. Unabhängig davon, dass sich der demografische Wandel regional und lokal sehr unterschiedlich darstellt, wird sie im Wesentlichen die folgenden Herausforderungen erkennen:

*Weniger:* War es lange Zeit für den öffentlichen Dienst kein Problem, geeignete Bewerber für vakante Stellen oder Ausbildungsplätze zu finden, so wendet sich hier das Blatt. Es sind gerade die Vorzüge der öffentlichen Verwaltung wie das Lebenszeitprinzip, die an Strahlkraft verlieren, wenn Bewerber auch auf dem freien Markt auf Grund der günstigen Angebots-/Nachfragesituation kaum von Arbeitslosigkeit bedroht sind. Im Gegenteil: Die doch eher starren Strukturen beispielsweise bezüglich der Bezahlung kommen eher als Hemmnis hinzu.

Die Folge daraus wird sein, dass Verwaltungen angehalten sind, die vorhandenen Mitarbeiter stärker zu binden, die Erwerbsquote bei Menschen mit Migrationshintergrund zu erhöhen sowie den facettenreichen Lebensformen und Familienkonstellationen stärker als bisher Rechnung zu tragen. Kurz gesagt: das klassische dreiteilige Lebensverlaufsmuster mit organischer Trennung der Phasen Ausbildung, Berufstätigkeit und Ruhestand wird sich weiter ausdifferenzieren (Hammermann & Stettes 2014, S. 8 f.).

Das Bild darf nicht zu schwarz gemalt werden, die Büros der Rat-, Kreishäuser und weiterer Verwaltungen stehen nicht leer. Gleichwohl existieren Regionen (Stuttgart, München), Berufe (Ärzte, Ingenieure) und auch Funktionen (Professoren), in denen freie Stellen „nicht mehr oder nur mit Abstrichen in den Anforderungen an die Kandidaten besetzt werden" (Gourmelon 2014, S. 53). Und nicht zuletzt birgt die Dauerhaftigkeit der Personalmaßnahmen eine weitere Brisanz, „da aufgrund der begrenzten Möglichkeiten der Personalfreistellung einmal angestellte Mitarbeiter der Verwaltung lange Zeit erhalten bleiben" (Robert-Bosch-Stiftung 2009, S. 69). Hier setzt das Instrument des Personalmarketings an, das als externes Personalmarketing neue Mitarbeiter sucht und als internes versucht, die bestehende Mitarbeiterschaft an die Verwaltung zu binden.

Das *externe Personalmarketing* „bündelt alle Maßnahmen und Aufgaben, die darauf ausgerichtet sind, Exter-

ne als künftige Bedienstete anzusprechen, sie zu einer
Bewerbung zu motivieren und sie in einem entsprechenden Kommunikationsprozess von den Vorzügen
des eigenen Betriebes zu überzeugen" (Hansen 2015,
S. 139). Eine der zentralen Aufgaben des externen Personalmarketings besteht in der Schaffung einer positiven
Arbeitgebermarke, dem so genannte *employer branding*.
Mittels Imagebroschüren, einem ansprechenden Web-
auftritt und der Präsentation auf Ausbildungsbörsen
versucht der Arbeitgeber, ein positives Image zu vermitteln. Dies ist leichter gesagt als getan, denn es ist wichtig, dass das Angebot auch kongruent zu dem später an-
genommenen Arbeitsplatz ist; es ist somit nur attraktiv,
wenn die Marketingaktivität später mit der Realität in
Einklang steht.

Daher ist es wichtig, die Frage nach der passenden
Personalmarketingstrategie strategisch anzugehen und
mit einer Analyse der inneren und äußeren Faktoren zu
beginnen (Gourmelon 2014, S. 54). Als innere Faktoren
können der Personalbedarf oder das allgemeine Leitbild der Verwaltung gelten, als äußere eher die allgemeine Lage auf dem Arbeitsmarkt oder das generelle Image
von Berufen. Nun werden erste Festlegungen getroffen,
wie die Grundzüge der zukünftigen Personalmarketingstrategie aussehen könnten „und wie sich die Organisation nach außen darstellen will" (Gourmelon 2014,
S. 56). Details werden zu diesem Zeitpunkt noch nicht
verhandelt, es sollte aber Einigkeit bezüglich der grundsätzlichen Richtung erzielt werden. Es folgt die detail-
getreue Umsetzung mit der Personalwerbung und der
Kommunikation der Arbeitgebermarke als Dreh- und

Angelpunkt. Abschließend sollte die Verwaltung prüfen, ob die Ziele, die vorher formuliert wurden, erreicht werden konnten.

Im Folgenden werden mögliche Maßnahmen des externen Personalmanagements aufgelistet:

- Teilnahme an Job- und Karrieremessen;
- Zusammenarbeit mit Ausbildungsstätten zur frühzeitigen Rekrutierung von Personal;
- Erarbeitung eines modernen Mediaplans (umfassende Multimedia-Strategie inkl. Website, Audio- und Videobotschaften);
- Employer Branding: Bildung einer Arbeitgebermarke;
- Teilnahme an Praktika- und Ausbildungsprogrammen: Hier bestehen für die Verwaltung zwei Vorteile. Zum einen kann sich die öffentliche Verwaltung als interessanter und attraktiver Arbeitgeber präsentieren, zum anderen können potenzielle Bewerber auf ihre Eignung getestet werden;
- Präsenz in Fachzeitschriften;
- Qualitätslabel: Die Teilnahme an zertifizierten Qualitätsprogrammen lässt die Verwaltung professionell und auf Augenhöhe mit Wettbewerbern der freien Wirtschaft erscheinen.

Das sich dem Marketingprozess anschließende *Personalauswahlverfahren* kann durchaus noch zum externen Personalmarketing hinzugerechnet werden. Waren viele Verfahren leidlich professionell, da sie lediglich aus unstrukturierten Einstellungsgesprächen bestanden haben, wird hier die öffentliche Verwaltung zunehmend moderner mit dem Einsatz von geschulten Beobachtern, die das Personal der öffentlichen Verwaltung in strukturierten Verfahren mit professioneller Begleitung auswählen.

Das *interne Personalmarketing* dagegen ist darauf ausgerichtet, die Mitarbeiter so lange wie möglich in der Verwaltung zu halten. Die öffentliche Verwaltung stellt hier erneut einen Sonderfall dar, ist doch die Treue zum Dienstherrn aufgrund des Lebenszeitprinzips und der faktischen wie arbeitsrechtlichen Unkündbarkeit deutlich intensiver als in der freien Wirtschaft, wo im Laufe eines Berufslebens mehrmals der Arbeitgeber gewechselt wird (Bornträger 2015, S. 13).

Die Grundfrage ist, wie es dem öffentlichen Dienst gelingt, dass sich der Mitarbeiter wohlfühlt, dass ein persönlich wie beruflich intaktes Umfeld vorliegt, das motivationserhaltend bzw. sogar -fördernd wirkt. Folgende Punkte der emotionalen Bindung an den Arbeitgeber waren dabei in Rollenspielen Bewerbern besonders wichtig (Bornträger 2015, S. 13 f.):

- Vereinbarkeit von Familie und Beruf
- Sicherer Arbeitsplatz
- Mitarbeiterfreundliches Umfeld, Kollegialität
- Vielfältige Einsatzfelder mit Bürgerkontakt
- Aufstiegschancen

Weitere Maßnahmen sind natürlich denkbar und werden auch praktiziert, daher kann die folgende Aufstellung nur eine erste Bestandsaufnahme der praktizierten Instrumente sein (Robert-Bosch-Stiftung 2009, S. 71 f.):

- Interne Werbekampagnen zur Stärkung der Identifikation mit dem Arbeitgeber
- Gemeinsame Feste
- Ehemaligennetzwerke/Alumni-Management
- Generell offene Kommunikation, damit die Mitarbeiter das Gefühl erhalten, vollumfänglich informiert zu sein

*Älter:* Die deutsche Bevölkerung schrumpft und altert. Der Arbeitsmarkt – und somit auch das Personal der öffentlichen Verwaltung – wird sich dahingehend verändern, dass die Anzahl an Erwerbspersonenpotenzial deutlich sinken wird, und dies vor allem in den jüngeren Jahrgängen: „Arbeitgeber müssen sich darauf einstellen, dass die Gruppe der über 55-Jährigen künftig einen wesentlichen Teil der Belegschaften bildet" (Robert Bosch Stiftung 2009, S. 12). Die Leistungsfähigkeit einer Verwaltung wird also in besonderer Weise davon abhängen, wie es öffentlichen Arbeitgebern gelingt, sowohl Gesundheit als auch Motivation einer zunehmenden Anzahl an älteren Beschäftigten gesund zu erhalten.

Der Landesgesetzgeber in Nordrhein-Westfalen hat reagiert und mit der Verabschiedung des Dienstrechtsmodernisierungsgesetzes des Landes Nordrhein-Westfalens (DRModG NRW) im Juni 2016 jede Dienststelle gem. § 76 Abs. 2 LBG NRW dazu verpflichtet, ein Rahmenkonzept für das *Gesundheitsmanagement* zu erstellen und dies regelmäßig fortzuentwickeln. Bereits vorher haben viele Verwaltungen – ausgehend von der Definition, dass Gesundheit mehr ist als die Abwesenheit von

Krankheit – Aktivitäten zur Förderung der Gesundheit der Beschäftigten initiiert.

Der rechtliche Rahmen besteht dabei aus drei Aspekten, die zusammen das Betriebliche Gesundheitsmanagement (BGM) bilden: der Arbeits- und Gesundheitsschutz sowie die Gesundheitsförderung. Insgesamt bietet die Normierung die Chance, einen ganzheitlichen Blick auf den Bereich der betrieblichen Gesundheit zu werfen sowie die Verzahnung der einzelnen Maßnahmen effektiver zu leisten. Denn während Arbeits- und Gesundheitsschutz schon länger Pflichtprogramm sind, waren Angebote zur betrieblichen Gesundheitsförderung eher die Kür und hingen ganz wesentlich vom Engagement der jeweiligen Verwaltungsführung ab.

Ein großes Problem in der Förderung der Gesundheit der Beschäftigten ist das der Nachhaltigkeit. Gesundheitstage, Firmenläufe oder ähnliche Aktivitäten sind löblich, aber sind sie auch nachhaltig? Sie können es sein, beispielsweise indem durch die Teilnahme am Lauf oder eine Vorbereitung im Kollegenkreis ein dauerhaftes Interesse am Sport geweckt wird, aber wie wahrscheinlich ist das? Es geht hier doch eher um erfolgreiche Einzelfälle, nicht aber um eine planerische Förderung. Damit kein Missverständnis aufkommt, derartige Initiativen sind begrüßenswert, bilden aber nur den vormals freiwilligen Baustein in einem ganzheitlichen Konzept: BGM „ist die systematische, zielorientierte und kontinuierliche Steuerung aller betrieblichen Prozesse – mit dem Ziel, Gesundheit, Leistung und Erfolg für den Betrieb und alle seine Beschäftigte zu erhalten und zu fördern" (INQA 2014, S. 9). Betriebliches Gesundheitsmanage-

ment bedeutet also nicht weniger als die Berücksichti-
gung der Interessen von Gesundheit in nahezu allen Fra-
gen des Verwaltungshandelns im Bereich des Personals.
Bereits 2007 hat die Initiative Neue Qualität der Arbeit
(INQA) Wege aufgezeigt, wie es gelingen kann, dass Fra-
gen der Gesundheit schon während des Prozesses von
Umstrukturierungen und Reorganisationen in die Pla-
nung integriert werden: „Gesundheit ist der Partner des
Umbruchprozesses und nicht das Heilpflaster am Ende"
(Treier 2014, S. 40 f.).

Neben aller rechtlicher Normnotwendigkeit kann das
BGM auch aus verwaltungswissenschaftlicher und -prak-
tischer Perspektive *ein* Faktor sein, dem demografischen
Wandel in der öffentlichen Verwaltung zu begegnen.

*Bunter:* Das interkulturelle Personalmanagement ist
ein vielschichtiges Thema, das in Zukunft an Bedeutung gewinnen wird. Es soll an dieser Stelle nur in seiner
Wirkung auf das Personal der öffentlichen Verwaltung
betrachtet werden. Dabei sind zwei Aspekte von besonderer Bedeutung: erstens die Einstellung von Menschen mit Migrationshintergrund in den öffentlichen
Verwaltungen und zweitens die Qualifizierung des Personals zum Umgang mit Kunden, Kollegen und Mitarbeitern, deren Lebenswelt durch Migrationserfahrun-
gen geprägt ist.

Ob öffentliche Verwaltungen in quantitativer Hinsicht ein Querschnitt der Bevölkerung sein sollen, wird
unterschiedlich diskutiert. Gleichwohl sind sie aufgerufen, „bei der Aufgabenerfüllung möglichst alle gesellschaftlichen Gruppen in die Entscheidungsprozesse einzubinden und ihre Kenntnisse und Fähigkeiten zu

nutzen" (Bundesregierung 2011, S. 140). Insofern sollten gezielt Menschen mit Migrationshintergrund für Verwaltungsberufe ausgebildet und in den öffentlichen Verwaltungen beschäftigt werden. Unter solche fallen nach der Definition des Mikrozensus Personen, „wenn sie selbst oder mindestens ein Elternteil die deutsche Staatsangehörigkeit nicht durch Geburt besitzt" (Statistisches Bundesamt 2017, S. 4). Dabei geht es mitnichten um die Bevorzugung von Menschen mit Migrationshintergrund, sondern um das Nutzen von Potenzialen wie die Mehrsprachigkeit oder das Wissen um unterschiedliche kulturelle Hintergründe, die in einer aktiven Ansprache gerade dieses Personenkreises liegen. Und wird die Prämisse an eine gelingende Integration an Ausbildung und Berufstätigkeit gelegt, dann leistet die öffentliche Verwaltung einen wertvollen Beitrag zur gesellschaftlichen Teilhabe von Migranten.

Es scheint also geboten, das Thema aus zwei Blickrichtungen zu betrachten, der Perspektive der Migranten und der der öffentlichen Verwaltung: Bundesweit verfügen derzeit 21 % der Einwohner über einen Migrationshintergrund, in NRW liegt die Zahl bei etwa einem Viertel. Bei jungen Menschen unter 18 Jahren fallen die Zahlen noch höher aus: Hier bringen 31 % in Deutschland und 38 % in NRW einen Migrationshintergrund in die Gesellschaft ein (Möltgen und Otten 2015, S. 369).

Die Zahl der Beschäftigten mit Migrationshintergrund in den öffentlichen Verwaltungen ist dagegen deutlich geringer. Die Datenlage ist eher diffus, doch haben einige Verwaltungen die Zahl der Beschäftigten mit Migrationshintergrund auf freiwilliger Basis erhoben. Beispielsweise lag die Zahl der Migranten im öffentlichen Dienst 2016 insgesamt bei gut 8 %, im Bund bei 14,8 und in NRW bei 13,4 % (vgl. BMI, MAIS 2016). Erhebliche Unterschiede existieren in einzelnen Regionen und Kommunen: so haben 16 % aller Beschäftigten bei der Stadtverwaltung Bielefeld einen Migrationshintergrund, während es in Rheine nur 3,5 % sind (vgl. LAGA 2016). Auch in Bezug auf verschiedene Professionen oder Hierarchieebenen sind teils erhebliche Unterschiede zu konstatieren.

Zu einer demografisch-fachlichen Notwendigkeit der Öffnung der öffentlichen Verwaltung kommt die rechtliche. Das Allgemeine Gleichbehandlungsgesetz (AGG) hat sich das Ziel gesetzt, „Benachteiligungen aus Gründen der Rasse oder wegen der ethnischen Herkunft, des Geschlechts, der Religion oder Weltanschauung, einer Behinderung, des Alters oder der sexuellen Identität verhindern oder zu beseitigen." (Bundesministerium für Familie, Senioren, Frauen und Jugend 2010).

Bereits in der Legislaturperiode von 2009 bis 2013 hat die damalige Bundesregierung ein Dialogforum initiiert, das sich zum Ziel gesetzt hat, gleiche Start- und Bewerbungschancen für alle zu ermöglichen. So wurden in einer ersten Bestandsaufnahme in zahlreichen Handlungsfeldern Defizite aufgedeckt:

- Migranten haben ein Informationsdefizit bei Berufsperspektiven im öffentlichen Dienst und bewerben sich entsprechend seltener;
- Einstellungsbehörden haben Wissenslücken bei der Anerkennung von im Ausland erworbenen Abschlüssen;

- Fehlendes Wissen über für die berufliche Entwicklung relevante interkulturelle Unterschiede;
- Generelles Zahlen- und Datendefizit (Bundesregierung 2011, S. 142).

Als erstes konkretes Handlungsziel wurden Maßnahmen vereinbart, die dazu geeignet sind, dass das Interesse am öffentlichen Dienst bei den Migranten geweckt wird. Es geht darum, dass beide Seiten – sowohl die Migranten als auch die Einstellungsbehörden – ihre gegenseitigen Informationsdefizite abbauen. Bewerbern mit Migrationshintergrund soll es ermöglicht werden, zentrale Websites zu Ausbildungs- und Stellenangeboten zu besuchen, Ziel einer besseren Koordinierung der Öffentlichkeitsarbeit der Verwaltungen im Bereich der Nachwuchsgewinnung zu sein oder von einer stärkeren Einbindung öffentlicher Arbeitgeber in die Vermittlungstätigkeit der Bundesagentur für Arbeit zu profitieren.

Umgekehrt sind auch die Einstellungsbehörden aufgerufen, ihre Instrumente der Personalrekrutierung zu modernisieren, beispielsweise über *anonymisierte Bewerbungsverfahren,* eine direkte Ansprache von Migranten in Stellenausschreibungen oder die interkulturelle Qualifizierung der Mitarbeiter der Personalstellen sowie der Mitglieder der Auswahlkommissionen (Bundesregierung 2011, S. 143). Beispiele für anonymisierte Bewerbungsverfahren existieren in einzelnen Bundesministerien und Bundesländern, wie beispielsweise Bremen oder NRW. Auch auf der kommunalen Ebene werden verstärkt Verfahren genutzt, um die Bewerber mit Migrationshintergrund zu erhöhen und die Auswahlverfah-

ren kultur-fair zu gestalten, wie das Projekt „Integration.
Interkommunal" der Städte Bochum, Dortmund, Duisburg, Essen, Mülheim an der Ruhr und Oberhausen ein-
drucksvoll zeigt.[7]
   Der zweite Aspekt betrifft die Entwicklung des bestehenden Personals. Hier gilt es, die Beschäftigten zum
Umgang mit heterogenen Kundengruppen zu qualifizieren, insbesondere durch Fort- und Weiterbildungen im
Bereich der *interkulturellen Kompetenz*. Dies gilt in besonderem Maße für Beschäftigte, die in intensivem Kontakt mit Kunden mit Migrationshintergrund stehen, wie
etwa die Mitarbeiter der kommunalen Ausländerbehörden. Auch Führungskräfte müssen sich entsprechend
qualifizieren, denn sie sind gefordert, Teams mit Mitarbeitern unterschiedlicher kultureller Hintergründe zu
führen (Möltgen 2015, S. 34). In Bezug auf die interkulturelle Personalentwicklung haben sich viele Verwaltungen ebenfalls auf den Weg gemacht, wie am Beispiel des
Schulungskonzeptes *Interkulturelles Trainig* des BAMF
oder der interkulturellen Fort- und Weiterbildung der
Landeshauptstadt München deutlich wird. Zudem hat
die interkulturelle Kompetenz Eingang in die Ausbildung an den Studieninstituten und den Fachhochschulen des öffentlichen Dienstes gefunden. An der FHöV
NRW wurden entsprechende Module mit der Einführung des Bachelorabschlusses in allen Studiengängen
eingeführt. Auch im Masterstudiengang der FHöV, der

7  http://www.integration-interkommunal.net/iinet_start/iinet_
   start.de.jsp. (Zugriff 26. Juli 2017)

sich an Führungskräfte in öffentlichen Verwaltungen richtet, existieren entsprechende Module.

## (b) Vereinbarkeit von Familie und Beruf

Die zweite gesellschaftliche Determinante, der sich die öffentliche Verwaltung gegenübersieht, ist die der Vereinbarkeit von Familie und Beruf. Und da in der modernen Gesellschaft doch ziemlich viele Interdependenzen bestehen, wird das Thema in dieser Gliederung als weiterer Bestimmungsfaktor beschrieben. Wird aber die Facette des *bunter* näher betrachtet, so liegt hier ebenfalls ein den demografischen Wandel betreffender Aspekt vor. Alternative Arbeitszeitmodelle – das ist eine Facette der Vereinbarkeit – bewirken, dass die Mitarbeiterschaft einer Verwaltung eben bunter wird, nicht nur im Sinne einer ethnischen, sondern auch einer demografischen Betrachtung.

Grundsätzlich geht es bei der Vereinbarkeit von Familie und Beruf darum, Maßnahmen zur besseren Koordination der beruflichen wie der familiären Belange zu ergreifen (Fischer 2015, S. 61). Doch warum ist gerade die öffentliche Verwaltung zur konzeptionellen Bearbeitung aufgerufen? A priori besteht geradezu eine gesellschaftliche Pflicht, ein sozialer Imperativ, Familien zu fördern, denn eine gedeihliche Weiterentwicklung Deutschlands wird es nur geben, wenn Familien in ihrem Handeln unterstützt und begleitet werden. Die öffentliche Verwaltung – und das klang in den vorherigen Ausführungen durch – muss aber auch ein ureigenes

Interesse an der Vereinbarkeit entwickeln: Sie kann es sich schlicht nicht leisten, das Potenzial gut ausgebildeter Mitarbeiter ungenutzt zu lassen.

Eine Studie des Instituts für Demoskopie Allensbach im Auftrag des Bundesfamilienministeriums hat verdeutlicht, dass die Familienfreundlichkeit im Arbeitsleben eine zunehmend wichtige Rolle spielt. Abbildung 2.15 verdeutlicht, dass nach der Bekämpfung der Arbeitslosigkeit gerade Fragen der Vereinbarkeit von Fa-

**Abb. 2.15**  Bedeutung familienpolitischer Anliegen

Monitor Familienleben 2013

## Große Bedeutung familienpolitischer Anliegen

Aus Sicht der Bürger gehören zurzeit zu
den wichtigsten politischen Aufgaben:
- Auszug: die häufigsten Nennungen -

| | Bevölkerung insgesamt | Eltern von Kindern unter 18 Jahren |
|---|---|---|
| Die Arbeitslosigkeit bekämpfen | 76 % | 74 |
| Die Renten sichern | 68 | 64 |
| Für stabile Preise sorgen | 65 | 63 |
| Für Wirtschaftswachstum sorgen | 63 | 68 |
| Das Bildungssystem verbessern | 61 | 68 |
| Die Staatsverschuldung eindämmen | 58 | 57 |
| Die Energieversorgung sichern | 54 | 53 |
| Für gesunde und sichere Lebensmittel sorgen | 53 | 53 |
| Junge Familien mit Kindern stärker fördern | 51 | 68 |
| Den Euro stabilisieren | 50 | 53 |
| Die Vereinbarkeit von Familie und Beruf verbessern | 49 | 71 |
| Den Ausbau erneuerbarer Energien fördern (Sonne, Wind, Wasser) | 46 | 47 |

Basis: Bundesrepublik Deutschland, Bevölkerung ab 16 Jahre
Quelle: Allensbacher Archiv, Monitor Familienleben 2013                    © IfD-Allensbach

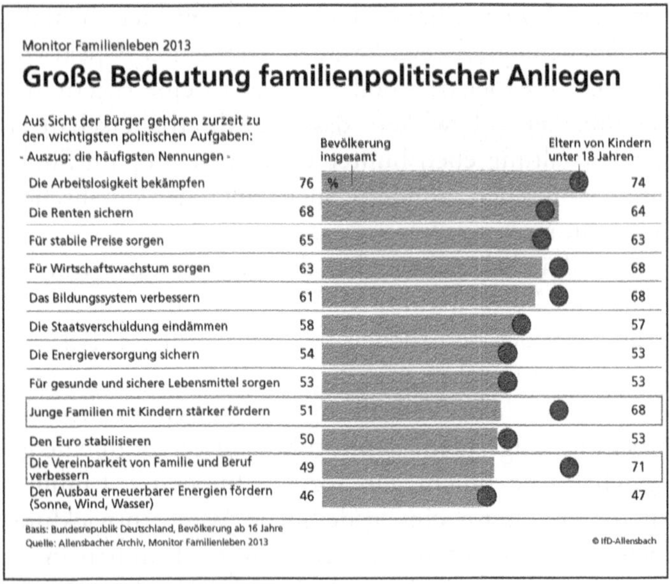

Quelle: Ifd-Allensbach 2013, S. 3. http://www.ifd-allensbach.de/uploads/tx_studies/7893_Monitor_Familienleben_2013.pdf. Zugriff am 23. Februar 2017

milie und Beruf als zentrale politische Handlungsfelder erkannt werden.

Es existieren bereits in zahlreichen Verwaltungen Ansätze, gleichwohl besteht noch weiterer Verbesserungsbedarf. Ein großer Ansatz ist die Flexibilisierung der Arbeitszeiten in der Verwaltung. Eher klassische Modelle wie die Einführung eines Gleitzeitmodells, bei dem es eine Kernzeit gibt, während der die Mitarbeiter am Arbeitsplatz zu verweilen haben und eine Gleitzeit, in der sie ihre Arbeitszeit flexibel einsetzen können, sind in nahezu allen Verwaltungen gängige Praxis.

Weitere Möglichkeiten sind:

- (Offene) Kinderbetreuung, die in der Behörde angeboten wird. Beispiele aus der Praxis existieren einige, gleichwohl ist es von Vorteil, dass die Verwaltung eine bestimmte Größe hat.
- Eltern-Kind-Büro: Hier bringt der Bedienstete sein Kind mit ins Büro. Voraussetzung ist eine wie auch immer geartete, kindgerechte Ausstattung des Büros bzw. des Umfelds des Arbeitsplatzes.

Zu dem Themenkreis der Telearbeit, der immer wieder als weitere Option angeführt, sind weitere vertiefende Erläuterungen angeraten. Grundsätzlich wird Telearbeit noch viel zu wenig als Chance der Vereinbarkeit von Familie und Beruf wahrgenommen. In der Literatur werden zwei Arten unterschieden, die alternierende Telearbeit und die Heimarbeit (Fischer 2015, S. 64). Während die Heimarbeit den Arbeitsplatz ausschließlich zu Hause sieht, ist die alternierende Telearbeit dadurch charakterisiert, dass der Mitarbeiter lediglich einen Teil seiner Arbeitszeit zu Hause ableistet. Grundsätzlich gilt: Der Arbeitsplatz muss für – und sei es nur für einen Teil der Arbeitszeit – auch für die Telearbeit geeignet sein. Aufgaben, die einen hohen Kundenkontakt aufweisen, sind nicht geeignet. Es ist kaum vorstellbar, dass die Kunden, die beispielsweise ein Rathaus für eine Dienstleistung aufsuchen, den Verweis lesen müssen, dass die zuständige Sachbearbeiterin ab 10 h zu Hause persönlich erreichbar ist. Auch besteht für die Mitarbeiter eine nicht unerhebliche Gefahr der Entfremdung von der „Mutterbehörde" und den Kollegen.

Andererseits ist auch eine ganze Reihe von Arbeitsplätzen zu identifizieren, bei denen zumindest die Aufgabenerledigung teilweise zu Hause erfolgen kann. Werden Bescheide erstellt, Protokolle geschrieben oder Anträge geprüft, so kann dies auch zu Hause geschehen. Selbstverständlich – und auch das ist eine Voraussetzung für die stärkere Einführung der Telearbeit – hat ein großes Vertrauensverhältnis zwischen dem Bediensteten und der Behörde zu herrschen.

Die Organisation Beruf und Familie hat im Jahr 2014 eine Mitarbeiterbefragung bei vier Frankfurter Unternehmen durchgeführt. Es ging nicht so sehr darum, die grundsätzliche Bedeutung der Vereinbarkeit von Familie und Beruf erneut herauszuarbeiten, sondern auch einen Blick auf die Erfüllung zu werfen. Hier wurden vor allem in der Frage der flexiblen Arbeitsorganisation und der Möglichkeit, Patchwork-Karrieren zuzulassen, Verbesserungsmöglichkeiten gesehen. Generell kommt die Studie zu dem Schluss, dass bei der Vereinbarkeit von

Familie und Beruf mehr den individualisierten Lebens-
läufen der Mitarbeiter Rechnung getragen werden sollte.
Bislang wurde der Fokus darauf gelegt, den Arbeitsall-
tag so zu organisieren, dass der Stelleninhaber seine Stelle auch weiter behalten konnte und Karrierenachteile
so gut es geht ausgeglichen wurden (Beruf und Familie
2014, S. 2). Nun wird in dieser Studie empfohlen, weniger den Mitarbeiter nach äußeren Faktoren (Geschlecht,
Lebensalter, familiäre Umstände) zu sehen, sondern den
Blick mehr auf die individuelle Lebensplanung zu richten. Hier könnten beispielsweise Maßnahmen wie ein
verbindliches Mitarbeitergespräch helfen, die jeweiligen
Erwartungen konkreter und individueller herauszuarbeiten und somit keine Lösung „von der Stange" zu präsentieren, sondern auf den jeweiligen Mitarbeiter gemünzt anzubieten.

*Ihnen sollte nun bekannt sein, dass*

- *das Bürokratiemodell Max Webers auch heute noch in
  seinen Grundzügen auf die öffentliche Verwaltung anwendbar ist,*
- *Aufbau- wie Ablauforganisation bestimmten Mustern
  und Modellen folgen,*
- *beim Personal der öffentlichen Verwaltung grundsätzlich zwischen Beamten und tariflich Beschäftigten unterschieden wird,*
- *die vergangenen 25 Jahren einen spürbaren Abbau des
  Personals der öffentlichen Verwaltung mit sich gebracht
  haben, wobei in den letzten Jahren die Zahl der Mitarbeiter wieder zugenommen hat,*

- *sich die Personalverwaltung in den vergangenen Jahren zu einem modernen Personalmanagement gewandelt hat, welches insbesondere den demografischen Wandel in den Blick zu nehmen hat.*

# 3

## Entwicklung, Reformen und Herausforderungen der öffentlichen Verwaltung in der Bundesrepublik Deutschland

*Die Inhalte der vorhergehenden Kapitel sprechen für eine Kontinuität der öffentlichen Verwaltung in Deutschland. Muss somit dem gängigen Vorurteil zugestimmt werden, dass die Verwaltung nicht reformierbar sei? Diese Frage wird im folgenden Kapitel diskutiert, indem Entwicklungen und Reformen der öffentlichen Verwaltung vorgestellt und Herausforderungen skizziert werden. Dazu wird ein Einblick in die Etablierung des deutschen Rechtsstaates nach dem Ende des Zweiten Weltkrieges gegeben. Ab den 1960er Jahren wandelte sich das Verständnis zunächst in Richtung eines aktiven Staates, der die Verwaltung eher in einer planerischen Funktion sah. Später fanden betriebswirtschaftliche Elemente Eingang in die Diskussion um ein New Public Management, in deren Zusammenhang die öffentliche Verwaltung als Dienstleister für die Bürger betrachtet wurde. Im Mittelpunkt des aktivierenden Staates stand das Engagement einer am Gemeinwohl orientierten Bürgerschaft, die der Staat über Governancestrukturen koordiniert und fördert. Als besondere Herausforderungen stellen sich gegenwärtig die Europäisierung und Internationalisierung, die Digitalisierung der Verwaltung und der demografische Wandel heraus. Hinzu kommt der Umgang mit den Folgen der so genannten Flüchtlingskrise.*

## 3.1  Entwicklungsphasen und Reformen

Betrachtet man die Entwicklung der öffentlichen Verwaltung in der Bundesrepublik Deutschland, so ist zu berücksichtigen, dass diese auf der Ebene des Bundes, der Länder und der Kommunen nicht einheitlich verlief. Das gilt sowohl im Hinblick auf den Zeitpunkt einzelner Entwicklungsphasen als auch hinsichtlich der Inhalte. So wurden beispielsweise Reformkonzepte von einigen Bundesländern oder Kommunen früher aufgegriffen oder mit unterschiedlichen Schwerpunkten umgesetzt. Als Beispiel können die kommunalen Gebietsreformen genannt werden oder das *Neue Steuerungsmodell.* Hintergrund sind unterschiedliche gesetzliche Rahmenbedingungen, Größenordnungen und Strukturen der öffentlichen Verwaltung im Bund, in einzelnen Bundesländern und Kommunen. Hinzu kommt, dass die jeweilige Entwicklung in der Verwaltungspraxis wesentlich von den Empfehlungen verschiedener Expertenkommissionen sowie von den handelnden Akteuren geprägt wurde. Ferner sind die Entwicklungsphasen der öffentlichen

Verwaltung kaum von den Reformkonzepten und/oder Reformleitbildern abzugrenzen, die diese eingeleitet haben. Beide Aspekte sollen daher im folgenden Kapitel gemeinsam dargestellt und überblicksartig erörtert werden. Dazu werden jeweils die Leitbilder und Reformkonzepte einzelner Phasen skizziert und deren Umsetzung beschrieben.

*Reform* kann dazu allgemein definiert werden als planmäßige und gezielte Umgestaltung und Neuordnung und ist zu unterscheiden von dem Begriff der Revolution. Auf die Verwaltung bezogen meint der Begriff *Verwaltungsreform* die planmäßige Veränderung der Organisation, des Personals, der Verfahren oder der Instrumente „mit der Zielsetzung der Schaffung von leistungsfähigen Verwaltungseinheiten, der Institutionalisierung klarer verwaltungsmäßiger Zuständigkeiten, der Vereinfachung der Verwaltung und einer verbesserten Bürgernähe".[8] Unter *Entwicklung* werden dagegen Veränderungsprozesse verstanden, die geplant oder ungeplant sein, sowohl positiv als auch negativ verlaufen können und denen sich eine neue Entwicklung anschließt. *Leitbilder* gehen Reformen und auch Entwicklungen voraus und beschreiben Visionen für die Verwaltung, die der Orientierung nach innen und außen dienen. An diesen *Verwaltungsleitbildern* sollen sich die strategischen Ziele und alle Aktivitäten der Verwaltung und ihrer Angehörigen orientieren.

---

8 http://wirtschaftslexikon.gabler.de/Definition/verwaltungsreform.html. (Zugriff 27. Februar 17)

## 3.1.1 Etablierung und Gestaltung des demokratischen Rechtsstaats

Die erste Entwicklungsphase der öffentlichen Verwaltung beginnt mit der Nachkriegszeit und endet in den frühen 1960er Jahren. Im Zentrum standen die „Etablierung und Gestaltung des demokratischen Rechtsstaates" (Beer 2011, S. 53), die sich insbesondere im Aufbau eines funktionierenden Parlaments, einer rechtsstaatlichen Verwaltung sowie unabhängiger Gerichte zeigten und eine Willkürherrschaft wie in der nationalsozialistischen Diktatur verhindern sollten. Angeknüpft wurde beim Aufbau der Verwaltung an bestehende Strukturen und Traditionen der deutschen Verwaltung, die sich an den Vorstellungen Max Webers orientierten und von den Alliierten in der Nachkriegszeit im Wesentlichen übernommen wurden. Um die Funktionsfähigkeit der öffentlichen Verwaltung möglichst schnell wiederherzustellen, wurde dabei auch auf den organisationalen und personellen Bestand des Dritten Reiches zurückgegriffen; eine konsequente Entnazifizierung fand nicht statt. Einen grundlegenden Dissens der Nachkriegszeit gab es lediglich in Bezug auf die Frage, ob das Berufsbeamtentum beibehalten, reformiert oder abgeschafft werden sollte. Die Forderung der Alliierten, das Berufsbeamtentum zu reformieren, scheiterte jedoch am Widerstand der deutschen Beamtenschaft.[9]

---

9  http://www.zeit.de/1949/08/diktiertes-beamtengesetz   (Zugriff 27. Februar 2017), vgl. dazu detaillierter Bogumil und Jann 2009, S. 214 f.

Parallel zum Wiederaufbau einer demokratischen und rechtsstaatlichen Verwaltung fanden ein erheblicher Ausbau und eine Differenzierung der Verwaltung statt. Bogumil und Jann beziffern das Wachstum der Verwaltung zwischen 1950 und 1965 auf etwa zwei Drittel, im Bereich der allgemeinen Verwaltung sogar auf 100 Prozent (Bogumil und Jann 2009, S. 218). Der Ausbau und die Ausdifferenzierung orientierten sich dabei weniger an einer einheitlichen Verwaltungspolitik als an den Gelegenheiten, die sich boten. „Wenn überhaupt, ist daher die rechtstaatliche Vereinheitlichung, Durchdringung und Normierung des Verwaltungsrechts (Vorrang und Vorbehalt des Gesetzes) das zentrale Reformvorhaben dieser Periode" (Bogumil und Jann 2009, S. 218). Obwohl die Restauration deutlich im Mittelpunkt dieser Entwicklungsphase stand, wurden bereits in den 1950er und 1960er Jahren verschiedene Expertenkommissionen eingerichtet, die sich insbesondere mit strukturellen Reformen der öffentlichen Verwaltung befassten. Beispielhaft zu nennen sind die Luther-Kommission (1952–55), die Vorschläge zur Neuordnung des Bundesgebiets erarbeitete und das Arnsberger Gutachten von 1955, das sich mit Fragen der Verwaltungsreform in Nordrhein-Westfalen befasste.

## 3.1.2 Aktiver Staat

Im Rahmen des Anwachsens und der Ausdifferenzierung der Staatstätigkeit wandelte sich das Verständnis der Verwaltung. Leitendes Verständnis war nicht mehr die *obrigkeitsstaatliche Hoheits- und Ordnungsverwaltung,* sondern der *aktive Staat.* Hintergrund dieses Reformkonzeptes, das von Mitte der 1960er bis Mitte der 1970er Jahre prägend war, war ein grundlegender Planungsoptimismus und eine Planungseuphorie, mit der man die Steuerungsprobleme des modernen und expandierenden Wohlfahrtsstaates überwinden wollte (Beer 2011, S. 55). Die funktionsfähige und moderne Verwaltung wurde als notwendige Voraussetzung dafür gesehen, Entwicklungen im Bereich der Wirtschaft und der Gesellschaft voran zu treiben.

In der Folge wurden zahlreiche Kommissionen und Projektgruppen insbesondere in der Bundes- und in den Landesverwaltungen eingesetzt, die Reformvorschläge sowohl zum Aufbau und den Funktionen der Verwaltung, als auch zur Binnenorganisation und zu den Finanzen erarbeiteten. Folgende wesentliche Reformen sind zu nennen (Bogumil und Jann 2009, S. 220 ff.):

Die *Finanzreform von 1969* zielte auf eine Anpassung der finanziellen und damit der infrastrukturellen Leistungsfähigkeit der Bundesländer und kann als Antwort auf die gescheiterten Territorialreformen der Nachkriegszeit gewertet werden. Sie mündete 1969 in dem neu geschaffenen Länderfinanzausgleich, der einen Ausgleich öffentlicher Einnahmen zwischen verschiedenen staatlichen Ebenen vorsah mit dem Ziel, einheitliche Lebensverhältnisse zu schaffen. Vorausgegangen war diesem 1967 die Verabschiedung des „Gesetzes zur Förderung der Stabilität und des Wachstums der Wirtschaft" (Stabilitätsgesetz), demnach das gesamtwirtschaftliche Gleichgewicht im Rahmen der Wirtschaftspolitik des

Bundes und der Länder berücksichtigt werden muss. Dieses sollte insbesondere durch das so genannte *magische Viereck,* d. h. die Stabilität des Preisniveaus, die Vollbeschäftigung, das außenwirtschaftliche Gleichgewicht sowie ein stetiges und angemessenes Wirtschaftswachstum realisiert werden.[10]

Hinzu kamen das neue Instrumentarium der *Gemeinschaftsaufgaben,* das eine Mischfinanzierung von Bund und Ländern beinhaltet, sowie eine Beteiligung der Kommunen an der Einkommenssteuer nach Maßgabe ihrer Einwohnerzahlen (Bogumil und Jann 2009, S. 221).

*Die Ministerialreform (1969–1973)* wurde wesentlich von einer Projektgruppe namhafter Verwaltungswissenschaftler, wie Renate Mayntz, Frieder Naschold und Fritz W. Scharpf, vorbereitet, die Verbesserungsvorschläge für die Leistungsfähigkeit von Bundesregierung und die Bundesverwaltung im Auftrag der Großen Koalition (1966–1969) erarbeiten sollte. Diese zielten *erstens* auf die Optimierung der Planungsorganisation durch die Abgrenzung der Geschäftsbereiche, die Neudefinition der Aufgaben und der Stellung der Parlamentarischen Staatssekretäre und die Verbesserung des Führungsinstrumentariums von Kanzler und Bundesregierung, *zweitens* auf die Verlagerung von Aufgaben aus den Bundesministerien und *drittens* auf die Einführung eines integrierten Aufgaben- und Finanzplanungssystems (Bogumil und Jann 2009, S. 221). Allerdings konnten lediglich die Vor-

---

10 http://www.bpb.de/nachschlagen/lexika/lexikon-der-wirtschaft/20711/stabilitaetsgesetz (Zugriff 27. Februar 2017).

schläge zur Planungsorganisation in der Praxis im Rahmen der Neubildung der sozial-liberalen Bundesregierung 1969 berücksichtigt werden, während die anderen Ansätze zur Reform der Bundesverwaltung scheiterten. Als wesentlicher Grund für das Scheitern wird ein technokratisches Planungsverständnis genannt, das personelle, kommunikative und machtpolitische Faktoren nur unzureichend berücksichtigte (Bogumil und Jann 2009, S. 221 f.).

Inhalt der *Dienstrechtsreform von 1973* waren Forderungen zur Aufhebung der Dreiteilung von Beamten, Angestellten und Arbeitern mit dem Ziel, ein einheitliches öffentliches Dienstrecht zu schaffen. In diesem Zusammenhang wurde u. a. das Streikrecht für Beamte gefordert. Auch dieser Reformansatz, der von einer Studienkommission für die Reform des öffentlichen Dienstrechts erarbeitet wurde, gilt im Wesentlichen als gescheitert, weil nach Meinung der Kritiker von Beginn an jede grundsätzliche Erneuerung ausgeschlossen wurde (Baum et al. 1974).

Anders sind die *kommunalen Gebietsreformen* zu beurteilen, die *Ende der 1960er bis Mitte der 1970er Jahre* in den Bundesländern mit unterschiedlichen Schwerpunkten und in unterschiedlicher Intensität umgesetzt wurden und deren Erfolg entsprechend differenziert zu bewerten ist. Ziel der kommunalen Gebietsreformen war eine Stärkung der Kommunalen Selbstverwaltung vor dem Hintergrund, dass sich die Verwaltungskraft insbesondere der ländlichen Gemeinden als unzureichend erwiesen hatte, die enorm anwachsenden und vielfältigen öffentlichen Aufgaben des Sozialstaates befriedigend zu erfüllen (Frey 1976, S. 100). Erreicht werden sollte diese Stärkung durch eine territoriale und funktionale Neugliederung, in der Regel durch eine Vergrößerung oder Zusammenlegung der Verwaltungseinheiten. Die entsprechenden Neugliederungsgesetze basierten auf den Empfehlungen verschiedener Sachverständigenkommissionen und Gutachter und führten im Ergebnis dazu, dass die Zahl der Gemeinden im Zeitraum von 1968–1974 in allen Bundesländern erheblich reduziert wurde. Mit 85,6 % bzw. 82,7 % Abnahme liegen dabei das Saarland und Nordrhein-Westfalen eindeutig an der Spitze, während die Zahl der Gemeinden in Schleswig-Holstein nur um knapp 15 % gesenkt werden konnte (Frey 1976, S. 126). Noch plastischer wird die Entwicklung anhand der absoluten Zahlen, die etwa im Falle Nordrhein-Westfalens eine Reduzierung von 2277 auf 392 Gemeinden ausweist.

Werden die kommunalen Gebietsreformen unter dem Aspekt der *Effektivität,* wie es die meisten Landesgesetzgeber getan haben, bewertet, so kann die kommunale Neugliederung also durchaus als erfolgreich bezeichnet werden. Werden allerdings darüber hinaus *politische Maßstäbe* zur Bewertung zugrunde gelegt, wie es Frido Wagener im *Neubau der Verwaltung* 1969 tat und wird zudem nach den Auswirkungen auf die *Demokratie* und die *Rechtmäßigkeit* gefragt, so wird eine differenziertere Bewertung offenkundig (Frey 1976, S. 129 f.). Wagener hatte mit seiner Habilitationsschrift die Territorialreformen der 1960er und 1970er Jahre theoretisch vorbereitet und vier Hauptmaßstäbe formuliert, die bei der Reform der öffentlichen Verwaltung berücksichtigt werden sollen: *1. Wirtschaftlichkeit, 2. Leistungsfähigkeit, 3. Festigung der Demokratie und 4. Sicherung der Rechtmäßigkeit.* Dabei bilden die ersten beiden technischen Maßstäbe die *Effektivität,* während sich der *Integrationswert* als politischer Maßstab aus den letztgenannten Maßstäben zusammensetzt (Wagener 1969). Im Ergebnis zeigte sich, dass das „auf der Einheit von „Effektivität und Integrationswert" beruhende Zielsystem der Territorialreform (…) in keiner Weise realisiert worden" ist (Frey 1976, S. 133) ist. Die kommunalen Gebietsreformen konnten demnach nicht zu einer Demokratisierung der öffentlichen Verwaltung beitragen.

Die *Funktionalreform* steht in unmittelbarem Zusammenhang mit den kommunalen Gebietsreformen der 1960er und 1970er Jahre. Ziel war es, Aufgaben nach dem Subsidiaritätsprinzip auf andere Aufgabenträger zu verlagern und Sonderbehörden, wie Gesundheitsämter, Veterinärämter, Vermessungs- und Katasterämter und Schulämter, zu kommunalisieren (Bogumil und Jann 2009, S. 223). Die Ziele der Funktionalreform konnten ebenfalls nur teilweise erreicht werden: so blieben die Sonderbehörden weitgehend erhalten und fand eine Verlagerung von Zuständigkeiten auf untergeordnete Verwaltungsebenen kaum statt (Bogumil und Jann 2009, S. 223). Allerdings sind auch diesbezüglich Unterschiede bei der Umsetzung in verschiedenen Bundesländern zu konstatieren. Beispielsweise wurde die Funktionalreform in Nordrhein-Westfalen weitgehender umgesetzt als in den anderen Bundesländern.

Der Überblick über die wesentlichen Reformvorhaben der 1960er und 1970er Jahre macht deutlich, dass die Ziele der genannten Reformkonzepte in vielen Fällen nicht erreicht werden konnten. Angesichts der Implementierungsprobleme sanken die optimistischen Erwartungen zur Planbarkeit politischer, gesellschaftlicher und wirtschaftlicher Prozesse und es entwickelte sich Ende der 1970er Jahre ein neues politisches Weltbild (Beer 2011, S. 55).

## 3.1.3 Schlanker Staat und New Public Management

Das Leitbild des *schlanken Staates* dominierte die Reformaktivitäten und die Verwaltungspraxis von Mitte der 1970er bis in die 1990er Jahre. Ausgangspunkt war die neoliberale Staatskritik, die das Staats- und Bürokratieversagen statt des Marktversagens wie im aktiven Staat in den Mittelpunkt stellte.

Geprägt wurde die Kritik am modernen Wohlfahrtsstaat von der internationalen Debatte um den *Thatcherismus* und die *Reagonomics* der Regierungen in Großbritannien und den USA, die in Deutschland mit einiger Verspätung übernommen wurde. Kritisiert wurden insbesondere die Überregelung und Verrechtlichung, die private Investitionen verhindere, die bürokratischen Strukturen sowie die Bürgerferne der Verwaltung (Bogumil und Jann 2009, S. 223 f.). Dagegen wurde ein Verständnis des Staates gestellt, der sich auf das Wesentliche beschränkt und insbesondere der Sicherung der individuellen Freiheit dient. Folglich sollten die Aufgaben der öffentlichen Verwaltung im Sinne einer *Aufgabenkritik* kritisch durchleuchtet und ggfls. privatisiert werden, die Verwaltung entbürokratisiert und vereinfacht werden.

In Deutschland wurde das Leitbild vor allem von der konservativ-liberalen Regierungskoalition unter Bundeskanzler Helmut Kohl (1982–1998) aufgegriffen, die die sozial-liberale Koalition abgelöst hatte (1969–1982). Schon in der ersten Regierungserklärung vom 13. Oktober 1982 forderte Kohl „weg von mehr Staat, hin zu mehr Markt" als eine zentrale Weichenstellung zur Erneuerung (Regierungserklärung Kohl 1982). Ein grundlegender wirtschaftspolitischer Kurswechsel wie in Großbritannien oder den USA war mit der versprochenen *geistig-moralischen Wende* aber nicht verbunden. Dennoch konnten z. B. die Steuern und die Staatsausgaben bis zum Ende der 1980er Jahre gesenkt und Bundesbetriebe, wie die Bundespost oder die Bundesbahn privatisiert werden (Bibricher 2012, S. 138 f.)

Zudem wurde 1983 nach dem Regierungswechsel eine *Unabhängige Kommission für Rechts- und Verwaltungsvereinfachung* (die so genannte Waffenschmidt-Kommission) eingerichtet, die Empfehlungen zur Gesetzes- und Verwaltungsvereinfachung erarbeiten sollte und unter Leitung des Parlamentarischen Staatssekretärs Horst Waffenschmidt verschiedene Berichte erarbeitete (Bogumil und Jann 2009, S. 224). Vorausgegangen waren intensive Diskussionen insbesondere in den politischen Parteien zur Entbürokratisierung. 1995 berief die Regierung Kohl einen Sachverständigenrat *Schlanker Staat* ein, der die Aktivitäten zur Rückführung staatlicher Leistungen und der Entbürokratisierung fachlich und politisch begleiten sollte (Beer 2011, S. 56).

Auch in den Bundesländern wurden Entbürokratisierungskommissionen eingerichtet, wie etwa die *Ellwein-Kommission* in Nordrhein-Westfalen im Jahr 1981, die den Auftrag hatte Verwaltungsvorschriften daraufhin zu überprüfen, ob sie „unbedingt nötig, einfach anwendbar und leicht verständlich sind" (zit. nach Innenminister Nordrhein-Westfalen 2001, S. 3). In Ihrem Abschlussbericht vom 3. 11. 1983 empfahl die Kommission die ersatzlose Streichung von 74 der 1418 geltenden Landesgesetze, überwiegend mit dem Ziel der formalen Rechtsbereinigung, d. h. ohne aufgabenkritischen Hintergrund.

Die Vereinfachungsbemühungen des Bundes und der Länder werden hinsichtlich des Abbaus von Regelungen durchaus als erfolgreich bewertet; grundlegende strukturelle Veränderungen, etwa hinsichtlich des Zusammenwirkens der verschiedenen Verwaltungsebenen im Föderalismus, wurden dagegen nicht durchgeführt (Bogumil und Jann 2009, S. 225).

Die Debatte um die *Entbürokratisierung* wurde begleitet von einer Diskussion um mehr *Bürgernähe* der öffentlichen Verwaltung, die sich seit den 1970er Jahren als weitere Zielvorstellung für den Erfolg des Verwaltungshandelns durchsetzte: Eine bürgernahe Verwaltung sollte zum einen durch eine Optimierung des Dienstleistungsangebotes der Verwaltung erreicht werden, zum anderen durch die Einführung neuer direktdemokratischer Beteiligungsformate für die Bürger, wie sie von der Bürgerinitiativ- und der Partizipationsbewegung gefordert wurden. Aufgrund der „Nähe zum Bürger" konzentrierte sich die Debatte insbesondere auf die kommunale Ebene. Im Ergebnis setzte sich beispielsweise die Idee des Bürgeramtes, in dem die publikumsintensiven Dienstleistungen gebündelt für die Bürger vorgehalten werden, durch und wurde in den 1980er Jahren bereits in einzelnen Kommunen erprobt. Später wurden auch für andere Zielgruppen der Verwaltung, wie Wohnungslose, spezifische Konzepte entwickelt.

Im Bereich der Bürgerbeteiligung ist die Novellierung des Baugesetzbuches aus dem Jahr 1976 als wesentlicher Meilenstein zu nennen, durch die die Bürgerbeteiligung an der Bauleitplanung gesetzlich verpflichtend verankert wurde. Mit der Einführung von Bürgerbegehren und Bürgerentscheiden und der Direktwahl der Bürgermeister und Landräte auf kommunaler Ebene fand die direkte Bürgerbeteiligung in den 1990er Jahren zudem Eingang in alle Kommunalverfassungssysteme in Deutschland. Auch in den Ländern wurden Volksinitiativen, Volksbegehren und Volksentscheide als direktdemokratische Elemente eingeführt.

Die überwiegend betriebswirtschaftlich orientierte Diskussion der 1980er Jahre, in der Konzepte aus der Privatwirtschaft auf die öffentliche Verwaltung übertragen wurden, fand mit dem Leitbild des NPM zu Beginn der 1990er Jahre Einzug in die kommunale Ebene in Deutschland. In diesem Zusammenhang sind insbesondere die konzeptionellen Arbeiten der KGSt zu nennen, die den „Wandel von der Behörde zum Dienstleistungsunternehmen" im Rahmen eines *Neuen Steuerungsmodells* (NSM) zu Beginn der 1990er Jahre propagierte und konzeptionell vorbereitete (KGSt 1993). Ausgangspunkt waren Erfahrungen der niederländischen Stadt

Tilburg mit betriebswirtschaftlichen Steuerungsinstrumenten, die die KGSt auf deutsche Kommunen übertragen wollte (KGSt 1992). Neben Ansätzen der Binnenmodernisierung der Verwaltung, etwa durch dezentrale Ressourcenverantwortung, Budgetierung, outputorientierte Steuerung auf Basis von Produkten, ein modernes Personalmanagement, Qualitätsmanagement und Kontraktmanagement, war es ein zentrales Ziel des NSM, die Bürgernähe der Verwaltung zu stärken. Ferner sollte durch Ausgliederungen von Aufgaben auf private und öffentliche Unternehmen sowie internen Wettbewerb die Wettbewerbsfähigkeit der Kommunen gestärkt wer-

**Abb. 3.1** Das Neue Steuerungsmodell: Gesamtsicht

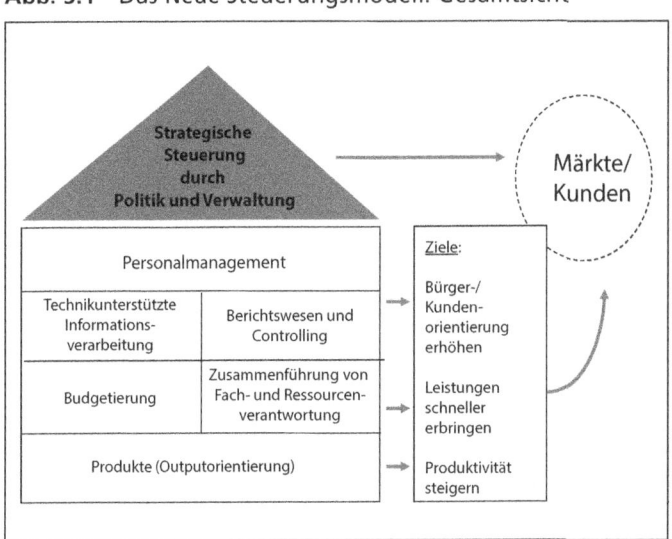

Quelle: KGSt 2013, S. 13

den. Auch eine Neubestimmung des Verhältnisses von Politik und Verwaltung war bereits im Ursprungsmodell des NSM vorgesehen, wenn diese auch auf die einfache Formel, die Politik sei für das „Was" verantwortlich, die Verwaltung für das „Wie", reduziert wurde (Abb. 3.1).

Das NSM als deutsche Version des NPM folgte damit einem internationalen Diskurs und Trend zur Verwaltungsmodernisierung, der in den angelsächsischen Ländern schon etwa zehn Jahre früher eingesetzt hatte und seit Ende der 1990er Jahre auf die Landesverwaltungen übergriff (Holtkamp 2012, S. 205).

Die Praxisevaluation *Ergebnisse und Wirkungen kommunaler Verwaltungsmodernisierung in Deutschland*[11] macht deutlich, dass das NSM einerseits zu einer breiten Reformbewegung auf kommunaler Ebene in Deutsch-

---

11 Im Mittelpunkt des Forschungsprojektes stand die Frage der Umsetzung von Maßnahmen des Neuen Steuerungsmodells sowie deren Wirkungen. Damit wurde erstmals eine systematische Bestandsaufnahme der Ergebnisse und Wirkungen des NSM vorgelegt. Methodisch stützt sich die Untersuchung 1. Auf eine Auswertung vorliegender Forschungsberichte, Forschungsergebnisse, Umfrageergebnisse und sonstiger empirischer Studien, 2. Auf eine bundesweit durchgeführte schriftliche Befragung der Verwaltungsspitzen und der Personalratsvorsitzenden deutscher Kommunen, die von Januar bis Juni 2005 durchgeführt wurde und 3. Auf qualitative Fallstudien in drei ausgewählten Städten. Das Forschungsprojekt wurde als Kooperationsvorhaben der Universitäten Konstanz bzw. Bochum (Bogumil, Kuhlmann, Grohs, Ohm), Potsdam (Jann, Reichard), Marburg (Kißler) und Berlin (Wollmann) durchgeführt, von der Hans-Böckler-Stiftung gefördert und von der KGSt unterstützt. Siehe dazu Bogumil et al. 2006, S. 151–184; Bogumil et al. 2007.

land geführt hat. Mehr als 80 % der befragten Kommunen, die seit den 1990er Jahren Maßnahmen zur Verwaltungsmodernisierung durchgeführt haben, orientierten sich am NSM als Reformleitbild (Bogumil et al. 2006, S. 157). Der Schwerpunkt der Reformen lag dabei allerdings auf der Implementation einzelner Instrumente oder Techniken des NSM; keine Kommune hat dagegen das NSM als Ganzes zur Grundlage ihres Modernisierungsprozesses gemacht (KGSt 2007, S. 61). Zudem ist eine Konzentration auf die Binnenverwaltung zu konstatieren, während im Verhältnis von Kommunalpolitik und Kommunalverwaltung nur ansatzweise Reformen realisiert werden konnten. Die Beschränkung des politischen Handelns auf strategische Entscheidungen im Rahmen des politischen Kontraktmanagements und Controllings und der damit verbundene Verzicht auf Einzelinterventionen und Detailsteuerung haben sich als nicht praxistauglich erwiesen (Bogumil et al. 2006, S. 162 f.). Deutlich positiver sind die Veränderungen an der Schnittstelle von Verwaltung und Bürger zu bewerten, die im Rahmen der Weiterentwicklung des NSM in den Mittelpunkt rückten. So konnte die Kundenorientierung kommunaler Verwaltungen insbesondere dadurch optimiert werden, dass Bürgerämter eingerichtet wurden, Verwaltungsleistungen dezentral angeboten wurden, Bearbeitungszeiten verkürzt und Sprechzeiten erweitert wurden. Ferner wurden Bürgerbefragungen durchgeführt und ein Beschwerde- und Qualitätsmanagement implementiert (Bogumil et al. 2007, S. 68). Auch die Wettbewerbsorientierung konnte durch Leistungsvergleiche, Vergleichsringe und Wettbewerbe zwischen den Kommunen sowie die Privatisierung kommunaler Aufgaben gestärkt werden (Bogumil et al. 2007, S. 72 ff.). Das wesentliche Ziel des NSM, die Verwaltungsorganisation stärker betriebswirtschaftlich auszurichten und zu steuern und sich vom Paradigma des weberianischen Bürokratiemodells zu verabschieden (Bogumil et al. 2006, S. 159; S. 177), konnte trotz der genannten Verbesserungen nicht erreicht werden.

Die Orientierung an marktwirtschaftlichen Prinzipien wurde auf kommunaler Ebene dennoch fortgesetzt. Seit Ende der 1990er Jahre wurden, auch aufgrund der Liberalisierung des europäischen Binnenmarktes und des dadurch entstehenden Wettbewerbsdrucks, kommunale Aufgabenbereiche zunehmend privatisiert. Zu nennen sind in diesem Zusammenhang insbesondere der Bereich der Energie- und Wasserversorgung, der Abfallentsorgung, des öffentlichen Personennahverkehrs und des Energiemarktes (vgl. dazu Bogumil und Jann 2009, S. 249 ff.). Der Begriff der Privatisierung wird dabei „als Oberbegriff für eine Reihe unterschiedlicher Formen der Übertragung ehemalig dem öffentlichen Bereich vorbehaltener Aufgaben auf den privaten Sektor (nicht zwingend den Markt) verwendet".[12] Zu unterscheiden sind in diesem Zusammenhang *formelle Privatisierungen* von *materiellen Privatisierungen:* während erstere die Übertragung in private Rechtsformen meinen, versteht man unter materiellen Privatisierungen die vollständige Ausgliederung kommunaler Aufgaben. Daneben be-

12 http://wirtschaftslexikon.gabler.de/Definition/privatisierung. html (Zugriff 17. Januar 2017).

dienten sich die Kommunen so genannter Public-Private-Partnerships (PPP), in deren Rahmen der private Sektor an der Finanzierung öffentlicher Aufgaben beteiligt wird (Finanzierungsprivatisierung) oder in die Gewährleistungsverwaltung einbezogen wird (funktionale Privatisierung).[13]

## 3.1.4 Aktivierender Staat und Governance

Bereits in den späten 1990er Jahren wurde die vorrangige Ausrichtung der Verwaltung an betriebswirtschaftlichen Kriterien wie Effizienz und Effektivität zunehmend kritisiert, nachdem sich diese als weitgehend ungeeignet erwiesen hatten, gesellschaftliche und politische Probleme zu lösen. So wurden Steuerungsverluste des Staates aufgrund der Privatisierungen deutlich und die Einführung des NSM konnte – auch nach seiner Weiterentwicklung – nicht zu einer Neubestimmung des Verhältnisses von Politik und Verwaltung beitragen. Hinzu kam, dass sich der Reformschwerpunkt angesichts zunehmender Finanzprobleme der öffentlichen Gebietskörperschaften weitgehend auf jene Verfahren konzentriert hatte, die unmittelbar das Finanzproblem tangierten, wie die Budgetierung oder die Einführung von Kosten- und Leistungsrechnungen, was zu einer weiteren Verlagerung der Budgetentscheidungen von der Politik auf die Verwaltung geführt hatte (Budäus 2006, S. 176). Schließ-

---

13 vgl.    http://wirtschaftslexikon.gabler.de/Definition/privatisie
rung.html. (Zugriff 17. Januar 2017)

lich machte die bereits zitierte Bilanz des NSM deutlich, dass die New-Public-Management-Reform in Deutschland vor allem als Binnenreform angelegt war und positive Effekte, etwa im Hinblick auf die Bürgernähe, auch ohne die Einführung aller Instrumente des NSM hätten erreicht werden können.

Als neues Modernisierungskonzept setzte sich daher der *aktivierende Staat* durch, der auf die Bewahrung staatlicher Handlungsfähigkeit zielte und die politische Steuerung in einer prozesspolitischen Perspektive in den Mittelpunkt der Staatsmodernisierung stellte (Beer 2011, S. 57). Die Aufmerksamkeit richtete sich dabei weniger auf die Behebung des Staats- und Bürokratieversagens als darauf, die gesellschaftlichen Voraussetzungen für eine neue Form staatlicher Steuerung zu schaffen. Hintergrund war die Überzeugung, dass die Gesellschaft selbst über eine hohe Problemverarbeitungskapazität verfügt, die für die Lösung gesamtgesellschaftlicher Probleme nutzbar gemacht werden sollte (Beer 2011, S. 57).

Dem aktivierenden Staat kommt die Rolle zu, das bürgerschaftliche Engagement und die politische Beteiligung der Bürger zu fördern sowie gesellschaftliche und wirtschaftliche Akteure in die (staatliche) Problemverarbeitung einzubinden. Der Staat wird zum Gewährleister bzw. zum Aktivierer, der Dienstleistungen nicht zwingend selber produzieren muss, sondern als „Initiator, Finanzier und Kontrolleur dieser Dienstleistungen" (Reichard 2007, S. 56) fungiert. Programmatisch ging es dabei um nichts weniger als um die „Neubestimmung des Verhältnisses von Staat, Markt und Zivilgesellschaft" (Bogumil und Jann 2009, S. 50).

Im Gegensatz zum NPM, das vorrangig betriebswirtschaftlich begründet wurde, basiert das Konzept
des aktivierenden Staates wesentlich auf einer gesell-
schaftswissenschaftlichen Perspektive und knüpft an
die deliberative Demokratietheorie von Jürgen Habermas und die Idee des Kommunitarismus an (Habermas
1992, Etzioni 1995). Die politikwissenschaftliche Verwaltungsforschung hat für dieses Leitbild bzw. Reformkon-
zept den Begriff der *Governance* gewählt, was so viel wie
steuern oder lenken meint (lat. guberno). Als speziell auf
die Politik bezogener Begriff ersetzte Governance seit
Beginn der 1990er Jahre schrittweise den bis dahin ge-
läufigen Begriff der *politischen Steuerung* (Mayntz 2010,
S. 37) und bezog sich somit auf das politisch-administrative Handeln im engeren Sinne. Später löste man sich angesichts reeller Veränderungen politischer Institutionen
und Prozesse von der engen staatsorientierten Perspektive und fasste den Begriff weiter: Als Oberbegriff für verschiedene Formen sozialer Handlungskoordination, wie
bspw. Hierarchie, Markt, Gemeinschaft, Organisationen, wird Governance benutzt, „um die Gesamtheit der
in einer politischen Ordnung mit- und nebeneinander
bestehenden Formen der kollektiven Regelung gesellschaftlicher Sachverhalte zu bezeichnen. Dabei liegt der
Akzent auf den verschiedenen Formen zivilgesellschaftli-
cher Beteiligung an Prozessen politischer Regelung und
Problemlösung auf allen Ebenen des politischen Systems,
von der lokalen bis zur nationalen" (Mayntz 2010, S. 37).

Die Weite des Begriffs geht einher mit einer gewissen
begrifflichen Unschärfe. Daher ist er abzugrenzen von
dem Begriff des Government: Während sich *Government*

auf die Gesamtheit staatlicher Institutionen und Gesetze, auf das staatliche Gewaltmonopol und auf die hierarchischen Entscheidungskompetenzen des formal legitimierten Staatsapparates bezieht, umfasst *Governance* auch Entscheidungsprozesse jenseits des staatlichen Institutionensystems und von Aktivitäten, die nicht aus formellen und gesetzlich definierten Zuständigkeiten hergeleitet werden können, vor allem die Beteiligung privater Akteure an kooperativen Entscheidungsverfahren (Nuscheler 2009, S. 5 f.). Governance muss dabei nicht zwangsläufig einen Gegenbegriff oder Kontrapunkt zum Government darstellen, wie häufig behauptet wird. Vielmehr kann Governance das Government im Sinne einer *governance with government* oder *governance by government* sinnvoll ergänzen und erweitern (dazu detailliert Benz und Dose 2010, S. 26 f.).

Der Governancebegriff wird in der politikwissenschaftlichen Diskussion einerseits *normativ* verwendet, um ein neuartiges Modell guten Regierens zu beschreiben oder das Leitbild des aktivierenden Staates theoretisch zu begründen. Anderseits beschreibt Governance als *deskriptiver Begriff* reelle Veränderungen von Institutionen, Strukturen und Prozessen innerhalb des *politisch-administrativen Systems*. Da diese Veränderungen der öffentlichen Verwaltung analytisch erfasst und dazu benutzt werden, veränderte Erfordernisse und neue Ansätze zu begründen und theoretisch zu hinterlegen, ist Governance zudem ein *analytischer Begriff*. Schließlich stellt Governance ein *praktisches Konzept* dar, das primär als Regierungstechnik verstanden wird (Benz et al. 2007, S. 15).

Insofern verwundert es nicht, dass das Konzept schnell von der Praxis aufgegriffen wurde. So wurde das Modell der *Dienstleistungskommune bzw. des NSM* auf der kommunalen Ebene zur so genannten *Bürgerkommune* weiterentwickelt (KGSt 1999; Bogumil et al. 2003). Die KGSt legte die konzeptionellen Grundlagen 1999 in dem Bericht *Bürgergengagement – Chance für Kommunen,* in dem sie die Notwendigkeit des Ausbaus partizipativer Demokratie und der aktiven Pflege der örtlichen Gemeinschaft betont mit dem Ziel, die kommunale Selbstverwaltung neu zu beleben (KGSt 1999, S. 16). Begründet wird die Notwendigkeit der Weiterentwicklung u. a. damit, dass die Instrumente und Verfahrensweisen der Vergangenheit die zukünftigen Probleme nur unzureichend lösen und ohne die Einbeziehung der Bürger nur noch begrenzte Reformerfolge erreicht werden können (KGSt 1999, S. 15).

Entsprechend sieht das Reformmodell *Bürgerkommune* vor, die Bürger im Rahmen verschiedener Rollen in die Gestaltung des lokalen Gemeinwesens aktiv einzubinden. Neben der Kundenrolle, die durch Kundenbefragungen und ein aktives Beschwerdemanagement gestärkt werden soll, sind die Bürger als Mitgestalter und Auftraggeber gefragt, die (Teile) kommunale(r) Leistungen selbst erbringen oder am Prozess der Politikformulierung aktiv beteiligt werden sollen. Koordiniert werden soll die Bürgerkommune durch eine politikfeldübergreifende Koordination und ein Partizipationsmanagement von Verwaltung und Politik (Abb. 3.2).

Der o. g. KGSt-Bericht aus dem Jahr 1999 enthält praktische Beispiele, die veranschaulichen, dass sich bereits zu

**Abb. 3.2**   Das Leitbild der Bürgerkommune

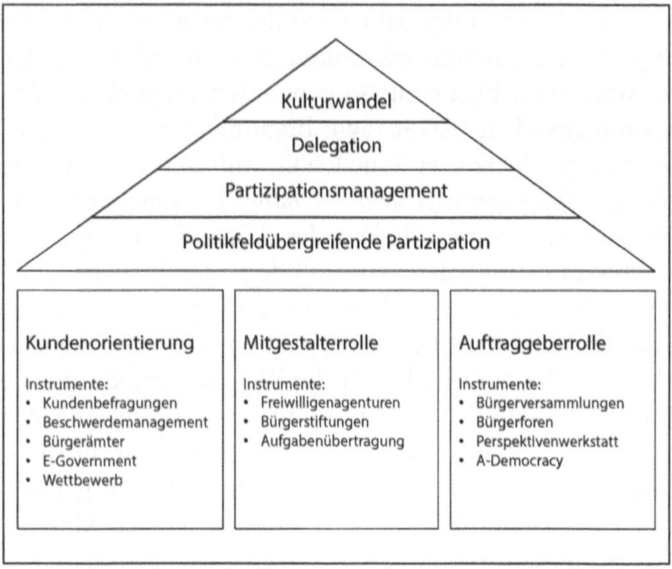

Kulturwandel

Delegation

Partizipationsmanagement

Politikfeldübergreifende Partizipation

| Kundenorientierung | Mitgestalterrolle | Auftraggeberrolle |
|---|---|---|
| Instrumente:<br>• Kundenbefragungen<br>• Beschwerdemanagement<br>• Bürgerämter<br>• E-Government<br>• Wettbewerb | Instrumente:<br>• Freiwilligenagenturen<br>• Bürgerstiftungen<br>• Aufgabenübertragung | Instrumente:<br>• Bürgerversammlungen<br>• Bürgerforen<br>• Perspektivenwerkstatt<br>• A-Democracy |

Quelle: Bogumil et al. 2003, S. 25

diesem Zeitpunkt einige Kommunen in Richtung Bürgerkommune bewegt haben, davon der Großteil in Baden-Württemberg. Ferner wird auf entsprechende Wettbewerbe und Netzwerke verwiesen, die die Entwicklung
zur Bürgerkommune unterstützen sollten, wie etwa den
Wettbewerb *Bürgerorientierte Kommune – Wege zur Stärkung der Demokratie,* das *Netzwerk Kommunen der Zukunft* oder das *CIVITAS Netzwerk.*

Heute scheint sich kaum eine Kommune dem Trend
zur Bürgerkommune verschließen zu können; vielmehr
werden Bürger im Rahmen unterschiedlichster Betei-

ligungsformate an der Entwicklung ihrer Kommune beteiligt. Diese reichen von Bürgerversammlungen und Bürgerforen, in denen Bürger über aktuelle Entwicklungen diskutieren können, über Bürgerhaushalte, in deren Rahmen die Bürger Vorschläge zur Verteilung der Investitionen machen können, bis zu Patenschaften für Spielplätze und den Betrieb von Schwimmbädern. Auch mit Blick auf die gesetzlich vorgeschriebenen Partizipationsformen setzt sich der Trend der Ausweitung der Bürgerbeteiligung fort, wie am Beispiel der Einführung so genannter *Ratsbürgerentscheide* in Nordrhein-Westfalen 2007 deutlich wird.

Die positive Resonanz in der kommunalen Praxis führte dazu, dass das das Modell der Bürgerkommune verfeinert und aktualisiert wurde, wobei insbesondere die Dimensionen der Bürgerkommune – Bürgerengagement, informelle Bürgerbeteiligung, e-Partizipation, Transparenz und Zusammenarbeit in Netzwerken – und die organisatorische Gestaltung der Bürgerkommune durch Akteure und Strukturen, Prozesse, Instrumente sowie eine entsprechende Organisationskultur konkreter beschrieben wurden (KGSt 2014).

Auch auf der Ebene der Länder stieß der Ansatz des aktivierenden Staates angesichts zunehmender finanzieller Engpässe auf eine positive Resonanz. Beispielsweise wurde bereits Ende der 1990er Jahre in Niedersachsen ein umfangreiches Reformprogramm zur Staatsmodernisierung mit dem Titel *„Die Zukunftsaufgaben für Staat und Gesellschaft"* seitens der Landesregierung initiiert. Dazu wurden in verschiedenen Landkreisen so genannten Diskursprojekte mit unterschiedlichen thematischen Schwerpunkten durchgeführt, in deren Rahmen die Bürger Vorschläge dazu machen konnten „welche Aufgaben der Staat künftig erfüllen soll und welche Aufgaben wie z. B. Schule und Kindertagesstätten privat übernommen werden können – sei es ehrenamtlich oder gegen Entgelt.[14] Gleichzeitig sollte das bürgerschaftliche Engagement in eben diesen Kreisen gefördert werden.

Auf Bundesebene besetzte die Regierung Schröder die politische Debatte mit dem *Programm Moderner Staat – Moderne Verwaltung* vom 1. Dezember 1999 (Bogumil und Jann 2009, S. 233). In diesem wird das Leitbild des aktivierenden Staates vor dem Hintergrund des gewandelten Verständnisses der Aufgaben von Staat und Verwaltung als „neue politische Ausrichtung für die Modernisierung von Staat und Verwaltung festgelegt" (Die Bundesregierung 1999, S. 1). Diese sollte durch eine neue Verantwortungsteilung, mehr Bürgerorientierung, staatliche Vielfalt und eine effiziente Verwaltung erreicht werden. Zudem setzte der Bundestag eine Enquête-Kommission *Zukunft des Bürgerschaftlichen Engagements* ein, die 2002 ihren Abschlussbericht vorlegte. Ausgehend von einer Bestandsaufnahme und Analyse der Formenvielfalt des bürgerschaftlichen Engagements werden Entwicklungsperspektiven und Handlungsfelder für verschiedene Politikfelder aufgezeigt (Deutscher Bundestag 2002, S. 5).

Während der Begriff des *aktivierenden Staates* weitgehend aus der öffentlichen Wahrnehmung verschwun-

---

14 http://www.mi.niedersachsen.de/zablage_alte_knotenpunkte/6 0708.html. (Zugriff 27. Januar 2017)

den ist, dient das Konzept der Governance, für das auch der Begriff des kooperativen Staates verwandt wird, noch immer als aktuelles Leitbild für die Verwaltung. Holtkamp weist in diesem Zusammenhang darauf hin, dass sich *Public Governance* als neues Leitbild als legitimer Nachfolger des NPM präsentiere (Holtkamp 2012, S. 242).

Da Governance im Gegensatz zum NPM nicht den Anspruch erhebt, ein fertiges Modell anzubieten, das in einzelnen Verwaltungsorganisationen bausteinartig umzusetzen ist, setzt sich zunehmend die Überzeugung durch, dass jede Verwaltung ihre eigenen Governance-Strukturen finden muss. Dabei sind die jeweilige Verwaltungskultur, die Mitarbeiter und die Potenziale der Bürgergesellschaft zu berücksichtigen. In der Praxis finden sich daher nicht nur unterschiedliche Formen des Zusammenwirkens bzw. der Kooperation von Staat und Zivilgesellschaft, wie Hierarchie, Markt und Wettbewerb, Netzwerk, Assoziation und Gemeinschaft. Kennzeichnend für alle Formen der Governance ist auch, „dass Verhandlungen zwischen Repräsentanten unterschiedlicher Organisationen – Behörden, Verbänden, Parteien usw. – stattfinden" (Mayntz 2010, S. 41). Die Ausgestaltung der Governance ist zudem davon abhängig, auf welcher Ebene (supranationale, internationale, nationalstaatliche, regionale, lokale Ebene) und in welchen Sektoren (Privatwirtschaft vs. öffentliche Verwaltung) und Politikfeldern (z. B. Umwelt, Soziales, Sicherheit) diese praktiziert wird. In Abhängigkeit davon unterscheiden sich auch die beteiligten Akteure, Organisationen oder Organisationseinheiten (Benz und Dose 2010, Möltgen 2011).

**Abb. 3.3**  Anwendungsbereiche und Formen der Governance

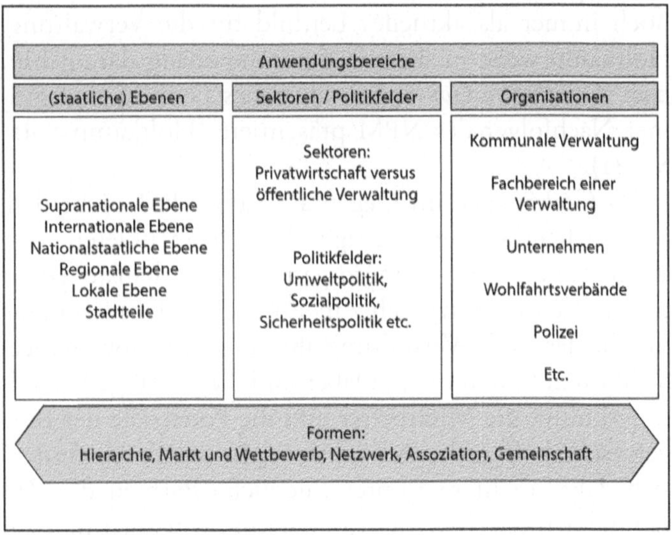

| Anwendungsbereiche | | |
|---|---|---|
| (staatliche) Ebenen | Sektoren / Politikfelder | Organisationen |
| Supranationale Ebene Internationale Ebene Nationalstaatliche Ebene Regionale Ebene Lokale Ebene Stadtteile | Sektoren: Privatwirtschaft versus öffentliche Verwaltung<br><br>Politikfelder: Umweltpolitik, Sozialpolitik, Sicherheitspolitik etc. | Kommunale Verwaltung<br>Fachbereich einer Verwaltung<br>Unternehmen<br>Wohlfahrtsverbände<br>Polizei<br>Etc. |

Formen:
Hierarchie, Markt und Wettbewerb, Netzwerk, Assoziation, Gemeinschaft

Quelle: Möltgen 2011, S. 220

## 3.2  Herausforderungen

Die öffentliche Verwaltung wird derzeit insbesondere im
Zusammenhang mit der Europäisierung und Internationalisierung, der Digitalisierung, dem demographischen
Wandel sowie angesichts des Zuzugs von Geflüchteten
gefordert. Andere Entwicklungen, wie z. B. der Werte-
wandel in der Gesellschaft, sind ebenfalls von Bedeutung für die Verwaltung, stellen sich gegenwärtig jedoch nicht als zentrale Herausforderung dar. Insofern ist
darauf hinzuweisen, dass es sich bei den im Folgenden

dargelegten Schwerpunkten nicht um eine abschließende Darstellung handelt.

## 3.2.1 Europäisierung und Internationalisierung der öffentlichen Verwaltung

Die Einbindung der Verwaltungen des Bundes, der Länder und der Kommunen in ein Mehrebenensystem mit zahlreichen Abhängigkeiten und Verflechtungen ist im zweiten Teil dieses Buches bereits skizziert worden. Insofern ist die Europäisierung und Internationalisierung der Verwaltung längst zur Realität geworden. Gleichwohl entstehen insbesondere im Zusammenhang der Europäisierung ständig neue Anforderungen für die Mitgliedsstaaten der EU und deren Verwaltungen – nicht zuletzt, weil auch die EU einem ständigen Wandel unterliegt. Im Folgenden sollen daher die wesentlichen Auswirkungen und Herausforderungen skizziert werden, die sich im Rahmen der Europäisierung und Internationalisierung für die Verwaltung der Bundesrepublik Deutschland in Bund, Ländern und Kommunen ergeben. Der Begriff der *Europäisierung,* mit dem Effekte auf der Ebene der Mitgliedsstaaten der EU beschrieben werden, ist dabei abzugrenzen von dem der *europäischen Integration,* mit dem insbesondere die Erweiterung auf bis zu 28 Mitgliedsstaaten und Vertiefung der europäischen Institutionen durch Kompetenzübertragungen der Mitgliedsstaaten auf die EU bezeichnet wird.

Grundsätzlich gilt: Die EU besitzt keine Regelungskompetenz im Bereich der öffentlichen Verwaltung der Bundesrepublik Deutschland. Vielmehr gilt das *Prinzip der institutionellen Autonomie* der Mitgliedsstaaten, durch das die nationalen Eigenheiten und Verwaltungstraditionen respektiert und gewahrt bleiben sollen. Die EU ist daher auf die Verwaltungen ihrer Mitgliedsstaaten angewiesen, um das Gemeinschaftsrecht umzusetzen und ihre Programme zu administrieren (Schröter 2011, S. 597). Das bedeutet jedoch nicht, dass die Europäisierung ohne Auswirkungen auf die Verwaltungen der Nationalstaaten ist. Vielmehr ist davon auszugehen, „dass mit zunehmender Politikgestaltung auf EU-Ebene mittel- und langfristig (…) eine konvergente Entwicklung der mitgliedsstaatlichen Verwaltungsordnungen und -verfahren immer wahrscheinlicher wird" (Schröter 2011, S. 597). Insofern stellt sich die Frage, wie die nationalen Verwaltungen materiell-rechtliche, verfahrensrechtliche und organisatorische Vorgaben der EU umsetzen.

Auswirkungen auf und Herausforderungen für die nationalen Administrationen sind in Anlehnung an Schröter insbesondere im Bereich der Rahmensetzung für die Ressourcen- und Institutionenpolitik, des Wettbewerbs, des öffentlichen Dienstrechts sowie der Verwaltungsverfahren, der Verwaltungsfunktionen und der Verwaltungskommunikation zu erwarten (vgl. dazu im Einzelnen Schröter 2011, S. 600 ff.):

*Rahmensetzung der Ressourcen- und Institutionenpolitik:* Die Ressourcen der Nationalstaaten und damit – zumindest indirekt – die Strukturen des öffentlichen Sektors werden zunehmend durch Rahmensetzungen der EU, wie den Stabilitätspakt oder die Konvergenzkriterien für die Aufnahme in die Währungsunion, limitiert. Auch die Umsetzung von EU-Struktur und -Förderprogrammen verstärkt die Abhängigkeit der Nationalstaaten und ihrer Verwaltungen von der EU. Dies gilt nicht nur in finanzieller Hinsicht, sondern auch im Hinblick auf das politische Agendasetting, also die Platzierung politisch-relevanter Themen, sowie die Umsetzung von Politik (i. S. v. *policy*) durch die Verwaltung der Mitgliedsstaaten. Diese haben daher begonnen, die *Verwaltungsstrukturen und -verfahren* an den veränderten Bedarfen auszurichten (siehe unten).

*Wettbewerb:* Wettbewerbsrechtliche Vorgaben der EU haben ebenfalls weitreichende Auswirkungen auf die Verwaltungen der Mitgliedsstaaten. Beispielhaft zu nennen ist die Liberalisierung des Telekommunikationsmarktes und des Energiemarktes. Diese wurde 1988 eingeleitet mit dem Ziel, die Auswahl von Produkten und Dienstleistungen innerhalb der EU zu erhöhen und den Wettbewerb zu fördern. In der Folge wurden die bis dahin in Deutschland weitgehend monopolisierten Märkte aufgelöst und staatliche und kommunale Unternehmen privatisiert. Die Entwicklung wurde mit dem Inkrafttreten des Vertrags von Maastricht 1992, der die Schaffung einer europäischen Wirtschafts- und Währungsunion vorsieht, und mit der Binnenmarktinitiative mit noch stärkerem Nachdruck verfolgt: Im Rahmen eines europäischen Wettbewerbs-, Beihilfe- und Vergaberechts sollten öffentliche und private Unternehmen gleichgestellt und ein Institutionenwettbewerb zwischen öffentlichen und privaten Unternehmen gefördert werden (Schröter 2011, S. 601). Die Zuwendung von staatlichen Mit-

teln der Mitgliedsstaaten an Unternehmen galt von nun
an als wettbewerbsverzerrend. Betroffen von diesen Entwicklungen waren und sind insbesondere der Bund und
die Kommunen. Der Bund vorrangig im Rahmen von
Deregulierungsmaßnahmen des Marktes und Privatisie-
rungsmaßnahmen von Bundesunternehmen; die Kommunen im Rahmen des Standortwettbewerbs, der sich
auf andere EU-Staaten ausweitete und somit vergrößerte,
sowie von Privatisierungen im Bereich der kommunalen Unternehmen. Weniger betroffen waren dagegen die
Bundesländer, denen in Deutschland insbesondere der
Vollzug von Bundesgesetzen zukommt.

*Öffentliches Dienstrecht:* Seit 1993 haben EU-Ausländer grundsätzlich Zugang zum Beamtenstatus, was mit
dem Grundrecht auf Freizügigkeit aller Unionsbür-
ger begründet wird. Den Status des oder der Beamten
konnten vorher nur Personen mit der deutschen Staatsangehörigkeit erlangen, weil dieser der Erledigung hoheitlicher Aufgaben dient und die Beamten in einem besonderen Dienst- und Treueverhältnis zu dem jeweiligen
Dienstherrn stehen. Insofern ist diese Änderung aus
der Perspektive deutscher Verwaltungtradition durchaus als revolutionär zu bezeichnen. In der Folge können sich EU-Ausländer auf alle Stellen im öffentlichen
Bereich bewerben; ausgenommen sind dabei „besonders
„staatsnahe" Aufgabenbereiche mit ausgesprochen „ho-
heitlichem" Charakter" (Schröter 2011, S. 603), wie eine
Staatskanzlei oder eine Ausländerbehörde. Auch um einen Ausbildungsplatz oder ein Studium an einer der
Fachhochschulen für den öffentlichen Dienst können
sich EU-Bürger seit Beginn der 1990er Jahre bewerben.

Personalwirtschaftliche Auswirkungen zeigen sich aber nicht nur im Zusammenhang mit dem öffentlichen Dienst- oder Arbeitsrecht. Auch die europarechtlichen Vorgaben zur Antidiskriminierung haben Eingang in die deutsche Gesetzgebung gefunden und müssen in den Verwaltungen des Bundes, der Länder und der Kommunen umgesetzt werden. Dies hat beispielsweise zur Folge, dass Frauen für den Dienst in der Bundeswehr zugelassen wurden, vermehrt Klagen gegen die Diskriminierung aufgrund des Alters, des Geschlechts oder einer Behinderung anhängig werden oder dass Projekte zur *anonymisierten Bewerbung* in der Verwaltung durchgeführt werden. Ferner werden personalpolitische Initiativen zur Steigerung der Mobilität der Beschäftigten in den Verwaltungen gestartet und wirken sich Auslandserfahrungen positiv auf die dienstliche Beurteilung aus (Schröter 2011, S. 603 f.). Eine besondere Herausforderung der Zukunft dürfte jedoch darin bestehen, die Beschäftigten der Verwaltungen europafähig zu machen. Die Herausbildung einer *Europakompetenz* sollte daher im Rahmen von Aus-, Fort- und Weiterbildungsmaßnahmen berücksichtigt werden. Diese besteht mit Blick auf die kommunale Ebene „vor allem darin, europäisches Recht anwenden und umsetzen zu können (…) [sowie] Grundkenntnisse des politischen Systems der EU, einschließlich der Kompetenzen der politischen Institutionen und des Ablaufs der Entscheidungsprozesse" (Alemann und Münch 2006, S. 17) zu vermitteln.

*Verwaltungsverfahren, -funktionen und -kommunikation:* Unmittelbare Herausforderungen ergeben sich im Kontext der Europäisierung für die Verfahren, die Funktionen und damit die Aufbauorganisation und die Kommunikation der Verwaltungen. Dabei ist zu konstatieren, dass bereits seit Ende der 1980er Jahre strukturelle Veränderungen auf der Ebene der Länder zu finden sind. Beispielhaft zu nennen sind *Europareferate* oder *Europaministerien* in den Landesverwaltungen, wie das *Ministerium für Bundesangelegenheiten, Europa und Medien des Landes Nordrhein-Westfalen.*[15] Auf kommunaler Ebene finden sich *Europabeauftragte,* wie in den Berliner Bezirken, oder *Fachbereiche für Europäische Angelegenheiten,* wie in der Stadt Aachen. Dort sind die Europaangelegenheiten mit dem Bereich der Wirtschaftsförderung gekoppelt, um grenzüberschreitende Kooperationen zu initiieren, über EU-Programme zu informieren, EU-Fördermittel zu akquirieren u. v. m. Dennoch stellt sich die Frage, ob die Vielfalt der *Funktionen,* die im Zusammenhang mit der Europäisierung entstehen, in den Verwaltungen bereits ausreichend berücksichtigt wird. Alemann nennt in diesem Zusammenhang die Beantragung und Umsetzung von europäischen Projekten, die Mitarbeit in Städtenetzwerken, die Durchführung eigener öffentlichkeitswirksamer Veranstaltungen und die Lobbyarbeit (Alemann und Münch 2006, S. 19). Auch die Einrichtung von *Exekutiv- und Regulierungsagenturen* (Kluth 2011, S. 590 f) innerhalb der EU, mit dem verselbständige Verwaltungseinheiten wie die *Europäische Agentur für Flugsicherheit* (EASA) oder die *Exekutivagen-*

---

15 Ein „Europaministerium" wurde in NRW erstmals 1996 eingerichtet. Seit 2002 ist der für Europaangelegenheiten zuständige Minister in der Staatskanzlei angesiedelt.

*tur für die Forschung* (REA) bezeichnet werden, wirkt auf den gesamten EU-Raum zurück, indem diese auf der Ebene der Nationalstaaten kopiert werden. Schließlich sind sogenannte *spill-over Effekte* des EU-Rechts auf die Mitgliedsstaaten erkennbar, die sich beispielsweise in der Einrichtung einer *Antidiskriminierungsstelle des Bundes* als Folge der Gleichstellungspolitik der EU zeigen (vgl. Schröter 2011, S. 601).

Neben strukturellen Veränderungen ergeben sich unmittelbare Auswirkungen auf die *Verwaltungsverfahren* der Nationalstaaten: so hat eine Annäherung der Rechtsordnungen im allgemeinen und besonderen Verwaltungsrecht an das europäische Verwaltungsrecht stattgefunden und werden durch die „Judikatur des Europäischen Gerichtshofes (…) allgemeine Rechtsgrundsätze mit vereinheitlichender Wirkung verbindlich für die Mitgliedsstaaten ausgestaltet. Wechselwirkungen bestehen auch in Bezug auf völkerrechtliche Konventionen, wie der europäischen Menschenrechtskonvention" (Schröter 2011, S. 604). In der Praxis besonders betroffen sind die Bereiche der Umweltpolitik (Bsp. Flora-Fauna-Habitat-Richtlinie), des Qualitätsmanagements (Bsp. European Foundation for Quality Management) und des E-Governments (Bsp. Transparenzgebot). Fraglich ist daher, ob und wie das Prinzip der institutionellen Autonomie weiterhin durch die Verwaltungen gesichert werden kann. Dass sich auch die Anforderungen an die (politische) *Kommunikation* der Verwaltungen ändern, wird etwa daran deutlich, dass die Bundesländer Vertretungen in Brüssel eingerichtet haben, um Einfluss auf die Entscheidungen der EU nehmen zu können. Auch

die kommunalen Spitzenverbände sowie verschiedene
Kommunen haben in Brüssel bereits Repräsentanzen.

Neben dem unmittelbaren Einfluss auf die Entscheidungen der EU in Brüssel haben sich die Anforderungen an die Mitgestaltung der deutschen Europapoli-
tik verändert. Als Herausforderung stellt sich in diesem
Zusammenhang insbesondere dar, dass Teile der Exekutive gestärkt wurden, während sich andere Exekutiv-
organe nur bedingt „europäisiert" haben. Goetz nennt
in diesem Zusammenhang insbesondere die Ministe-
rialverwaltung als Gewinner, weil sie Teil des Mehrebenensystems geworden sei, während die „Exekutiv-
politiker" (also die Regierung) auf zwei Ebenen spielen
müssten, der nationalen und der europäischen (Goetz
2006, S. 474). Zudem verweist er auf Machtverlagerun-
gen innerhalb der Regierungszentralen, die sich etwa in
der Stärkung der Finanzministerien zulasten der Wirt-
schaftsministerien zeige (Goetz 2006, S. 476).

Insgesamt zeigt sich bereits heute eine hohe Durchdringung der Verwaltungsorganisation und der Verwaltungsverfahren der Mitgliedsstaaten von den Vorgaben
der EU. Diese wird aller Voraussicht nach zunehmen.
Dies gilt insbesondere vor dem Hintergrund, dass die
Wirtschafts- und Finanzkrise, steigende Zuwanderungs-
zahlen, der Bereich der öffentlichen Sicherheit und der
organisierten Kriminalität u. v. m. nicht an den Grenzen
der Nationalstaaten enden, sondern ein abgestimmtes
Vorgehen innerhalb der EU erfordern. Die genannten
Herausforderungen können angesichts der Internationalisierung und Globalisierung ebenfalls Gültigkeit be-
anspruchen, wenn auch nicht in gleichem Maße eine

institutionelle Abhängigkeit der Nationalstaaten von übergeordneten Ebenen vorliegt, wie im Falle der EU. So gilt beispielsweise der Standortwettbewerb auch über die Grenzen Europas hinaus und ist die internationale Vernetzung mit außereuropäischen Partnern notwendig. Zudem sind globale Entwicklungen, wie etwa der Klimawandel, nur supranational zu lösen.

## 3.2.2 Digitalisierung der öffentlichen Verwaltung

Unter den Begriff der *Digitalisierung* werden verschiedene Phänomene subsummiert: einerseits wird darunter die Umstellung ehemals analog vorliegender Daten auf digitale Daten verstanden. Digitalisierung kann anderseits aber auch weiter gefasst werden und im Sinne einer *digitalen Transformation oder Revolution* interpretiert werden, mit der umfangreiche Veränderungen in Staat, Gesellschaft und Wirtschaft beschrieben werden.[16] Beispielhaft zu nennen sind in diesem Kontext die Umwälzung ganzer Branchen oder Märkte aufgrund des veränderten Konsumverhaltens, wie des Einzelhandels angesichts der Zunahme des Online-Shoppings, die Veränderung der individuellen und politischen Kommunikation im Zusammenhang mit der Ausbreitung von Smartphones und sozialen Netzwerken oder die Möglichkeit, online „Verwaltungsgänge" zu erledigen und

16 http://wirtschaftslexikon.gabler.de/Definition/digitalisierung. html. (Zugriff 11. Februar 2017).

im Rahmen von Online-Partizipationsverfahren auf politische Entscheidungen Einfluss zu nehmen. Auch im
Bildungsbereich ergeben sich im Rahmen der Digitalisierung weitgehende Veränderungen, wie die „Massive
Open Online Courses" (MOOC) der Stanford Univer-
sity in Kalifornien oder die Zunahme an Online-Vor-
lesungen oder Online-Studiengängen an deutschen
Hochschulen deutlich machen.

Ausgehend von diesem umfassenderen Begriffsver-
ständnis sind im Wesentlichen drei Bereiche zu unterscheiden, in denen die Verwaltung von der Digitalisierung betroffen ist:

*E-Government:* Unter E-Government wird die elektronische Abwicklung von Verwaltungsprozessen verstanden, wobei sich der Begriff sowohl auf elektronische
Prozesse innerhalb einer Verwaltung bzw. Behörde beziehen kann, als auch auf Prozesse zwischen verschiedenen
Verwaltungen (etwa einer Kommunalverwaltung und einer Landesverwaltung oder zwischen zwei Kommunen)
oder Prozesse zwischen Verwaltung und Bürgern, Unternehmen etc. Ziel der elektronischen Verwaltung ist es,
Prozesse zu beschleunigen, die Effizienz und die Qualität des Verwaltungshandelns zu verbessern und die
Kommunikation zwischen Verwaltung und Bürgern sowie innerhalb der Verwaltung zu vereinfachen. Die Prozesse können dabei reichen von einer reinen *Information,* z.B. über Öffnungszeiten, benötigte Dokumente,
Verantwortlichkeiten etc., über die *Kommunikation* bis
zur *Transaktion.* Hinzu kommt die *Targetisation,* also die
vollständige proaktive und automatisierte Abwicklung
von Verwaltungsprozessen über das Internet. E-Govern-

**Abb. 3.4** Reifegrad-Modell von E-Government der EU-Kommission

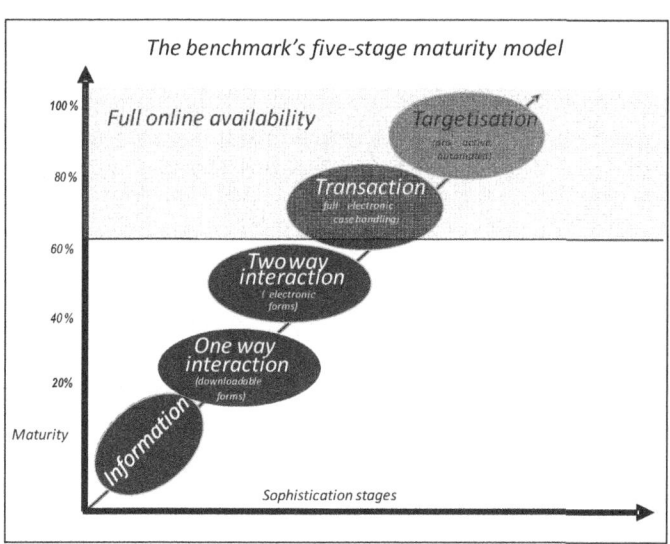

The benchmark's five-stage maturity model

*Full online availability*

*Targetisation*

*Transaction*
*full electronic case handling*

*Two way interaction*
*( electronic forms)*

*One way interaction*
*(downloadable forms)*

*Information*

Maturity

*Sophistication stages*

Quelle: EU Commission 2010, S. 15

ment kann somit einen wichtigen Beitrag zur Modernisierung der Verwaltung leisten.

Der Deutsche Bundestag hat im Rahmen der *Digitalen Agenda des Bundes* im April 2013 ein *Gesetz zur Förderung der elektronischen Verwaltung sowie zur Änderung weiterer Vorschriften* beschlossen; der Bundesrat hat im August 2013 zugestimmt. Das E-Government-Gesetz „dient dem Ziel, die elektronische Kommunikation mit der Verwaltung zu erleichtern und Bund, Ländern und Kommunen zu ermöglichen, einfachere, nutzerfreundlichere und effizientere elektronische Verwaltungsdienste anzubieten".[17] Auch in den meisten Bundesländern existieren entsprechende gesetzliche Regelungen, die in den Verwaltungen von Ländern und Kommunen umgesetzt werden müssen. In der Folge ist es in der Praxis zwar zu einer Vereinfachung in vielen Bereichen gekommen; von einer vollständigen Umstellung auf die elektronische Verwaltung kann aber noch keine Rede sein. Als problematisch hat sich insbesondere herausgestellt, dass die Bürger die Angebote weniger nutzen als man erhofft hat. Dies gilt insbesondere für die elektronische Signatur.

*Open Data:* Offene Daten sollen einen Beitrag leisten zum transparenten Staat. Dabei ist zu unterscheiden zwischen der öffentlichen Zugänglichkeit von Daten und Informationen und der Art und Weise, wie diese Zugänglichkeit ausgestaltet wird. „Informationsfreiheit (…) regelt den grundsätzlichen Rechtsanspruch der Bürger auf Einsicht in die Dokumente und anderen Informationen der öffentlichen Verwaltung. Ob dieser Zugang analog oder digital (…) vollständig oder teilweise zu erfolgen hat, bleibt häufig ungeregelt. Bei ‚Open Data‘ liegt der Fokus auf systematischer, maschinenlesbarer Information (….), die routinemäßig zur Verfügung gestellt und regelmäßig (am besten in Echtzeit) auf den neuesten Stand gebracht werden" (Buhr 2014; 97 f.)

17 http://www.bmi.bund.de/DE/Themen/IT-Netzpolitik/E-Government/E-Government-Gesetz/e-government-gesetz_node.html. (Zugriff 12. Februar 2017)

In den meisten europäischen Ländern ist die Informationsfreiheit durch entsprechende Gesetze geregelt, so auch in Deutschland im *Gesetz zur Regelung des Zugangs zu Informationen des Bundes (Informationsfreiheitsgesetz – IFG) aus* dem Jahre 2005, das jedermann einen Anspruch auf Zugang zu amtlichen Informationen des Bundes einräumt. Die Gesetze der Länder garantieren diesen Zugang entsprechend für die Behörden und Einrichtungen des Landes und der Gemeinden und Gemeindeverbände (vgl. z.B. Informationsfreiheitsgesetz Nordrhein-Westfalen). Auch im Bereich der Open Data sind die wesentlichen Weichen mit dem Datenportal „Gov Data" gestellt, in dem Verwaltungsdaten von Bund, bisher zehn Bundesländern und Kommunen öffentlich zugänglich gemacht werden.[18] Daneben existieren zahlreiche andere Plattformen. Beispielsweise stellt die Stadt Köln, die als good-practice im Bereich der Digitalisierung gilt, ihre Daten auf der Plattform www.offenedaten-koeln.de zur Verfügung, das Land Rheinland-Pfalz hat ebenfalls ein eigenes Landesportal.[19] Hinzu kommen zahlreiche Fachdatenportale.

*Open Government:* Neben der Optimierung der Dienstleistungsqualität der Verwaltung durch E-Government und die Steigerung der Transparenz des Verwaltungshandelns durch offene Daten soll die Teilhabe und Zusammenarbeit im Rahmen der *Verwaltung 2.0* bzw. des *Open Government* gefördert werden. Der Be-

18 www.govdata.de. (Zugriff 17. Februar 2017)
19 https://daten.rlp.de. (Zugriff 17. Februar 2017)

griff *Open Government* beschreibt die Öffnung von Regierung und Verwaltung gegenüber der Gesellschaft (Bürgern, Wirtschaft, Wissenschaft, Medien und Zivilgesellschaft) als auch nach Innen (Mitarbeiter) und ist in die Dimensionen Transparenz, Kooperation und Partizipation zu unterteilen. Angeknüpft wird dabei an ein Memorandum Barack Obamas, des ehemaligen Präsidenten der Vereinigten Staaten, mit dem Titel „Transparency and Open Government", das er im Rahmen seiner Amtseinführung 2009 verkündete (Obama 2009, S. 4685).

In einer Studie zum „Open Government Data in Deutschland" (BMI 2012, S. 26 f.) werden die drei Dimensionen wie folgt erläutert: Im Rahmen der Transparenz soll gewährleistet werden, dass das Handeln von Regierung und Verwaltung transparenter und von außen nachvollziehbarer ist (siehe dazu Open Data). Die Dimension der Partizipation zielt auf eine Mitwirkung der Bürger und der Mitarbeiter der Verwaltung an staatlichen Entscheidungsprozessen, z. B. über E-Konsultationen zu einem Gesetzgebungsverfahren oder die Mitgestaltung im Rahmen der Haushaltsplanaufstellung über Bürgerhaushalte. Im Bereich der Kooperation sollen öffentliche Stellen mit Bürgern, Wirtschaft und Wissenschaft zusammenwirken. Als Beispiele für „elektronische Kooperationen" werden genannt: Anliegenmanagementsysteme, die gemeinsame Erbringung von Dienstleistungen wie Patentanträgen sowie der Einsatz von Wikis.

Anknüpfend an die drei Dimensionen (Abb. 3.5) ergeben sich für die öffentliche Verwaltung insbesondere

**Abb. 3.5**  Dimensionen des Open Governments mit Beispiel-projekten

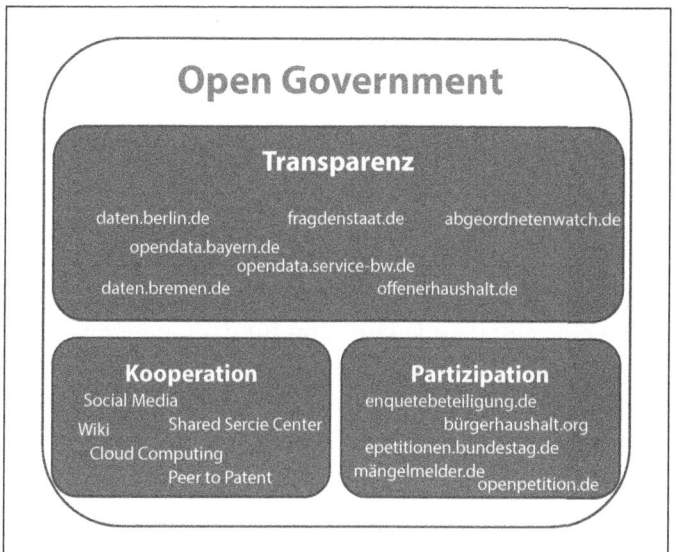

Quelle: BMI 2012, S. 27

folgende Herausforderungen im Rahmen der Digitalisierung:

Die öffentliche Verwaltung muss sich im Rahmen einer digitalen Welt als *digitaler Akteur* definieren. Dazu müssen sowohl die internen Verwaltungsprozesse zwischen verschiedenen Verwaltungsbereichen und Beschäftigten der Verwaltung optimiert werden, als auch die Prozesse von der Verwaltung in Richtung Bürger, Unternehmen, Medien, Zivilgesellschaft etc. neu ausgerichtet werden. Die Verwaltung wird im Rahmen der Digitali-

sierung zu einer *Netzwerkorganisation,* die in Leistungs-
netzwerken ggfls. unter Beteiligung externer Partner
produziert, Leistungen beauftragt und abnimmt (KGSt
2005, S. 15). Dass die Prozesse dabei medienbruchfrei gestaltet werden müssen, ist eine wichtige Voraussetzung.
Die Netzwerkorganisation knüpft an dem Leitbild der
Governance an.

Notwendig ist in diesem Zusammenhang, dass sich
auch die *Verwaltungskultur* entsprechend wandelt, will
die öffentliche Verwaltung ihre Aufgaben in einer digi-
talisierten Welt kompetent und zeitgemäß erfüllen, weiterhin eine gestaltende Funktion für das Gemeinwohl in
der digitalen Gesellschaft wahrnehmen und als Arbeitgeberin attraktiv bleiben. Mit dem Begriff der Verwaltungskultur werden Einstellungen und Verhaltensmus-
ter der öffentlichen Bediensteten bezeichnet, aber auch
Handlungsspielräume und Verfahren sowie Erwartungen von Politik und Öffentlichkeit an die Verwaltung
(Hill 2014, S. 125)[20]. Ein Wandel der Verwaltungskultur kann nicht allein dadurch erreicht werden, dass Stra-

---

20 Die Verwaltungskultur in der Bundesrepublik Deutschland ist
traditionell legalistisch geprägt. Später hat im Rahmen des NPM
– zumindest in Teilen der Verwaltung – ein Wandel zu einer managerialistischen Verwaltungskultur stattgefunden. Deutlich geringer ausgeprägt dürfte hierzulande eine Verwaltungskultur
sein, die sich dem Governancekonzept und der Netzwerkorganisation verpflichtet fühlt, also auf Partizipation und Kooperation setzt. Allerdings ist darauf hinzuweisen, dass sich die Verwaltungskulturen von Verwaltung zu Verwaltung unterscheiden
(etwa zwischen der Staatskanzlei eines Bundeslandes und dem

tegien und Masterpläne entwickelt werden, neue Funktionen in der Verwaltung geschaffen werden, (wie etwa Chief Information Manager, CIO) oder IT-Gipfel durch die Bundeskanzlerin durchgeführt werden (Hill 2014, S. 126 f.). Notwendig ist ein umfassender Organisationsentwicklungsprozess, in dessen Rahmen sich die Einstellungen und das Handeln der öffentlichen Beschäftigten ändern. Diese Entwicklung benötigt Zeit, kann aber dadurch forciert werden, dass Führungskräfte mit gutem Beispiel vorangehen und Beschäftigte hinreichend für ihre neue Rolle qualifiziert werden.

Entsprechend müssen Führungskräfte und Beschäftigte so genannte *E-Kompetenzen* entwickeln. Hill umschreibt damit „die Fähigkeit, sich in offenen und unüberschaubaren, komplexen und dynamischen Situationen – innerhalb von durch moderne Techniken erweiterten Informationsräumen mit technikunterstützten Methoden – kreativ und selbstorganisiert zurecht zu finden" (Hill 2014, S. 145). Diese E-Kompetenzen stellen eine wichtige Voraussetzung für die digitale Verwaltung dar und beziehen sich sowohl auf die Nutzung neuer Medien zur Information und im Kontakt zu Kollegen und Bürgern, als auch auf die Anwendung kollaborativer und partizipativer Praktiken im Rahmen der Verwaltung 2.0.

Die *Organisation und Moderation von Online-Partizipationsprozessen und kollaborativen Verfahren* stellt eine

Bundesamt für Migration und Flüchtlinge) und sogar innerhalb einer Organisation verschiedene Verwaltungskulturen bestehen können (z. B. Jugendamt, Rechnungsprüfungsamt).

weitere Herausforderung für das Personal der öffentlichen Verwaltung dar. Auch dazu bedarf es einer entsprechenden Qualifizierung des Verwaltungspersonals.
Neben den genannten E-Kompetenzen ist in diesem Zusammenhang wichtig, sich umfassende Kenntnisse der
rechtlichen und politischen Rahmenbedingungen anzu-
eignen sowie die Kompetenz, Prozesse entsprechend gestalten und moderieren zu können. Die Kenntnis verschiedener Partizipationsverfahren sowie deren Vor- und
Nachteile ist in diesem Zusammenhang hilfreich (Voss
2014).

Wie in Kapitel 2.4.4 bereits deutlich wurde, stellt auch
das *Personalrekruiting* eine wesentliche Herausforderung
für die öffentliche Verwaltung dar. Dies gilt in besonderem Maße für den Bereich der technischen Berufe.
Schon heute ist es angesichts des starken Wettbewerbs
mit der Privatwirtschaft für viele Verwaltungen schwer,
qualifizierte IT-Fachkräfte zu gewinnen. Die Nachfrage
nach anderen Ausbildungsberufen und Tätigkeitsberei-
chen in der öffentlichen Verwaltung wird wesentlich davon abhängen, ob es der Verwaltung gelingt, sich als attraktiver Arbeitgeber in einer digitalen Gesellschaft zu
präsentierten.

Voraussetzung zur Entwicklung der öffentlichen Verwaltung zu einem digitalen Aktcur ist ferner, dass eine
entsprechend *leistungsfähige digitale Infrastruktur* zur
Verfügung steht. Mit dem Ausbau von Breitbandtechnik
und dem flächendeckenden Angebot an öffentlichem
W-LAN ist eine weitere Herausforderung für die öffentliche Verwaltung genannt. Im Rahmen der *Digitalen
Agenda 2020* der Bundesregierung sowie der Breitband-

förderung durch den Bund und die Länder sind die Weichen dazu bereits gestellt worden.

Schließlich ist die *Datensicherheit* eine Herausforderung, derer sich die öffentliche Verwaltung angesichts der beschriebenen Elektronisierung vieler Verwaltungsverfahren sowie der digitalen Verfügbarkeit von Daten dringend annehmen muss. Dies gilt nicht nur angesichts der sich häufenden Fälle von Datendiebstahl, Spionage und Social Engeneering in den öffentlichen Verwaltungen, sondern auch wegen des ständig steigenden Datenvolumens, das im Internet verarbeitet wird und bisher verborgene Zusammenhänge sichtbar macht. Hinzu kommen Aspekte, die den Schutz der Bürger vor staatlichen Institutionen betreffen, z. B. im Zusammenhang mit der Videoüberwachung öffentlicher Plätze oder des Wohnraums zur Strafverfolgung durch Polizei, Staatsanwaltschaft und Verfassungsschutzbehörden. In der Folge sind entsprechende rechtliche Grundlagen zum Schutz der Persönlichkeitsrechte und der Privatsphäre sowie organisatorische Vorkehrungen in den Verwaltungen zu schaffen. Auch hier sind mit der elektronischen Identifikationsfunktion des Personalausweises und der De-Mail, über die Nachrichten über das Internet vertraulich und sicher versandt und empfangen werden können, wesentliche Schritte getan worden. Ferner ist die Leitlinie des IT-Planungsrates für die Informationssicherheit in der öffentlichen Verwaltung, die den Aufbau eines Informationssicherheitsmanagements, die Absicherung der Netzinfrastrukturen der öffentlichen Verwaltung, einheitliche Sicherheitsstandards für ebenen-übergreifende IT-Verfahren, die gemeinsame Abwehr von IT-Angriffen sowie die Standardisierung und Produktsicherheit vorsieht, als gutes Beispiel zu nennen.[21]

### 3.2.3 Öffentliche Verwaltung und demografischer Wandel

Der demografische Wandel, hier verstanden als Veränderungen der Zusammensetzung und der Altersstruktur einer Gesellschaft, stellt eine weitere Herausforderung für die öffentliche Verwaltung in der Bundesrepublik Deutschland dar. Dabei ist die öffentliche Verwaltung nicht nur in ihrer Funktion als Arbeitgeberin im Rahmen der strategischen Neuausrichtung des Personalmanagements gefordert, wie sie in Kapitel 2.4 bereits beschrieben wurde. Vielmehr ist die Verwaltung durch den *Geburtenrückgang,* die *steigende Lebenserwartung und Alterung* und den *zunehmenden Anteil von Menschen mit Migrationshintergrund* – womit die zentralen Entwicklungslinien des demografischen Wandels in der Bundesrepublik Deutschland benannt sind – in vielfältiger Weise betroffen.

Hinzuweisen ist in diesem Zusammenhang darauf, dass sich die Problemlagen und Chancen für die öffentlichen Verwaltungen, die sich in Folge des demografischen Wandels ergeben, sehr unterschiedlich darstel-

---

21 http://www.it-planungsrat.de/SharedDocs/Downloads/DE/ Entscheidungen/10_Sitzung/Leitlinie_Informationssicherheit_ Hauptdokument.html?nn=6849116. (Zugriff 22. Januar 2017)

len, weil auch die demografische Entwicklung regional und lokal sehr unterschiedlich verläuft. So schrumpfen die ostdeutschen Bundesländer und Kommunen in der Tendenz und sind Städte im Vergleich zu den ländlich geprägten Kreisen in besonderem Maße vom Bevölkerungsrückgang betroffen. Zudem ist eine Konzentration von Migranten und ihren Familien in Westdeutschland zu verzeichnen. Auch in Bezug auf die Herkunft der Zugewanderten bestehen Unterschiede auf der lokalen Ebene. Schließlich stellt sich die Sozialstruktur in einzelnen Stadtteilen sehr unterschiedlich dar.

Handlungsbedarfe für die öffentliche Verwaltung ergeben sich derzeit insbesondere im Bereich der öffentlichen Infrastruktur, des Leistungsangebots und der Leistungserstellung sowie der Organisationsstrukturen zur Steuerung des demografischen Wandels:

Die *öffentliche Infrastruktur* muss an die geänderten Bedarfe der Bevölkerung angepasst werden. Dies betrifft Angebote der Mobilität und Verkehrsentwicklung ebenso wie die soziale und die technische Infrastruktur, den Bereich der Stadtentwicklung und des Wohnungsbaus. Beispielsweise sollte in schrumpfenden Regionen eine Rückbaustrategie verfolgt werden, wie im Rahmen des *Städtebauförderprogramms Stadtumbau Ost,* in dessen Rahmen leer stehende Plattenbausiedlungen abgerissen oder umgestaltet wurden und die Restaurierung von Altbauten und Innenstädten gefördert wurde. Bei der Gestaltung des öffentlichen Personennahverkehrs muss insbesondere den Bedarfen älterer Menschen Rechnung getragen werden, bei der Konzeption von Bildungseinrichtungen, Schulen, Krankenhäusern, Sport- und

Freizeitanlagen sind die Anforderungen der alternden, heterogenen, multiethnischen Bevölkerung zu berücksichtigen, indem z. B. Möglichkeiten zur Begegnung, zur Religionsausübung etc. geschaffen werden.

Auch das *Leistungsangebot der Verwaltungen* muss im Sinne der *Dienstleistungsverwaltung* ständig daraufhin überprüft werden, ob und wie den Bedarfen der verschiedenen Kundengruppen, also auch der Älteren und der Kunden mit Migrationshintergrund, entsprochen werden kann und soll. Das bedeutet nicht, dass die öffentliche Verwaltung ihr Produktportfolio ständig ausweiten muss. Vielmehr kann sie im Sinne einer *Aufgabenkritik* bewusst den Beschluss fassen, bestimmte Leistungen nicht vorzuhalten oder Dienstleistungen in Kooperation mit anderen zu erbringen. Ein positives Beispiel für eine demografieorientierte Ausrichtung kommunaler Leistungen in enger Kooperation mit anderen Akteuren bietet die Stadtverwaltung Arnsberg mit ihrem Konzept „Langes und gutes Leben in Arnsberg – Zukunft Alter gestalten". Dieses wurde in enger Zusammenarbeit mit der Bürgerschaft entwickelt und zielt gleichsam auf die Gestaltung des aktiven und des verletzlichen Alters sowie einen fortlaufenden Dialog zwischen den Generationen.[22]

Zudem muss die *Qualität der Leistungserstellung* kritisch daraufhin untersucht werden, ob diese angesichts der demografischen Veränderungen noch zeitgemäß ist. In diesem Zusammenhang kann es beispielsweise ziel-

---

22 https://www.arnsberg.de/zukunft-alter/. (Zugriff 22. Februar 2017)

führend sein, Informationen über die Verwaltung für Menschen mit Migrationshintergrund mehrsprachig vorzuhalten oder Dolmetscher bei der Abwicklung von Verwaltungsvorgängen hinzuzuziehen. Um älteren Menschen den Zugang zur Verwaltungsleistungen zu erleichtern, kann es sinnvoll sein, diese dezentral, mobil oder online zu Verfügung zu stellen. Auch bei der Organisation von Bürgerbeteiligung durch die Verwaltung, etwa im Rahmen von Stadtentwicklungsprojekten oder der Haushaltsplanaufstellung, sollte der Zugang möglichst vieler Bevölkerungsgruppen gewährleistet sein.

Handlungsbedarfe ergeben sich auch im Hinblick auf die *Steuerung* des demografischen Wandels sowie die *Organisation und Verantwortlichkeiten* innerhalb der Verwaltungen. So gilt eine *Demografiestrategie* als Erfolgsfaktor zur aktiven Gestaltung des demografischen Wandels. Die Bundesregierung hat 2012 erstmals eine Demografiestrategie vorgelegt, die in Zusammenarbeit mit unterschiedlichen gesellschaftlichen Gruppen erarbeitet und seitdem weiterentwickelt wurde. Die Strategie definiert jeweils Handlungsfelder und Maßnahmen für die Ziele: 1. Stärkung des wirtschaftlichen Wachstumspotentials, 2. Förderung des sozialen und gesellschaftlichen Zusammenhalts, 3. Förderung der Gleichwertigkeit der Lebensverhältnisse in den Regionen, 4. Gewährleistung solider Finanzen für die Handlungsfähigkeit des Staates und verlässliche soziale Sicherungssysteme (Bundesministerium des Innern 2015). Auch in zahlreichen Kommunen wurden entsprechende Strategien erarbeitet, um eine zielorientierte und abgestimmte Vorgehensweise zum Umgang mit dem demografischen Wandel

über alle kommunalen Handlungsfelder zu gewährleisten. Zudem sind in vielen kommunalen Verwaltungen
sowie auf Landesebene *Demografiebeauftragte* (wie in
Bielefeld oder Baden-Württemberg) installiert worden,
wodurch der Querschnittscharakter des Themas unter-
strichen wird.

Schließlich sind sowohl auf der Ebene der Länder als
auch auf kommunaler Ebene verstärkt Prozesse zur *inter-*
*kulturellen Öffnung der Verwaltung* angestoßen und zum
Teil gesetzlich verankert worden (wie etwa in NRW). Mit
diesem Begriff werden Konzepte bezeichnet, die öffentliche Institutionen in die Lage versetzen sollen, den Herausforderungen einer Einwanderungsgesellschaft aktiv
begegnen zu können, z. B. indem sie ihre Angebote und
Leistungen an eine durch Einwanderung veränderte soziale Umwelt anpassen oder Mitarbeiter zur Kommunikation mit Menschen mit Migrationshintergrund wei-
terbilden.

Neben den genannten Herausforderungen, die unmittelbar auf die Verwaltungsorganisationen und ihre Beschäftigten wirken, wirkt sich der demografische Wandel
mittelbar auf alle Politikfelder aus. Das bedeutet, dass
die demografischen Veränderungen bei den Planungen
und Entscheidungen aller Fachressorts auf Verwaltungs-
ebene sowie im politischen Raum berücksichtigt werden müssen. Zudem entstehen neue Politikfelder und
damit neue Anforderungen an die Organisation und die
Leistungen der Verwaltung, wie am Beispiel der Integra-
tionspolitik deutlich wird.

## 3.2.4 Flüchtlinge

Dass die öffentliche Verwaltung in der Lage sein muss, kurzfristig auf neue Herausforderungen reagieren zu können, zeigte sich hierzulande im Spätsommer 2015. Mehrere tausend Menschen reisten mit dem Ziel, Asyl zu beantragen, täglich nach Deutschland ein. Damals war noch nicht absehbar, dass sich die Zahl der nach Deutschland Geflüchteten bis Ende des Jahres 2015 auf fast 1,1 Millionen addieren und die Zahl der Asylanträge mit 745 545 im Jahr 2016 (BAMF 2016) den höchsten Wert seit Bestehen der Bundesrepublik Deutschland erreichen würde. Obwohl Deutschland auch in der Vergangenheit Ziel verschiedener Wanderungsbewegungen war, stellte die hohe Anzahl von Flüchtlingen die Verwaltungen in Bund, Ländern und Kommunen sowie der Europäischen Union auf die Probe, wobei sich die unterschiedlichen und zum Teil unklaren Zuständigkeiten im Mehrebenensystem als ebenso problematisch erwiesen wie rechtliche Lücken.

Bevor die konkreten Herausforderungen skizziert werden, die sich für die Verwaltungen in Bund, Ländern und Kommunen ergeben, ist begriffliche Klarheit in Bezug auf die Personengruppen zu schaffen: Während unter *Flüchtlingen* Schutzsuchende zu verstehen sind, denen ein weiterer Aufenthalt in ihren Heimat- und Herkunftsländern z. B. aufgrund (politischer) Verfolgung, Krieg oder Bürgerkrieg, Epidemien, Naturkatastrophen oder Hungersnot unzumutbar ist, und die daher in eine anderes Land fliehen, möchten *Migranten* ihre Lebenssituation und -aussichten durch Auswanderung verbessern (Ott

2016, S. 11 f.). Die Auswanderung von Migranten erfolgt
also freiwillig; sie haben jederzeit die Möglichkeit, in ihr
Heimatland zurück zu gehen. Flüchtlinge können dagegen nicht in ihr Herkunfts- oder Heimatland zurück-
kehren und unterstehen dem Schutz der Regierungen
der Aufnahmeländer im Rahmen der *Genfer Flüchtlings-
konvention*. Diese definiert den Begriff des Flüchtlings
und damit die Anforderungen an den Flüchtlingssta-
tus sowie die Rechte und Pflichten von Flüchtlingen im
Aufnahmeland. In der Bundesrepublik Deutschland ge-
nießen politische Verfolgte zudem nach Art. 16 a GG
Asylrecht, sofern sie nicht aus einem aus einem Mitglied-
staat der Europäischen Gemeinschaften oder aus einem
so genannten *sicheren Drittstaat* eingereist sind. Mit dem
Begriff des *Asylbewerbers* oder des *Asylsuchenden* werden
Menschen bezeichnet, die einen Asylantrag gestellt haben, über den aber noch nicht entschieden wurde. Über
den Asylantrag entscheidet in Deutschland das Bundesamt für Migration und Flüchtlinge (BAMF). Wird der
Antrag positiv beschieden, enthält der Asylbewerber zunächst für drei Jahre Aufenthaltsrecht, wird er abgelehnt,
muss der Asylbewerber Deutschland verlassen oder verbleibt als *Geduldeter* oder vorübergehend unter *subsidiä-
rem Schutz* in Deutschland.[23]

Im Fokus der folgenden Erläuterungen stehen die
Herausforderungen, die sich aufgrund des Zuzugs von
Flüchtlingen und Asylbewerbern (nicht der Migranten)

---

23 vgl.    http://www.bamf.de/DE/Fluechtlingsschutz/AblaufAsylv/
    Entscheidung/entscheidung-node.html. (Zugriff 28. Februar
    2017)

für die öffentliche Verwaltung ergeben. Dabei ist zu konstatieren, dass sich diese im zeitlichen Verlauf durchaus gewandelt haben. Während sich im Anschluss an die große Einreisewelle im Spätsommer 2015 die Unterbringung und die Erstversorgung der Geflüchteten als zentrales Problem herauskristallisierte, wurde die zunehmende Dauer der Asylverfahren in 2016 zu der zentralen Herausforderung. Mittelfristig wird es darum gehen, den anerkannten Flüchtlingen Zugang zu Sprache, Bildung und Arbeit zu ermöglichen. Zudem muss das Ehrenamt gefördert und erhalten bleiben und die Finanzierung der Integrationsmaßnahmen sichergestellt werden.

Eine zentrale Rolle in der *Bundesverwaltung* bei der Aufnahme von Flüchtlingen hat das BAMF im Rahmen seiner Entscheidungsvollmacht über die Anerkennung der Asylanträge. Diesbezüglich erwiesen sich in den Jahren 2015 und 2016 vor allem die personellen Kapazitäten des BAMF als unzureichend, was dazu führte, dass die Bearbeitung der Asylanträge immer länger dauerte. Im ersten Halbjahr des Jahres 2016 lag die offizielle Bearbeitungsdauer eines Asylverfahrens nach Angaben der Bundesregierung durchschnittlich bei 6,3 Monaten,[24] in den Jahren zuvor war sie deutlich geringer gewesen. In der Folge mussten die Geflüchteten monatelang in den Erstaufnahmeeinrichtungen der Länder ausharren, ohne Klarheit über ihren rechtlichen Status und damit ihre

---

24 https://www.bundesregierung.de/Content/DE/Artikel/2016/06/ 2016-06-22-bamf-vortrag-weise-asylverfahren-schneller-entschie den.html. (Zugriff 28. Februar 2017)

persönliche Zukunft zu haben. Auch der Zugang zu Integrations- oder Sprachkursen sowie zum Bildungs- und Arbeitsmarkt ist ihnen während der Bearbeitung der Asylanträge verwehrt. Das BAMF hat bereits umfangreiche Maßnahmen zur Qualitätsverbesserung der Asylverfahren eingeleitet und im Jahr 2016 mehrere Hundert neue Mitarbeiter eingestellt. Kritiker weisen jedoch darauf hin, dass die Qualifikation der neu Eingestellten zum Teil unzureichend sei.

Die *Länder* sind bisher vor allem im Rahmen der Erstaufnahme der Flüchtlinge gefordert, die sie im Auftrag des Bundes durchführen. Die Verteilung der Flüchtlinge vom Bund auf die Länder wird durch das BAMF nach dem so genannten *Königsteiner Schlüssel* vorgenommen, der jährlich aufgrund der Steuereinnahmen und der Bevölkerungszahl festgelegt wird. Zur Unterbringung der Flüchtlinge haben die Länder Erstaufnahmestellen eingerichtet, von denen sie nach einigen Tagen oder Wochen auf die Kommunen verteilt werden (FES 2016, S. 7). Im Jahr 2015 und im ersten Halbjahr 2016 erwies sich die Unterbringung insofern als herausfordernd, als kaum noch Gebäude zu finden waren, in denen eine solche möglich war. In der Zwischenzeit hat sich die Unterbringung von Flüchtlingen aufgrund des Rückgangs der Flüchtlingszahlen als weitgehend unproblematisch erwiesen, wobei darauf hinzuweisen ist, dass sich die Situation schnell wieder ändern kann, wenn z. B. das Abkommen, das die EU mit der Türkei geschlossen hat, unwirksam würde. Zudem sind die Länder im Bereich der Bildungspolitik gefordert: hier gilt es insbesondere, die Lehrer zum Umgang mit der Vielfalt in den Klassen zu qualifizieren und ausreichend Lehrer für diese Aufgabe auszubilden.

Eine zentrale Rolle in der Flüchtlingspolitik haben die *Kommunen,* die neben der Unterbringung von Flüchtlingen, zu der sie durch Bundes- und Landesgesetz verpflichtet sind, für den Vollzug des Ausländerrechts durch die kommunalen Ausländerbehörden verantwortlich sind. Auch die Gewährung der Sozialleistungen nach dem Asylbewerberleistungsgesetz und die Gesundheitsversorgung obliegen den Kommunen. Ferner sind die Kommunen im Bildungsbereich in verschiedener Hinsicht gefordert: So müssen sie *erstens* im Bereich der frühkindlichen Bildung Angebote machen und Kitaplätze auch für die geflüchteten Kindern zur Verfügung stellen, *zweitens* im Bereich der schulischen Bildung die Schulgebäude und in einigen Bundesländern auch das Lehrpersonal für kommunale Schulen zur Verfügung stellen, wie in Bayern, *drittens* Sprach- und Integrationskurse organisieren bzw. anbieten und *viertens* Ausbildungsmöglichkeiten für Flüchtlinge schaffen bzw. das Angebot aufeinander abstimmen. Auch im Bereich des Arbeitsmarktes gilt es, die entsprechenden Angebote zur koordinieren. Eine weitere Herausforderung der Kommunen besteht darin, das bürgerschaftliche Engagement für die Geflüchteten zu fördern und vor Ort zu organisieren. Dies gilt insbesondere vor dem Hintergrund, dass das Potential an ehrenamtlichen Angeboten in der Vergangenheit häufig nicht nutzbar gemacht werden konnte, weil die professionellen und ehrenamtlichen Angebote nicht aufeinander abgestimmt wurden. Da die Kommunen einen Großteil der Kosten tragen

**Abb. 3.6**   Handlungsfelder kommunaler Flüchtlingspolitik

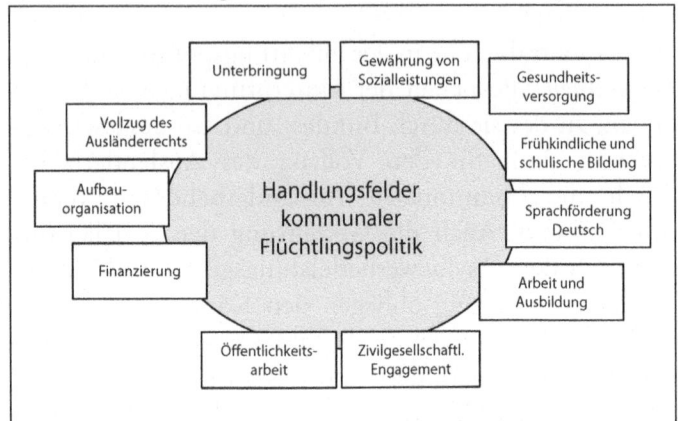

Quelle: eigene Darstellung, nach Schamann, Kühn 2016

müssen, die sich aus den o. g. Handlungsfeldern ergeben, stellt die Finanzierung kommunaler Flüchtlingsarbeit eine weitere zentrale Herausforderung dar (FES 2016).

Insgesamt gilt es, die Kompetenzen zwischen Ländern und Kommunen in Bezug auf die Flüchtlinge klar zu verteilen, um unnötige Schnittstellen zu vermeiden und die Prozesse in den Verwaltungen zu beschleunigen. Zudem sollten auch die Prozesse innerhalb der kommunalen Verwaltungen im Sinne einer einheitlichen Vorgehensweise aufeinander abgestimmt werden. Dies gilt in besonderer Weise für die Abstimmung der kommunalen Ausländerbehörden als Ordnungsbehörden mit den Ämtern oder Fachbereichen, die sich dem Jugend- und Sozialbereich, dem Kulturbereich oder dem Integrationsbereich widmen.

*Nach der Lektüre dieses Kapitels sollten Sie*

- *den Unterschied zwischen den Begriffen Entwicklung und Reform kennen,*
- *die Entwicklungslinien der öffentlichen Verwaltung in der Bundesrepublik Deutschland beschreiben können,*
- *den Unterschied zwischen einem aktiven und einem aktivierenden Staat kennen,*
- *das Neue Steuerungsmodell als deutsche Variante des New Public Management erläutern können,*
- *ein Verständnis von Begriff und Formen der Governance entwickelt haben,*
- *die Europäisierung, die Digitalisierung und den demografischen Wandel als zentrale Herausforderungen der öffentlichen Verwaltung beschreiben können.*

# 4

# Verwaltungswissenschaft

*Der vierte Teil dieses Buches befasst sich mit dem „wissen-schaftlichen Überbau" der Verwaltung, somit mit den Fra-gen, was unter Verwaltungswissenschaft zu verstehen ist, auf welchen historischen Grundlagen diese basiert, welche Schwerpunkte im Bereich der verwaltungswissenschaftli-chen Lehre und Forschung bisher gesetzt wurden und wel-che Perspektiven zu erwarten sind. Ferner wird dargelegt, durch wen und an welchen Hochschulen Verwaltung der-zeit erforscht wird sowie wie Verwaltungswissenschaft in der Aus- und Fortbildung verankert ist. Die genannten Aspek-te werden mit dem Fokus auf die Bundesrepublik Deutsch-land erörtert.*

# 4.1    Zum Begriff und Verständnis der Verwaltungswissenschaft

Die ersten Kapitel haben einen umfassenden Einblick in Strukturen und Funktionen, aber auch in die Organisation und das Personal der öffentlichen Verwaltung gegeben. Zudem wurden Entwicklungen, Reformen und Herausforderungen der öffentlichen Verwaltung aufgezeigt. Der *Untersuchungsgegenstand Verwaltung,* hier verstanden als öffentliche Verwaltung, ist somit beschrieben. Der folgende Blick richtet sich nun auf die Perspektive der Verwaltungswissenschaft, die allgemein definiert wird als *Wissenschaft von und für die Verwaltung.* Im Gegensatz zur Verwaltungskunde, die vorrangig der Beschreibung der Verwaltung dient, analysiert und erklärt die Verwaltungswissenschaft die Verwaltung und das für sie konstitutive politisch-administrative-System, also auch die Politik, mit Hilfe wissenschaftlicher Methoden. Die Analyse kann dabei auf empirischen Befunden basieren oder theoriegeleitet erfolgen. Im Fokus des Forschungsinteresses stehen Fragen der organisatorischen, personellen und institutionellen Rahmenbedingungen der Verwaltung, der (Mitwirkung der Verwaltung an der) politischen Steuerung, der politischen Prozesse, der Implementierung und Evaluation von Politiken, des Zusammenspiels von Verwaltung und Politik sowie des Verhältnisses von Verwaltung, Politik und anderen gesellschaftlichen Akteuren.

Deutlich wurde bereits, dass die Verwaltung Untersuchungsgegenstand unterschiedlicher wissenschaftlicher Disziplinen ist und damit aus unterschiedlichen wissenschaftlichen Perspektiven in den Blick genommen wird. Zu nennen sind in diesem Zusammenhang – neben der Politikwissenschaft, die im Folgenden im Mittelpunkt stehen soll – insbesondere die Rechtswissenschaft, die Soziologie und die Betriebswirtschaftslehre. Auch die Geschichtswissenschaft, die Psychologie, die Geographie und die Informatik befassen sich mit der öffentlichen Verwaltung.

Nach wie vor umstritten ist, ob sich in Deutschland eine eigenständige Disziplin der *Verwaltungswissenschaft* etabliert hat oder ob verschiedene *Verwaltungswissenschaften* nebeneinander bestehen. *Für* eine eigenständige wissenschaftliche Disziplin sprechen eigene Publikationsorgane, Studiengänge und Lehrstühle der Verwaltungswissenschaft(en). Zudem existieren spezifische wissenschaftliche Vereinigungen für Verwaltungswissenschaftler. Bei näherer Betrachtung sind diese jedoch in der Regel einer wissenschaftlichen Disziplin zuzuordnen oder zumindest von einer solchen geprägt bzw. dominiert. Auch der wissenschaftliche Diskurs über die öffentliche Verwaltung in Deutschland scheint nach wie vor von einzelnen Disziplinen oder Fachgruppen bestimmt zu sein bzw. es werden fachspezifische Diskurse weitgehend parallel geführt. So kann eine Dominanz der rechtswissenschaftlichen, der betriebswirtschaftlichen oder der politikwissenschaftlichen Verwaltungsforschung in einzelnen Entwicklungsphasen und Reformprozessen der öffentlichen Verwaltung in Deutschland konstatiert werden. *Gegen* eine selbständige wissenschaftliche Disziplin ist zudem anzuführen, dass es keine selbständige Methode der Verwaltungswissenschaft

gibt und dass es an einer einheitlichen verwaltungswissenschaftlichen Theorie fehlt (Bohne 2014, S. 169).

Die Frage nach der Bezeichnung der Wissenschaft, die
die Verwaltung erforscht, wird bereits seit Jahrzehnten
diskutiert. So hat Ellwein schon in den 1980er Jahren zwischen einer engeren und einer weiteren Sicht der Verwaltungswissenschaft unterschieden: während sich die en-
gere Version durch ihren Gegenstand definiert und sich
entsprechend auf die Erforschung öffentlicher Organisationen und Institutionen konzentriert, beinhaltet die
weitere Sicht der Verwaltungswissenschaft eine allgemeine Theorie des *politisch-administrativen Systems* (Bogumil et al. 2006, S. 24). Andere Verwaltungsforscher be-
tonen in ihrer Argumentation eher die Zugehörigkeit zu
einer wissenschaftlichen Disziplin und verwenden daher
den Begriff der Verwaltungswissenschaft. Beispielsweise
ordnet Luhmann die Verwaltungswissenschaft dem Bereich der Sozialwissenschaften zu, weil diese die Verwaltung als Subsystem der Gesellschaft erforscht, während
Stern den Fokus auf die rechtswissenschaftliche Betrachtung legt (Franz 2013, S. 117 f.). Scharpf und Bogumil
verorten die Verwaltungswissenschaft als Teilbereich
der Politikwissenschaft (Scharpf 1973; Bogumil 2002,
S. 3). Auch Franz nutzt den Begriff der Verwaltungswissenschaft und beschreibt diese als *disziplinübergreifen-
de Querschnittswissenschaft,* während er die Teilbereiche,
die primär einer Forschungsdisziplin zuzuordnen sind,
als Verwaltungswissenschaften bezeichnet (Franz 2013,
S. 118).

Eine inter- und transdisziplinäre Ausrichtung der verschiedenen Verwaltungswissenschaften, in der die Er-

kenntnisse und Methoden der unterschiedlichen wissenschaftlichen Zugänge füreinander nutzbar gemacht werden, steht somit aus, wenn auch eine „multidisziplinäre Zusammenarbeit" (Bogumil und Jann 2009, S. 57) zwischen einzelnen Fachrichtungen beobachtet werden kann. Die daraus typischerweise hervorgehende Forderung, eine eigene Verwaltungswissenschaft mit eigenen Methoden und Theorien zu etablieren, wird seit einiger Zeit nicht mehr erhoben. Vielmehr wird die Vielfalt der unterschiedlichen wissenschaftlichen Perspektiven, Theorien und Methoden zur Erforschung der Verwaltung als Stärke betont. Diese liegen – verkürzt gesagt – in der vorrangig normativen Bewertung der Verwaltung durch die Rechtswissenschaften und dem empirisch-theoretischen Erkenntnisinteresse der Sozialwissenschaften (Bogumil und Jann 2009, S. 56 f.). Allerdings ist darauf hinzuweisen, dass die dargestellte Entwicklung sowie die „einzeldisziplinäre Verhaftung der über Verwaltung Forschenden" (Franz 2013, S. 118) zu einer „nachrangige(n) Rolle der Verwaltungswissenschaft in Deutschland" (Bohne 2014, S. 159) geführt haben.

Da hier das politikwissenschaftliche Interesse an der Verwaltung im Vordergrund stehen soll, kann Verwaltungswissenschaft entsprechend definiert werden als *Teilgebiet der Politikwissenschaft,* das das politisch-administrative System erforscht. Das politisch-administrative System und damit die Verwaltung als Element dieses Systems werden in diesem Kontext als ein Politikfeld betrachtet, das im Rahmen der Policy-Forschung untersucht wird. Hintergrund ist die Überzeugung, dass „öffentliche Verwaltung (…) einen erheblichen Einfluss auf politische Inhalte und Ergebnisse hat, Teil des politischen Institutionengefüges ist, sowohl als Akteur wie Adressat politischer Auseinandersetzungen auftritt und daher nicht ohne ihren politischen Kontext verstanden werden kann" (Bogumil und Jann 2009, S. 61). Bogumil hat in diesem Zusammenhang die These vertreten, dass sich die politikwissenschaftlich orientierte Verwaltungswissenschaft von einer auf Organisationsfragen fokussierten Wissenschaft *(Public Administration)* zu einer auf *Public Policies* fokussierten Wissenschaft entwickelt habe, die Fragen der Voraussetzungen und Folgen politischer Problemverarbeitung und Steuerung nachgehe (Bogumil 2002, S. 3).

Der Zugang der politikwissenschaftlichen Verwaltungsforschung ist geleitet von politikwissenschaftlichen Theorien und erfolgt häufig empirisch. Verwaltungswissenschaft ist somit *empirische Wissenschaft.* Zudem ist Verwaltungswissenschaft als *praktische Wissenschaft* anzusehen, die auf Grundlage der empirischen Erkenntnisse Hilfestellungen für die Verwaltungspraxis generiert. Da die Verwaltungswissenschaft Hinweise zur Erneuerung des politisch-administrativen Systems gibt, ist sie zudem *Reformwissenschaft.* Schließlich kann die Verwaltungswissenschaft verstanden werden als *Integrationswissenschaft* (Abb. 4.1), die die Erkenntnisse verschiedener wissenschaftlicher Disziplinen nutzt.

**Abb. 4.1**   Verwaltungswissenschaft als Integrationswissenschaft

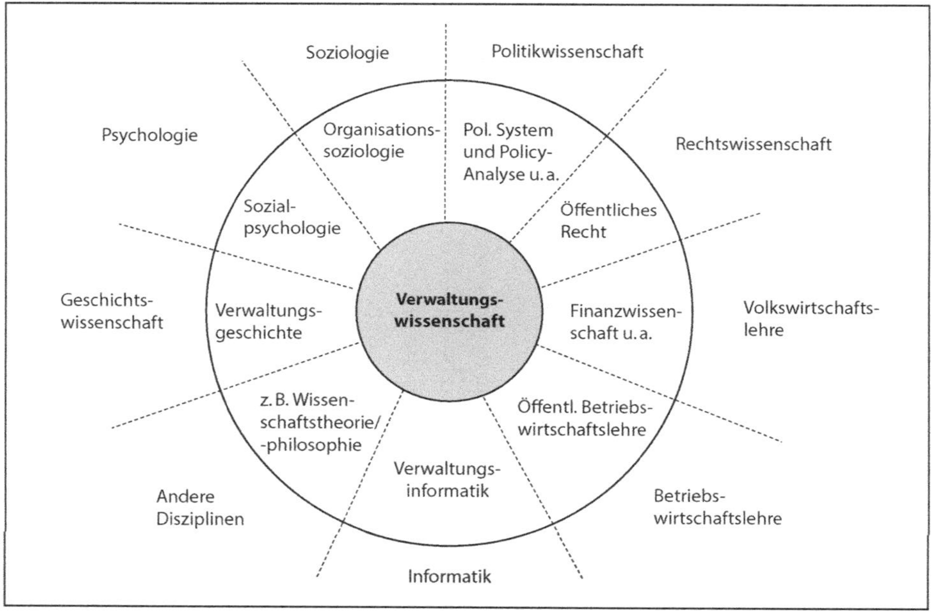

Quelle: in Anlehnung an: Bohne 2014, S. 178

## 4.2 Historische Grundlagen und Entwicklung der Verwaltungswissenschaft in Deutschland

Die Verwaltungswissenschaft hat wie die Politikwissenschaft eine lange Tradition, wenn sie auch erst nach dem Zweiten Weltkrieg als solche bezeichnet wurde. Bereits *Aristoteles* (384–322 v. Chr.) befasste sich im Rahmen seiner politischen Philosophie mit verschiedenen Staatsformen. Ausgangspunkt war die Überzeugung, dass der Mensch als *zoon physei politikon* nur im Zusammenleben mit anderen seine Natur verwirklichen kann, der Staat als Gemeinschaftsform entsprechend eine Voraussetzung für das persönliche Glück der Menschen ist. Auch an den Universitäten, die seit dem Ende des 11. Jahrhunderts in Europa entstanden, waren die Werke des Aristoteles fest im Lehrkanon verankert und wurden – wie von Thomas von Aquin im 13. Jahrhundert – zu einer Staatslehre weiterentwickelt (Münkler 2006, S. 14 f.) Seit dem Ende des 14. Jahrhunderts hat sich das Fach Politik als eigenständige universitäre Disziplin im Rahmen der Magisterausbildung etabliert (Münkler 2006, S. 15 f.).

Themen wie Macht, Herrschaft, Staat und Souveränität wurden in den politischen Schriften seit dem Ende des 15. Jahrhunderts problematisiert. Neben theoretischen Fragen nach der richtigen Herrschaftsordnung ging es dabei um „die Geheimnisse (lat. arcna) der Regierungskunst" (Münkler 2006, S. 18), die der Stabilität der Herrschaft der Fürsten und der Prosperität des Staates dienen sollte. Als prominentester Vertreter dieses politischen Realismus gilt *Niccolò Machiavelli* (1469–

1527) mit seinem 1513 veröffentlichten Text *Principe* (Der Fürst) (Münkler 2006, S. 17 f.).

Die politische Wissenschaft der frühen deutschen Territorialstaaten nannte sich *Policeywissenschaft*, wobei Policey der Inbegriff sämtlicher staatlicher Aktivitäten war und sowohl die Ordnungsverwaltung als auch die Leistungsverwaltung umfasste. Policeywissenschaft war nach diesem Verständnis sowohl Gesetzgebungs-, Regierung- und Verwaltungslehre und nicht als Verwaltungstechnik, sondern als „Lehre von der inneren Staatsgestaltung zum Zwecke des „guten Lebens"" (Jann 2011, S. 67) zu verstehen.

Der Fokus der Policeywissenschaft im 18. Jahrhundert lag auf der *Kameralwissenschaft bzw. Kameralistik,* hier zu verstehen als *Lehre staatlichen Wirtschaftens* oder *Wissenschaft des Merkantilismus.* Im Zusammenhang mit den wachsenden Aufgaben des Staates, dem Ausbau des Behördenapparates und der Entwicklung des Berufsbeamtentums wurde die Kameralistik als Fach an fast allen deutschen Universitäten eingeführt, nachdem im Rahmen des aufgeklärten Absolutismus deutlich wurde, dass Beamte nicht nur juristische, sondern auch wirtschaftliche und verwaltungstechnische Kenntnisse benötigen (Franz 2013, S. 144; Bogumil und Jann 2009, S. 29).

Im 19. Jahrhundert spaltete sich die Policeywissenschaft in die Zweige der Kameralistik, der Ökonomik, und der Staatswissenschaft auf und es entstand die primär juristisch orientierte Staatslehre (Franz 2013, S. 144 f.). Beigetragen zu dieser Spaltung in einen ökonomischen und einen rechtlichen Teil hat auch die Entwicklung des Liberalismus und damit des Rechtsstaates, die dazu führte, dass unter Policeywissenschaft nicht nur das wohlfahrtsstaatliche Handeln des modernen Staates thematisiert, sondern auch der Rechtsstaatsgedanken ausformuliert wurde.

Die Policey- bzw. Verwaltungswissenschaft verschwand vor gut 150 Jahren im Rahmen der Etablierung des preußisch-deutschen Obrigkeitsstaates: der Fokus wurde auf das *Staats- und Verwaltungsrecht* gelegt, die Politik und die Ethik aus der wissenschaftlichen Staatslehre verbannt. Staatshandeln wurde in erster Linie als Recht und nicht als Politik betrachtet. „Gefragt waren normative Staatslehren, aber nicht empirische Verwaltungs- oder gar Politikwissenschaft" (Bogumil und Jann 2009, S. 30). Als Ursache dieser Auffassungen werden die gescheiterte bürgerliche Revolution von 1848 in Deutschland und die draus resultierende Überhöhung von Staat und Recht im wilhelminischen Kaiserreich angeführt (Bogumil und Jann 2009, S. 31).

Auch in der Weimarer Republik wurde „die Rechtsnorm unabhängig von ihrem Ursprung und Inhalt zur Grundlage des Staates" (Münkler 2006, S. 29) erhoben. Dies gilt zumindest für Rechtspositivisten wie *Hans Kelsens* (1881–1973), der einer Entpolitisierung des Staates das Wort redete. Dem gegenüber standen die Schriften Staatsrechtlers *Carl Schmitts* (1888–1985), der der Politik den Vorrang vor dem Recht einräumte (Münkler 2006, S. 29). Verwunderlich ist, dass die wegweisenden sozialwissenschaftlichen Schriften Max Webers (1864–1920) *Politik als Beruf* aus dem Jahre 1919 und sein 1921 posthum erschienenes Hauptwerk *Wirtschaft und Ge-*

*sellschaft* in der zeitgenössischen Debatte kaum wahrgenommen wurden.

Die eng an den Obrigkeitsstaat gebundenen Vorstellungen wurden erst gegen Ende der Weimarer Republik abgelegt und die staatstheoretische Perspektive rückte wieder verstärkt in den Vordergrund. Dass namhafte Rechtswissenschaftler wie Carl Schmitt oder auch Ernst Forsthoff die im 19. Jahrhundert entwickelte Staatsauffassung, die den Staat als übergesellschaftliche und damit überpolitische Ordnungsmacht ansah, zur Begründung einer autoritären und antidemokratischen Staatsordnung heranzogen und damit den Nationalsozialismus rechtfertigten und unterstützt haben, sei an dieser Stelle ausdrücklich erwähnt (Böhret et al. 1988, S. 222).

In der Nachkriegszeit bestand die Dominanz des normativen Verwaltungsrechtes gegenüber der empirischen Verwaltungslehre in Deutschland zunächst weiter, was u. a. auf die Kontinuität von Staats- und Verwaltungsrechtlern an den deutschen Hochschulen zurück geführt werden kann. Diese konnten ihre Karrieren auch dann fortsetzen, wenn sie vorher die Ideologie des Nationalsozialismus wissenschaftlich unterstützt und begründet hatten. Parallel dazu entwickelte sich eine empirischorientierte Politikwissenschaft, die in hohem Maße von den zurückkehrenden Emigranten geprägt wurde und von den Alliierten unterstützt wurde, um den Aufbau einer demokratischen Gesellschaft und die politische Bildung zu fördern. Da ein Großteil der Wissenschaftler während des Dritten Reiches in die USA emigrierte und das dortige Wissenschaftssystem kennen gelernt hatte, orientierte sich die Politikwissenschaft in Deutschland vorrangig am Vorbild der angelsächsischen *Political Science* (Münkler 2006, S. 36).

Die westdeutsche Politikwissenschaft knüpfte entsprechend nicht an die Traditionen der politischen Staatslehre der Weimarer Republik an, sondern am angelsächsischen Konzept des *Government*. Im Zentrum standen Fragen der konkreten Ausgestaltung der gesellschaftlichen Organisationen und Institutionen, der Funktionsbedingungen des Rechtsstaates und der pluralistischen Demokratie sowie der Verfahren der politischen Willensbildung (Bogumil und Jann 2009, S. 34.). Der normativen Staatsrechtslehre wurde somit eine *empirische-orientierte politikwissenschaftliche Sicht auf die Verwaltung* zur Seite gestellt, die diese sinnvoll hätten ergänzen können, sich aber weitgehend unabhängig davon entwickelte.

Von der deutschen Politikwissenschaft wurden in der Nachkriegszeit keine repräsentativen Staats- oder Regierungslehren verfasst, was auf eine gewisse „normative Orientierungslosigkeit" (Bogumil und Jann 2009, S. 36) dieser wissenschaftlichen Disziplin zurück zu führen ist. Entsprechend stand auch die Verwaltung noch nicht im Fokus politikwissenschaftlicher Forschung. Dies änderte sich erst in den 1960er Jahren mit der Hinwendung zur policy-bzw. Politikfeldforschung, die die Inhalte von Politik – neben den Strukturen (polity) und Prozessen (politics) – stärker in den Blick nahm. Verwaltung wurde so zu einem konkreten Untersuchungsgegenstand der Politikwissenschaft. Anknüpfend an die amerikanische Verwaltungswissenschaft, die sich von Beginn an als Teil der Politikwissenschaft verstanden hatte und auf eine lange Tradition zurück blicken konnte, dominierte zunächst ein instrumentelles Verständnis von Verwaltung *(Public Administration),* das die Verwaltung als neutralen, rationalen Akteur betrachtet, der politische Entscheidungen ausführt. Dahinter stand die Vorstellung einer klaren Trennung von Politik und Verwaltung, die sogenannte *Politics-Administration-Dichotomy.* Die politische Rolle der Verwaltung *(Public Policy)* rückte in den 1970er Jahren verstärkt in den Mittelpunkt politikwissenschaftlicher Forschung in Deutschland, wozu auch hier Bezug zur Diskussion in den USA genommen wurde. Verwaltungswissenschaft wurde von nun an als Teil der Politikwissenschaft definiert, die das *politisch-administrative System* zum Erkenntnisobjekt machte und somit die politische Rolle der Verwaltung thematisierte. Damit wurde die normative Trennung von Politik und Verwaltung in Frage gestellt. Auslöser war ein Referat von Fritz Scharpf auf dem Kongress der Schweizer Vereinigung für Politische Wissenschaft im Jahr 1971, in dem er programmatisch eine Verwaltungswissenschaft als Teil der Politikwissenschaft gefordert hatte (Bogumil und Jann 2009, S. 43). Insgesamt wird deutlich, dass sich eine selbständige (sozial-)wissenschaftliche Disziplin und Forschungsrichtung Verwaltungswissenschaft erst in der zweiten Hälfte des 20. Jahrhunderts herausgebildet hat (Franz 2013, S. 145).

## 4.3    Themen und Schwerpunkte verwaltungswissenschaftlicher Forschung in der Bundesrepublik Deutschland

Im dritten Kapitel dieses Buches ist die gegenseitige Beeinflussung der Entwicklung der Verwaltung und der
verwaltungswissenschaftlichen Forschung bereits herausgestellt geworden (Nullmeier 2006, S. 312). Insofern
spiegeln die skizzierten Reformkonzepte und Entwicklungsphasen der Verwaltung gleichsam die Themen und
Schwerpunkte verwaltungswissenschaftlicher Forschung
in der Bundesrepublik Deutschland wider und umgekehrt. Gleichzeitig ist deutlich geworden, dass sich zu allen Entwicklungsphasen mehrere wissenschaftliche Disziplinen mit dem Untersuchungsgegenstand Verwaltung
befasst haben, wobei eine Disziplin die wissenschaftliche
Diskussion häufig dominierte. Dies zeigt auch der folgende kurze Überblick über die Themen und Schwerpunkte verwaltungswissenschaftlicher Forschung in der
Bundesrepublik Deutschland:

Im Rahmen des Aufbaus eines demokratischen
Rechtsstaates in der Nachkriegszeit ging es vorrangig um
die Etablierung und Gestaltung einer rechtstaatlichen
Verwaltung. Entsprechend dominierte die klassische in-
strumentelle Sicht auf die Verwaltung als vollziehende
Gewalt. Die federführende Disziplin war das *Verwaltungsrecht,* das normative Konzepte von Rechtsstaat und
Demokratie erarbeitete. Gleichzeitig entwickelte sich
bereits in der Nachkriegszeit eine generelle Kritik an der

Bürokratie, die bis in die 1970er Jahre kennzeichnend bleiben sollte (Seibel 2016, S. 54).

Die *Planungsforschung* stand mit Mittelpunkt der verwaltungswissenschaftlichen Forschung der 1960er Jahre. Ziel war es, den auf ständiges Wachstum ausrichteten aktiven Wohlfahrtsstaat bei der politischen Planung und der Umsetzung von Politik bzw. des policy-making zu unterstützen. Da sich im Rahmen des Anwachsens der Staatätigkeit auch die Verwaltung ausweitete und ausdifferenzierte, wurde die Planungsforschung begleitet von Überlegungen zur Regierungs- und Verwaltungsreform. Insofern war auch die Perspektive dieser *sozialwissenschaftlich orientierten Verwaltungsforschung* zunächst staatsorientiert. Die politische Planungsforschung ist eng verbunden mit den Namen Renate Mayntz und Fritz Scharpf, die in der Projektgruppe Regierungs- und Verwaltungsreform der Großen Koalition mitwirkten. Erstmals kam es somit zu einer engen Verbindung von Reformpraxis und verwaltungswissenschaftlicher Politikberatung (Seibel 2016, S. 156).

In den 1970er Jahren wurde die Planungsforschung weiter entwickelt zu einer *Implementationsforschung,* wobei Bezug genommen wurde zur amerikanischen *Politikwissenschaft.* Das Verständnis der bürokratischen Verwaltung veränderte sich in diesem Zusammenhang von einem eher instrumentellen hin zu einem organischen Verständnis einer lernenden Organisation. Entsprechend „betonte die Implementationsforschung die Interaktion sowohl der planenden als auch der vollziehenden Verwaltung mit ihrem politischen und gesellschaftlichen Umfeld, in deren Verlauf Anpassungen ursprünglicher

Zielvorstellungen normal und Ausweis staatlicher Lern-
fähigkeit seien" (Seibel 2016, S. 157). Die Perspektive war
somit weniger staatsorientiert wie in der Planungsforschung, sondern vielmehr gesellschaftlich ausgerichtet.
Die Implementationsforschung kann als Abkehr vom
Leitbild des planenden, effektiv verwaltenden Staates
interpretiert werden und ist insofern eine Reaktion auf
die Wachstumskrise und -kritik der 1970er Jahre (Seibel 2016, S. 157). Entsprechend gerieten auch die Voll-
zugsdefizite der öffentlichen Verwaltung in den Fokus
der verwaltungswissenschaftlichen Betrachtung. Im Zusammenhang mit der Etablierung der *Policy-Forschung*
in den Politikwissenschaften erfolgte eine Lösung von
der engen Staatsperspektive hin zu einer gesellschaftlichen Perspektive. Organisation-, Struktur- und Per-
sonalfragen der öffentlichen Verwaltung gerieten in den
Hintergrund zugunsten von Fragen einer gesamtgesell-
schaftlichen Steuerungstheorie und der politischen Problemverarbeitung.

Die *betriebswirtschaftliche Verwaltungsforschung* dominierte die wissenschaftliche Diskussion der 1980er und
1990er Jahre. Im Zentrum des Forschungsinteresses
standen Fragen der Privatisierung und Rationalisierung
der Verwaltung mit Hilfe privatwirtschaftlicher Methoden sowie die Modernisierung der Verwaltung nach dem
Leitbild des NPM bzw. des NSM (Seibel 2016, S. 159).
Der Schwerpunkt der Forschung lag dabei auf den internen Prozessen und der Binnenmodernisierung der Verwaltung sowie auf der Optimierung der Kundenorientierung, während die politische Dimension von Verwaltung
nicht thematisiert wurde. Diese Lücke schloss auch

die politikwissenschaftlich orientiere Verwaltungswissenschaft zu dieser Zeit nicht, wenn der Einfluss der Politikwissenschaft in dieser Phase auch von verschiedenen Fachvertretern unterschiedlich bewertet wird (vgl. dazu die Beiträge von Benz und Böhret 2003).

Erst seit Mitte 1990er Jahre gewann die *politikwissenschaftliche Verwaltungsforschung* wieder an Bedeutung, als sie das Leitbild der *Governance* entwarf und den aktiven Staat als Gegenmodell zu dem managerialistischen Leitbild propagierte. Thematisiert wurden in dieser Zeit neue Formen der Steuerung des Regierungs- und Verwaltungshandelns in Form von Netzwerken sowie der Zusammenarbeit von Politik, Verwaltung und Bürger (Benz 2009, Benz 2010). Die Rolle der Bürger als Auftraggeber und Ko-Produzent wurde dabei ebenso intensiv untersucht wie verschiedene Beteiligungsmöglichkeiten in der deliberativen bzw. kooperativen Demokratie. Forschungen zu den konkreten Auswirkungen des neuen Leitbildes für die Verwaltung und ihre Beschäftigten sowie die Politik sind dagegen bisher eher spärlich gesäht. Seibel weist in diesem Zusammenhang darauf hin, dass die Governance-Forschung in deskriptiver Hinsicht sehr verdienstvoll sei, während sie in normativer und analytischer Sicht unzureichend bleibe (Seibel 2016, S. 161).

Seit den 2000er Jahren rücken normative Aspekte der öffentlichen Verwaltung im Rahmen der *New-Public-Value-Diskussion* wieder verstärkt in den Fokus des verwaltungswissenschaftlichen Diskurses. Hintergrund ist eine kritische Auseinandersetzung mit dem NPM/NSM und damit mit privatwirtschaftlichen Werten und Grundsätzen. Statt Effizienz, Effektivität und Bürgerorientierung werden nun Fragen nach Transparenz, Gerechtigkeit und Fairness als Handlungsorientierungen der öffentlichen Verwaltung und ihrer Beschäftigten thematisiert (Seibel 2016, S. 163).

Eine aktuelle Befragung von über 400 Verwaltungswissenschaftlern im deutschsprachigen Raum zu den „Perspektiven der Verwaltungswissenschaft"[25] bestätigt, dass die sozialwissenschaftlich ausgerichteten Gebiete derzeit stärker in den Fokus verwaltungswissenschaftlicher Forschung und Lehre genommen werden als die rechts- und wirtschaftswissenschaftlichen Themen. Demnach liegen die derzeitigen Schwerpunkte verwaltungswissenschaftlicher Tätigkeit, also der Forschung und der Lehre, in den Bereichen *Politische Systeme und Policy-Analyse, Organisation und Organisationsumfeld* sowie *Bürokratie-Analyse; Verhältnis Verwaltung und Politik.* Auch das *Verhältnis von Bürger und Verwaltung* wird zunehmend Gegenstand verwaltungswissenschaftlicher Analysen (Bauer und Becker 2017, S. 10).

---

25 An der Online-Befragung des Lehrstuhls für vergleichende Verwaltungswissenschaft und Policy-Analyse der Deutschen Universität für Verwaltungswissenschaften, die vom 15. März bis zum 15. Mai 2016 durchgeführt wurde, nahmen 326 Verwaltungswissenschaftler unterschiedlicher fachlicher Disziplinen sowie 93 Praktiker teil, die in den einschlägigen Fachgemeinschaften vernetzt sind, teil. An der Befragung konnte nur auf Einladung teilgenommen werden. Die Frage nach den derzeitigen Schwerpunkten verwaltungswissenschaftlicher Tätigkeit richtete sich ausschließlich an die 319 Wissenschaftler.

# 4.4   Perspektiven verwaltungs- wissenschaftlicher Forschung

Es schließt sich die Frage an, welche Schwerpunkte die verwaltungswissenschaftliche Forschung in Zukunft setzen kann bzw. sollte und welche Perspektiven die Verwaltungswissenschaft als wissenschaftliche Disziplin hat.

Jann weist in diesem Zusammenhang darauf hin, dass es in Zukunft darauf ankommen werde, die Perspektiven der internen und externen Steuerungsprobleme des öffentlichen Sektors – und damit des *Public Managements und der Public Policies* – wieder zusammenzufügen, da man Politikinhalte nur verstehen, erklären und verbessern könne, wenn man ein realistisches Verständnis von Verwaltung, Organisationen und Institutionen habe, die diese entscheidend formulieren, implementieren und evaluieren (Jann 2011, S. 75).

Seibel sieht ein zukünftiges Forschungsfeld der Verwaltungswissenschaft darin, *hybride Arrangements* von Organisationsstrukturen und Steuerungslogiken im öffentlichen Sektor zu untersuchen, wie sie sich etwa in der Zusammenarbeit von öffentlicher Verwaltung und Freien Trägern der Wohlfahrtspflege oder in Gestalt öffentlicher Stiftungen fänden. Dazu sollten die Erträge der Governance- und New-Public-Value-Diskussion genutzt werden (Seibel 2016, S. 165).

Bauer hat die *Denationalisierung,* verstanden als Tendenz zur Transformation des modernen Staates, als Herausforderung der Verwaltungswissenschaft identifiziert, was er mit dem Bedeutungsverlust der Nationalstaaten und nationalstaatlicher Institutionen im Rahmen der

Globalisierung begründet (Bauer 2015, S. 648 f.). Während die Auswirkungen auf die Regierungsinstitutionen und das Modell der repräsentativen Demokratie im Rahmen der Governance-Forschung ihre Entsprechung finde, seien Analysen mit dem Fokus auf die öffentliche Verwaltung und den Verwaltungsstaat nur spärlich vorhanden (Bauer 2015, S. 649). Dies wiege umso schwerer als „der Verwaltungsapparat selbst (…) als letzte Reservoir staatlicher Steuerungssouveränität in klassisch hierarchischer Manier gelten" (Bauer 2015, S. 662) dürfe.

Die bereits zitierte Befragung zu den „Perspektiven der Verwaltungswissenschaft" zeigt ein differenzierteres Bild. Die Einschätzung der befragten Wissenschaftler und Praktiker zu den *zukünftigen Forschungsfeldern der Verwaltungswissenschaft* (Abb. 4.2) macht deutlich, dass „Klassische Fragen der Verwaltungswissenschaft, die Strukturen, Prozesse und Personal betreffen, (…) in expliziter Form nur begrenzt vertreten [sind]. Stattdessen stehen eher policy-orientierte Forschungsfelder im Vordergrund. (…) Allerdings stehen die von außen an die Verwaltungen herangetragenen Herausforderungen – Digitalisierung, Internationalisierung, Öffnung gegenüber den Bürgerinnen und Bürgern – und damit die Frage, wie sich Verwaltungsspezifika als Variable unter mehreren auswirken, im Zentrum des Interesses" (Bauer und Becker 2017, S. 12 f.)

Insgesamt wird im Rahmen der Befragung ein eher pessimistisches Bild von der Verwaltungswissenschaft in Deutschland deutlich, was neben dem geringen gesellschaftlichen Stellenwert mit der vergleichsweise gerin-

**Abb. 4.2**  Relevante verwaltungswissenschaftliche Forschungsfelder in der Zukunft

| Forschungsfeld | Nennungen |
| --- | --- |
| E-Government, Digitalisierung und Big Data | 110 |
| Europäisierung und Internationalisierung von Verwaltung sowie Mehrebenenverwaltung | 94 |
| Open Government und Öffentlichkeits- bzw. Bürgerbeteiligung | 48 |
| Flüchtlinge, Integration und Migration | 37 |
| Personalmanagement und -gewinnung | 34 |
| Demographischer Wandel in Gesellschaft und Verwaltung | 30 |
| Evaluation | 26 |
| Verwaltungszusammenarbeit und Kommunikation | 23 |
| Verwaltungsorganisation | 22 |
| Führung | 19 |
| Steuerungs- und Entscheidungstheorie | 19 |
| Verwaltungsmodernisierung und -reformen | 17 |
| Internationale vergleichende Verwaltungsforschung | 17 |
| Wissensmanagement, Wissenstransfer und Wissensgenerierung | 16 |
| Legitimation von Politik und Verwaltung | 16 |
| Verhältnis Politik und Verwaltung | 14 |
| Implementationsforschung | 14 |
| Governance | 14 |
| Korruption und Transparenz | 14 |
| Effizienz von Verwaltung | 14 |
| Koordination in verschiedenen Dimensionen | 12 |
| Privatisierung vs. Verstaatlichung | 12 |
| Datenschutz und -sicherheit | 11 |
| Kommunalwesen | 11 |
| Öffentliche Finanzen | 10 |
| Verwaltungskultur | 10 |
| Verwaltung von Sicherheit | 10 |

Anmerkung: Nur Themenfelder mit zehn oder mehr Nennungen. N = 333. Wissenschaftler und Praktiker befragt.

Quelle: Bauer und Becker 2017, S. 12

gen Attraktivität verwaltungswissenschaftlicher Themen
bei den Studierenden begründet wird (ebd.: 13 f.).

## 4.5  Verwaltungswissenschaft in der Aus- und Fortbildung

Zum Verständnis der Aus- und Fortbildung in der und
für die öffentliche Verwaltung sollen zunächst die Ausbil-
dungswege in „typischen Verwaltungsberufen" beschrieben werden, um anschließend Hochschulen, Lehrstühle und Studiengänge mit verwaltungswissenschaftlichen
Bezügen vorzustellen.

### 4.5.1 Ausbildungswege

Für die Ausbildung im öffentlichen Dienst sind hier
die Verwaltungsberufe, die spezifisch auf die Bedürfnisse des öffentlichen Dienstes zugeschnitten sind, von besonderem Interesse. Zu nennen sind dabei im mittleren
Dienst (entspricht in einigen Bundesländern der Laufbahngruppe 1, 2. Einstiegsamt) die *Verwaltungsfachangestellten* und im gehobenen Verwaltungsdienst (in einigen
Bundesländern Laufbahngruppe 2, 1. Einstiegsamt) die
*Bachelor of Laws* oder *Bachelor of Arts* (ehemals Diplom-
Verwaltungswirt). Auch die Ausbildung zum *Kreis-, Ge-
meinde- oder Stadtsekretäranwärter* im einfachen Dienst
ist anzuführen, soll aufgrund ihrer vergleichsweise geringen Verbreitung aber nicht detaillierter beschrieben
werden.

Die Verwaltungsfachangestellten der kommunalen Gebietskörperschaften und des Landes werden in Nordrhein-Westfalen an den zwölf *Studieninstituten für kommunale Verwaltung* ausgebildet, in Bayern an der *Bayrischen Verwaltungsschule* (BVS), in Niedersachsen am *Studieninstitut des Landes Niedersachsen* (SIN) und in Sachsen-Anhalt am *Aus- und Fortbildungsinstitut des Landes.* Auch die anderen Bundesländer halten eigene Ausbildungseinrichtungen vor. Die Ausbildung zum Verwaltungsfachangestellten dauert drei Jahre und ist ein einen theoretischen und einen praktischen Teil unterteilt: die theoretische Ausbildung findet an den Berufsschulen statt, die praktische Ausbildung erfolgt in den jeweiligen Landes- oder Kommunalbehörden sowie an den dafür vorgesehenen Studieninstituten oder Ausbildungseinrichtungen.

Für die akademische Ausbildung des gehobenen nicht-technischen Verwaltungsdienstes bzw. der Laufbahngruppe 2 in der Bundesrepublik Deutschland sind i. d. R. die *Fachhochschulen des öffentlichen Dienstes* (FHöD) verantwortlich. Träger der Hochschulen sind die Bundesländer; auch der Bund hat eine eigene Hochschule des Bundes für öffentliche Verwaltung. Als so genannte *interne* Fachhochschulen haben sie i. d. R. keinen Körperschaftsstatus, sondern sind nachgeordnete Behörden der Fachministerien, seien es Innen-, Finanz- oder Justizministerien. Einige Bundesländer oder Ausbildungsträger haben die (theoretische) Ausbildung des gehobenen Verwaltungsdienstes *externalisiert,* d. h. an andere öffentliche oder private Hochschulen verlagert. Das duale Studium an den Fachhochschulen des öffentlichen Dienstes ist auf drei Jahre angelegt und umfasst theoretische Studienabschnitte, die an den Hochschulen absolviert werden, sowie Praxisphasen in den Behörden. An der *Fachhochschule für öffentliche Verwaltung des Landes Nordrhein-Westfalen (FHöV NRW)*, als größter Hochschule dieses Hochschultypus in der Bundesrepublik Deutschland, studieren derzeit (2017) etwa 9000 Studierende in den Bachelorstudiengängen der staatlichen und der kommunalen Verwaltung, der Deutschen Rentenversicherung, sowie der Polizei. In den Verwaltungsstudiengängen werden neben grundlegenden rechtlichen Kenntnissen auch sozial- und betriebswirtschaftliche Kenntnisse und Kompetenzen vermittelt. Im kommunalen Verwaltungsdienst haben die Studierenden zudem die Möglichkeit, zwischen zwei Studiengängen zu wählen: neben dem Studiengang Allgemeine Verwaltung (LL. B.), in dem der Schwerpunkt auf die juristischen Lehrinhalte gelegt wird, kann der Studiengang Verwaltungsbetriebswirtschaftslehre (B. A.) gewählt werden, in dem der Anteil der betriebswirtschaftlichen Module überwiegt. Hintergrund der Einführung dieses betriebswirtschaftlich orientieren Verwaltungsstudienganges war das bereits skizzierte ökonomische Verständnis der Verwaltung im Zusammenhang mit der NPM-Bewegung.

Für den höheren allgemeinen Verwaltungsdienst (in einigen Bundesländern ebenfalls Laufbahngruppe 2, 2. Einstiegsamt) qualifiziert man sich i. d. R. durch das juristische Staatsexamen oder einen Diplom-, Magister oder Masterabschluss im Bereich der Sozial- oder Wirtschaftswissenschaften, der an einer allgemeinen Hochschule erworben wird. Zudem existieren verschiedene

Masterstudiengänge, die auf die spezifischen Bedürfnisse im öffentlichen Dienst zugeschnitten sind (vgl. dazu 4.5.2). Neben einem abgeschlossenen Studium besteht seit einigen Jahren in verschiedenen Bundesländern die Möglichkeit, den Aufstieg vom gehobenen in den höheren Verwaltungsdienst durch die so genannte *Modulare Qualifizierung* erreichen. Dabei handelt es sich um eine komprimierte (dafür weniger akademisch ausgerichtete) Form der Weiterbildung für Beamte, die auf den bestehenden Kompetenzen der Teilnehmenden aufbaut und diese mit Blick auf die konkreten Anforderungen des höheren Dienstes gezielt weiter entwickelt. Die Modulare Qualifizierung für kommunale Beamte wird in NRW über die kommunalen Studieninstitute angeboten, während die Landesbeamten in der Fortbildungsakademie des Landes entsprechend qualifiziert werden.

## 4.5.2 Hochschulen und Lehrstühle mit verwaltungswissenschaftlichem Schwerpunkt

Neben den verwaltungsspezifischen Ausbildungswegen existieren spezifische Hochschulen für die öffentliche Verwaltung in Deutschland sowie Lehrstühle mit verwaltungswissenschaftlichen Schwerpunkten.

An erster Stelle zu nennen ist die *Deutsche Universität für Verwaltungswissenschaften in Speyer,* die bereits 1947, also vor der Gründung der Bundesrepublik Deutschland und dem Bundesland Rheinland-Pfalz, vom Administrateur Général der Französischen Besatzungszone als

Staatliche Akademie für Verwaltungswissenschaften gegründet wurde, und vom Bund sowie von allen Bundesländern getragen wird.[26] Die Schwerpunkte der Hochschule, die sich in ihrer Ausrichtung ursprünglich an
der École nationale d'administration (ENA), der „Ka-
derschmiede" für die öffentliche Verwaltung in Frank-
reich, orientierte, liegen auf der Erforschung von Staat
und Verwaltung sowie in der Aus- und Weiterbildung
von Führungskräften für die öffentliche Verwaltung. Die
Forschung an der Hochschule wird zum einen über die
Lehrstühle realisiert, in denen v. a. disziplinär geforscht
wird, während die interdisziplinäre und die internatio-
nal-vergleichende Forschung über das *Deutsche Forschungsinstitut für öffentliche Verwaltung* erfolgt. Das renommierte Forschungsinstitut, das auf der Website als
„führendes Kompetenzzentrum für die Verwaltungswissenschaften in Deutschland" beworben wird, verfolgt
vier Forschungsschwerpunkte: 1. Globalisation of Public
Administration, 2. Public Management und Governance,
3. Strategic Perspectives of Government, 4. Technology
driven Government.[27]

Auf eine lange verwaltungswissenschaftliche Tradition kann zudem der *Fachbereich Politik- und Verwaltungswissenschaft der Universität Konstanz* zurückgrei-
fen, an dem verschiedene verwaltungswissenschaftliche
Studiengänge angeboten werden und der als einer der

26 http://www.uni-speyer.de/de/universitaet/gegenwart-und-ge-
schichte/begruessung.php?p_id=823. (Zugriff 23. März 2017)
27 http://www.uni-speyer.de/de/forschung/forschungsprojekte.
php. (Zugriff 23. März 2017)

renommiertesten in Deutschland gilt. Im Fachbereich bestehen derzeit drei Lehrstühle mit eindeutigem verwaltungswissenschaftlichem Schwerpunkt: ein Lehrstuhl für *Verwaltungswissenschaft*, ein Lehrstuhl für *Innenpolitik/Öffentliche Verwaltung* und ein Lehrstuhl für *Public Administration*.[28]

Die *Fachgruppe Politik- und Verwaltungswissenschaft der Universität Potsdam* ist an der Wirtschafts- und Sozialwissenschaftlichen Fakultät angesiedelt. Sie „ist laut der neuesten Reputationsstudie der Deutschen Vereinigung für Politikwissenschaft eine der drei führenden Universitäten und Forschungsstätten im Bereich öffentlicher Verwaltung und öffentlicher Politik (Public Policy and Management)."[29] Der Bereich Politik- und Verwaltungswissenschaft zeichnet sich durch eine breite wissenschaftliche Basis aus und verbindet eine starke Ausrichtung auf die politisch-administrative Praxis mit international profilierter Forschungstätigkeit. Sieben politik- und verwaltungswissenschaftliche Professuren sowie weitere Dozenturen und außerplanmäßige Professuren sind für Lehre und Forschung verantwortlich, darunter *Prof. Dr. Werner Jann*, der den *Lehrstuhl Politikwissenschaft, Verwaltung und Organisation I* bekleidet. Geforscht wird u. a. in den Bereichen Governance, Regierungs- und Verwaltungsorganisation, Entbürokratisierung und Deregulierung, Modernisierung des öf-

28 vgl. https://www.polver.uni-konstanz.de/studium/master/mapolver/. (Zugriff 23. März 2017)
29 http://www.uni-potsdam.de/wiso/fakultaet/struktur/politik-verwaltung.html. (Zugriff 23. März 2017)

fentlichen Sektors, Verwaltungsmodernisierung, vergleichende Verwaltungswissenschaft sowie Evaluations- und Transformationsforschung.[30]

Die Verwaltungswissenschaft an der *Ruhr Universität Bochum* ist eng mit dem *Lehrstuhl für öffentliche Verwaltung, Stadt- und Regionalpolitik* verbunden, den *Prof. Dr. Jörg Bogumil* innehat. Wie aus dem Profil[31] hervorgeht, steht der Wandel kommunaler und regionaler Politik- und Verwaltungsstrukturen und -prozesse im Fokus der Tätigkeit des Lehrstuhls. Thematische Schwerpunkte liegen im Bereich der lokalen Politikforschung, der Auswirkungen des industriellen und demografischen Wandels in Ballungsräumen, der empirischen Untersuchung von Modernisierungsprozessen in Kommunal-, Regional- und Landesverwaltungen sowie im internationalen Vergleich subnationaler Politik- und Verwaltungsstrukturen. Die Lehr- und Forschungstätigkeit zeichnet sich durch eine enge Verknüpfung von Theorie und Praxis und durch ihren empirischen Zugang aus. Dieser wird auch dadurch deutlich, dass Jörg Bogumil als Gutachter zu Fragen der Verwaltungsmodernisierung, der Verwaltungsstrukturreform, der Bürgerbeteiligung und des Bürgerengagements insbesondere von diversen Landesverwaltungen gefragt ist.

An der *Fernuniverstität Hagen* wird die politikwissenschaftliche Verwaltungsforschung insbesondere durch

---

30 vgl. dazu http://www.uni-potsdam.de/wiso/fakultaet/struktur/ politik-verwaltung.html. (Zugriff 23. März 2017)

31 http://www.sowi.rub.de/regionalpolitik/profil/index.html.de. (Zugriff 29. März 2017)

Prof. Dr. Lars Holtkamp, *Lehrstuhl Politikwissenschaft IV: Politik und Verwaltung,* vertreten. „Inhaltliche Schwerpunkte in Forschung und Lehre sind die Verwaltungs- und Haushaltspolitik und institutionelle Demokratiereformen."[32] Das Profil des Lehrgebietes zeichnet sich durch eine empirische, kritische Ausrichtung aus, die Forschung durch ihren Anwendungsbezug und ihre Praxisorientierung. Ausdrücklich verwiesen wird auf der Webseite darauf, dass die engen Verflechtungen zwischen Politik und Verwaltung bei der Analyse des Wandels von Verwaltungs- und Politikstrukturen berücksichtigt werden.

Mit dem Ziel, qualifizierte junge Menschen auf Führungsaufgaben im öffentlichen Bereich, in der Privatwirtschaft und der Zivilgesellschaft vorzubereiten, wurde die *Hertie School of Governance* 2003 als *Professional School for Public Policy* in Deutschland gegründet. Staatlich anerkannt wurde die private, von der gemeinnützigen Hertie Stiftung unterstützte Hochschule im Jahr 2005. Im gleichen Jahr konnte der erste Masterstudiengang angeboten werden, nachdem der Fokus zunächst auf akademische Kurzprogramme und Veranstaltung gelegt worden war. Später kamen weitere Masterstudiengänge sowie Promotionsprogramme hinzu.[33] Unter den Professoren der Hertie School of Governance finden sich renommierte Wissenschaftler verschiedener Fachgebiete (Jura, Ökonomie, Politikwissenschaften, Sozio-

---

32 http://www.fernuni-hagen.de/polis/lg4. (Zugriff 29. März 2017)

33 https://www.hertie-school.org/de/ueber-uns/chronik. (Zugriff 29. März 2017)

logie), die z.T. ihre akademische Karriere an einer allgemeinen Hochschule bereits beendet haben oder zuvor
in der Privatwirtschaft aktiv waren. Der Internetauftritt
der Hochschule weist u. a. Professuren für Public Management and Public Economy, Public Policy, European
and Global Governance sowie Public and Financial Management aus.[34]

Als weitere Governance School in Deutschland ist die
*NRW School of Governance* zu nennen, die am Institut
für Politikwissenschaft der Fakultät für Gesellschafts-
wissenschaften der Universität Duisburg-Essen angesiedelt ist. Auch hier forschen und lehren Sozial- und
Verwaltungswissenschaftler, Juristen, Kommunikations-
wissenschaftler und Ökonomen unter Leitung von *Prof.
Dr. Karl-Rudolf-Korte* gemeinsam an verwaltungswissenschaftlichen Fragestellungen. Besonderer Wert wird dabei auf einen wissenschaftlich reflektierten Praxisbezug,
die Vernetzung von Entscheidungsträgern und politischen Institutionen sowie den Wissenstransfer durch
eine anwendungsorientierte Forschung gelegt.[35]

Die vorhergehende Darstellung sollte einen Überblick
geben über die bekanntesten Hochschulen und Lehrstühle mit verwaltungswissenschaftlichen Bezügen in
der Bundesrepublik Deutschland. Dabei wird keinesfalls der Anspruch auf Vollständigkeit erhoben, zumal
sich auch andere Einrichtungen oder Personen durchaus

---

34 https://www.hertie-school.org/de/forschung/professoren.   (Zugriff 29. März 2017)
35 http://nrwschool.de/die-school/die-nrw-school-2. (Zugriff 30.
   März 2017)

einen Namen im Bereich der Verwaltungswissenschaft oder einzelner Teilgebiete machen konnten. Zu nennen ist etwa die „Willi Brandt School of Public Policy" der Universität Erfurt, die sich an dem angloamerikanischen Vorbild der Professional-Schools orientiert,[36] oder das *Lorenz-von-Stein-Institut für Verwaltungswissenschaften der Universität Kiel* als wissenschaftliche Einrichtung für Forschung und Lehre auf dem Gebiet der Verwaltungswissenschaften.[37] Auch der Politikwissenschaftler *Prof. Dr. Arthur Benz* von der Technischen Universität Darmstadt soll nicht unerwähnt bleiben, weil er zahlreiche Veröffentlichungen zum Thema Governance verfasst hat.[38]

### 4.5.3 Studiengänge für Verwaltungs-wissenschaft(en) oder mit verwaltungs-wissenschaftlichem Schwerpunkt

Die *Deutsche Universität für Verwaltungswissenschaften in Speyer* ist in den ersten Jahrzehnten ihres Bestehens insbesondere durch ihr *Ergänzungsstudium* für Rechtsreferendare, das sie im Anschluss an ihr rechtswissenschaftliches Studium absolvieren, bekannt geworden. In diesem werden neben juristischen Inhalten auch wirtschafts- und sozialwissenschaftliche Kompetenzen ver-

---

36 http://www.brandtschool.de/the-school. (Zugriff 30. März 2017)
37 http://www.lvstein.uni-kiel.de/t3/. (Zugriff 30. März 2017)
38 https://www.politikwissenschaft.tu-darmstadt.de/index.php?id=2946. (Zugriff 30. März 2017)

mittelt. Zudem wird ein *verwaltungswissenschaftliches Aufbaustudium* mit dem Abschluss *Magister rerum publicarum* angeboten, das sich insbesondere an ausländische Führungskräfte und Lehrende an Verwaltungsschulen wendet. Daneben bietet die Hochschule drei Masterstudiengänge an, „in denen überdurchschnittliche Hochschulabsolventen der Rechts-, Wirtschafts-, Sozial und Verwaltungswissenschaften ihre Qualifikation als künftige Führungskräfte fortsetzen und abschließen können":[39] Im *Masterstudiengang Public Administration (M. A.)* werden interdisziplinäre Grundlagen der Verwaltungswissenschaft vermittelt. Zudem bietet er sozialwissenschaftliche Vertiefungsmöglichkeiten für Studierende, die bereits einen Bachelorabschluss in den Sozialwissenschaften erlangt haben und sich für eine leitende Funktion im öffentlichen Dienst sowie in Wirtschaft und Verbänden, die Einsicht in die Funktionsweise öffentlicher Verwaltung erfordern, qualifizieren wollen.[40] Die wirtschaftliche Betätigung der öffentlichen Hand und durch öffentliche Unternehmen steht im Fokus des *Masterstudiengangs Öffentliche Wirtschaft (M. A.)*. Auch dieses Studium wendet sich vornehmlich an Personen, die Führungspositionen in der öffentlichen Wirtschaft oder in mit der Aufsicht oder Regulierung öffentlichen Wirtschaftens betrauten Stellen sowie in den diesbezüglichen Beratungsunternehmen überneh-

39 http://www.uni-speyer.de/de/universitaet/gegenwart-und-ge
    schichte/begruessung.php?p_id=823. (Zugriff 23. März 2017)
40 http://www.uni-speyer.de/de/studium/public-administration/
    profil.php?p_id=1052. (Zugriff 23. März 2017)

men wollen.[41] „*Der LL. M.-Studiengang ‚Staat und Verwaltung in Europa*‘ vermittelt fundierte Kenntnisse der Staatsfunktionen und staatlichen Strukturen im nationalen Bereich wie im europäischen Verbund."[42] Er ist auf Studierende der Rechtswissenschaft zugeschnitten, die ihr erstes Staatsexamen abgeschlossen haben, und sich für herausgehobene Tätigkeiten in nationalen und internationalen Verwaltungen, in der Rechtssetzung, in EU-Institutionen, NGOs und dem öffentlichen Sektor nahestehende Organisationen qualifizieren wollen.[43]

An der *Universität Konstanz* werden derzeit drei Studiengänge für Verwaltungswissenschaften angeboten: Im Zentrum des grundständigen Studiums der *Politik- und Verwaltungswissenschaften,* das mit dem *B.A.* abschließt, steht die Vermittlung sozialwissenschaftlicher Fachkenntnisse und analytischer Kompetenzen. Darüber sollen fundierte Methodenkompetenzen der empirischen Politik- und Verwaltungsforschung erlangt werden. Bestandteil des Studiums sind zudem Grundlagen der Rechts- und Wirtschaftswissenschaften, die auf der Webseite als „benachbarte Fächer" bezeichnet werden.[44]

Verwaltungswissenschaft kann darüber hinaus auch

41 http://www.uni-speyer.de/de/studium/oeffentliche-wirtschaft-ma/profil.php?p_id=807. (Zugriff 23. März 2017)

42 http://www.uni-speyer.de/de/studium/staat-und-verwaltung-in-europa-llm/profil.php?p_id=739. (Zugriff 23. März 2017)

43 http://www.uni-speyer.de/de/studium/staat-und-verwaltung-in-europa-llm/profil.php?p_id=739. (Zugriff 23. März 2017)

44 https://www.uni-konstanz.de/studieren/vor-dem-studium/studienangebot/studiengaenge-a-z/politik-und-verwaltungswissenschaft-ba. (Zugriff 27. März 2017)

als *Nebenfach* in einem anderen geisteswissenschaftlichen *Bachelorstudiengang* gewählt werden. Auch hier steht die politikwissenschaftliche Perspektive im Mittelpunkt. Schließlich wird in Konstanz ein *Masterstudiengang Politik- und Verwaltungswissenschaft* angeboten, in dem Fachkenntnisse der Politikwissenschaft, der Verwaltungswissenschaft und der Managementlehre vermittelt werden. Der Studiengang ist international ausgerichtet und erfordert eine Spezialisierung in einem der folgenden Bereiche: 1. Vergleichende Politik und Policy-Analyse, 2. Management und Verwaltung, 3. Internationale Beziehungen und Europäische Integration, 4. Internationale Verwaltung und Konfliktmanagement.[45]

In der *Fachgruppe Politik- und Verwaltungswissenschaft an der Universität Potsdam* können derzeit folgende Studiengänge mit verwaltungswissenschaftlichem Profil belegt werden: Das grundständige Studium *Politik und Verwaltung (B. A.)* „bietet eine systematische Einführung in die Analyse politisch-administrativer Strukturen und Prozesse auf verschiedenen Ebenen. Es erschließt die bedeutsamen Traditionen politischen Denkens und vermittelt auf wissenschaftlicher Grundlage Sach-, Methoden- und Theoriekenntnisse, die zur Analyse politischer Problemlagen und den Entwurf von Handlungsmöglichkeiten befähigen."[46] Der Studiengang *Politik,*

---

45 https://www.polver.uni-konstanz.de/studium/master/mapolver. (Zugriff 27. März 2017)
46 http://www.uni-potsdam.de/wiso/studium/bachelor/ba-politik-und-verwaltung/studienziele-aufbau-des-studiums.html. (Zugriff 29. März 2017)

*Verwaltung und Organisation (B. A.)* ist interdisziplinär ausgerichtet und umfasst Inhalte aus den Fächern Politikwissenschaft, Verwaltungswissenschaft, Soziologie und Betriebswirtschaftslehre. Die Studierenden erhalten vertiefte Einblicke in aktuelle Forschungsfelder, wie z. B. die Parteienforschung, Forschung zur Verwaltungsmodernisierung, Internationale Politik und Politikfeldforschung oder Organisations- und Managementforschung. Überdies zeichnet sich das Bachelorstudium durch eine fundierte und praxisorientierte Methodenausbildung aus.[47] Der konsekutive und forschungsorientierte *Masterstudiengang Verwaltungswissenschaft (M. A.)* der Universität Potsdam ist darauf ausgerichtet, dass die Studierenden die in ihrem vorangegangenen Bachelorstudium erlangten Kenntnisse systematisch erweitern und vertiefen. Dazu ist der Studiengang in einen Schwerpunktbereich und einen Wahlbereich unterteilt. Im Schwerpunktbereich sind die Module Public Administration, Government, Governance, Organisation sowie Public Policy zu belegen, im Wahlbereich können drei von insgesamt elf Modulen ausgewählt werden. Dazu zählen bspw. die Module Politik und Regieren in Deutschland und Europa, Management im öffentlichen Sektor, Allgemeines Verwaltungsrecht und Verwaltungssoziologie. Weitere Bereiche bilden die Methoden empirischer Sozialforschung und das Praktikumsmodul.[48]

---

47 http://www.uni-potsdam.de/wiso/studium/bachelor/ba-politik-verwaltung-und-organisation.html. (Zugriff 29. März 2017)

48 http://www.uni-potsdam.de/wiso/studium/master/ma-verwaltungswissenschaft/studienziele.html. (Zugriff 29. März 2017)

Die *Fernuniversität Hagen,* die als erste öffentliche
Hochschule in Deutschland das Studium überwiegend
als Fernstudium organisiert hat, bietet einen Bachelor-
und einen Masterstudiengang an, die der Verwaltungswissenschaft zugeordnet werden können. Ziel des *B. A.-
Studiengang Politikwissenschaft, Verwaltungswissenschaft,
Soziologie* ist es, den Studierenden ein differenziertes,
theoretisch fundiertes und empirisch abgesichertes Wissen über die Gegenstände der beteiligten Fächer Politikwissenschaft, Verwaltungswissenschaft und Soziologie
zu vermitteln, dass sich am aktuellen State-of-the-Art
orientiert.[49] Dazu wird in der ersten so genannten Ba-
sisphase Grundlagenwissen aus allen drei wissenschaftlichen Disziplinen vermittelt, während die Studierenden in der Vertiefungsphase eine Disziplin als fachlichen
Schwerpunkt wählen können. Der Vertiefungsbereich
Verwaltungswissenschaft umfasst u. a. die Themen Verwaltung und Partizipation, Organisation, Staat und Politik im Mehrebenensystem, Politik und Verwaltung im
europäischen Vergleich, europäische Verwaltung und
Politikfeldanalyse.[50]

Der *M. A.-Studiengang Governance* „soll die Studierenden dazu befähigen, neue Formen der politischen
Steuerung und Koordination wissenschaftlich fundiert
zu analysieren und die erworbenen Kenntnisse und Fer-

49 http://www.fernuni-hagen.de/KSW/portale/bapvs/einstieg/stu
dienziele-und-berufsfelder. (Zugriff 29. März 2017)
50 http://www.fernuni-hagen.de/KSW/bapo/studieninhalte/2015
ws/vertiefung_verwaltung.shtml. (Zugriff 29. März 2017)

tigkeiten in die berufliche Praxis zu transferieren".[51] Das Studium umfasst vier Semester und richtet sich an Personen mit einem akademischen Abschluss, die in der Wissenschaft, in nationalen und internationalen Verwaltungen, in den Medien und in Parteien, Verbänden oder sonstigen Organisationen beschäftigt sind oder eine solche Beschäftigung anstreben.[52] Inhaltlich werden neben den vielfältigen Facetten des Governance -Konzeptes – theoretische Grundlagen, Institutionen, Akteure, Steuerung, Demokratie und Governance, Governance im Mehrebenensystem, international Governance – insbesondere Fragen der Internationalisierung und Globalisierung und deren Bedeutung für das Handeln von Staatund Verwaltung behandelt.[53]

An der *Hertie School of Governance* haben die Studierenden die Möglichkeit, folgende Studiengänge mit verwaltungswissenschaftlicher Ausrichtung zu belegen: 1. einen zweijährigen englischsprachigen *Masterstudiengang Public Policies,* der die Möglichkeit bietet, sich auf *Public Analysis* oder *Management und Organisation* zu spezialisieren und bspw. die Module Policy Process, Public Management, Law and Governance umfasst; 2. einen *Executive Master of Public Administration,* der sich durch seine zeitliche Flexibilität (Dauer von 1–4 Jahren)

---

51 http://www.fernuni-hagen.de/KSW/portale/magov. (Zugriff 29. März 2017)

52 http://www.fernuni-hagen.de/KSW/portale/magov/einstieg/stu dienziele-und-berufsfelder. (Zugriff 29. März 2017)

53 http://www.fernuni-hagen.de/KSW/portale/magov/studium/ss-2017. (Zugriff 29. März 2017)

sowie ein Curriculum ausweist, das auf die jeweiligen
Bedürfnisse angepasst werden kann. In diesem werden
– ebenfalls in englischer Sprache – Themen behandelt
wie management, governance, policy evaluation, cam-
paigns and elections, argumentation, conflict management etc.[54]

Am Institut für Politikwissenschaft der Universität
Duisburg-Essen können zwei Masterprogramme mit
verwaltungswissenschaftlichem Bezug absolviert werden:
Im Zentrum des Masterprogramms *Politikmanagement,
Public Policy und öffentliche Verwaltung* „stehen die ana-
lytische Durchdringung der Anforderungen des europäischen Mehrebenensystems, die Charakteristika des
Verwaltungshandelns, die Imperative politischer Kommunikation und die Techniken politischer Führung",[55]
während der Masterstudiengang *Development und Governance* darauf abzielt, verschiedene Formen von Go-
vernance-Prozessen und deren Bedeutung für die Entstehung von Demokratien und die Entwicklung von
Gesellschaften zu untersuchen.[56] Zudem wird ein be-
rufsbegleitender Masterstudiengang *Master of Public Policy* an der NRW School of Governance angeboten. Das
zweijährige Studium richtet sich an Entscheidungsträger
in Parteien, Verwaltung, Verbänden und Gewerkschaf-

---

54 https://www.hertie-school.org/en/study/course-catalogue.   (Zu-
    griff 30. März 2017)
55 http://nrwschool.de/lehre-und-qualifizierung/politikmanageme
    nt-m-a/ (Zugriff 30. März 2017)
56 https://www.uni-due.de/studienangebote/studiengang.php?id=
    31. (Zugriff 30. März 2017)

ten sowie Unternehmen und anderen Organisationen mit Schnittstellen zur Politik und umfasst u. a. Module zur politischen Kommunikation, zur politischen Willensbildung und Beteiligung sowie zum Politikmanagement.[57]

An der *Willi Brandt School of Public Policy* wird ein englischsprachiges Masterprogramm *Master of Public Policy* angeboten, das sich durch seine Interdisziplinarität, Internationalität und Anwendungsorientierung auszeichnet. Der zweijährige Studiengang richtet sich an Studierende im In- und Ausland, die eine Karriere im internationalen öffentlichen Dienst oder in Nichtregierungsorganisationen anstreben. Der Masterstudiengang umfasst neben dem theoretischen Studium ein politisches Praktikum und eine umfangreiche Projektarbeit im Bereich der Politikfeldanalyse.[58]

Die *Universität Kassel* bietet seit 20 Jahren einen *weiterbildenden Masterstudiengang für Public Administration* an, der Beamte und Angestellte in öffentlichen Verwaltungen und Non Profit Organisationen für Führungspositionen qualifiziert und gewissermaßen als „Trendsetter" im Bereich der weiterbildenden, berufsbegleitenden Masterprogramme gilt. „Der Schwerpunkt wird auf die Vermittlung einschlägiger betriebswirtschaftlicher Qualifikationen im Anwendungsfeld der Öffentlichen Verwaltung gelegt. (…) Zudem erwerben die Studierenden

---

57 https://www.uni-due.de/studienangebote/studiengang.php?id=
155. (Zugriff 30. März 2017)
58 https://www.uni-erfurt.de/studium/studienangebot/master/pub
lic-policy. (Zugriff 22. Mai 2017)

fundierte methodische Kenntnisse für die empirische Analyse von spezifischen verwaltungswissenschaftlichen Problemfeldern."[59] Das berufsbegleitende Studium umfasst sechs Semester und wird in einem Wechsel von Online- und Präsenzveranstaltungen absolviert. Die inhaltliche Ausgestaltung des Studiums reicht von Fragen der Verwaltungsorganisation, des Controllings und des Verwaltungsmarketings über Verwaltungsreformen und Change Management bis zu E-Government, Personal- und Projektmanagement.

Ähnlich ausgerichtete Masterprogramme, die auf die spezifischen Bedarfe der öffentlichen Verwaltung zugeschnitten sind und meistens berufsbegleitend absolviert werden können, sind in den letzten Jahren auch an anderen Hochschulen entstanden. Beispielsweise bietet die *FHöV NRW* seit 2013 einen *Masterstudiengang für Public Management* an, der sich an Beschäftigte in öffentlichen Verwaltungen sowie in verwaltungsnahen Institutionen richtet, die eine höhere Führungsposition anstreben und ausbauen wollen. Der Studiengang „zielt darauf ab, professionelles Führungshandeln und Wahrnehmung von inhaltlicher und persönlicher Führungskompetenz und einer ethisch orientierten Personalführung zu gewährleisten"[60] und die Studierenden in die Lage zu versetzen, Entscheidungen auf der Basis von

59 https://www.unikims.de/de/mba-masterstudiengaenge/master-of-public-administration-mpa-/studienziele. (Zugriff 30. März 2017)

60 https://www.fhoev.nrw.de/studium/masterstudiengaenge/mpm/startseite.html. (Zugriff 30. März 2017)

erworbenem und ständig aktualisiertem Wissen aus
rechts-, wirtschafts- und sozialwissenschaftlichen Bereichen zu treffen, Verantwortung bei der Führung von
qualifizierten Mitarbeitern zu übernehmen, mit fach-
fremden Partnern zusammenzuarbeiten und sich auch
mit wissenschaftsferneren Problemen auseinanderzuset-
zen. Der Studiengang hat eine stärkere sozialwissenschaftliche Konnotation als der Masterstudiengang der
Universität Kassel und behandelt neben rechtswissenschaftlichen, politischen und gesellschaftlichen Rahmenbedingungen des Verwaltungshandelns persönliche
und soziale Kompetenzen wie Konfliktmanagement und
Interkulturelle Kompetenz. Ferner werden Aspekte der
Europäisierung der Verwaltung, der Verwaltungsorganisation einschließlich des Projektmanagements und des
Dienstleistungsmarketings thematisiert. Hinzu kommen Wahlpflichtmodule, die nach bestimmten Politikfeldern ausgerichtet sind, wie Sicherheit und Ordnung
oder Schule, Bildung und Kultur.[61]
Auch an der Hochschule für Wirtschaft und Recht in
Berlin, der Hochschule für öffentliche Verwaltung Kehl,
der Hochschule für öffentliche Verwaltung und Finanzen in Ludwigsburg und der Kommunalen Hochschule
für Verwaltung in Niedersachsen, besteht die Möglichkeit, einen Master of Public Management, Public Administration oder Verwaltungsmanagement zu erwerben.

---

61 https://www.fhoev.nrw.de/uploads/media/ModulhandbuchMP
   MabJahrgang2016.pdf (Zugriff 30. März 2017)

## 4.6    Verwaltungswissenschaftliche Vereinigungen

Für die Verwaltungswissenschaft in der Bundesrepublik Deutschland sind vor allem zwei verwaltungswissenschaftliche Vereinigungen von Interesse: die *Sektion Policy-Analyse und Verwaltungswissenschaft* der Deutschen Vereinigung für Politische Wissenschaft (DVPW) und die *Deutsche Sektion des Internationalen Instituts für Verwaltungswissenschaften* (IIAS).

Die Sektion Policy-Analyse und Verwaltungswissenschaft ist eine von zehn Sektionen der DVPW mit etwa 400 Mitgliedern. Sie versteht sich als Forum für Wissenschaftlerinnen und Wissenschaftler, die sich mit Fragen der Policy-Analyse sowie mit verwaltungswissenschaftlichen Themen beschäftigen.[62] Neben der Interessenvertretung innerhalb der DVPW kommen der Sektion die Aufgabe der Vernetzung der Wissenschaftler innerhalb der Sektion sowie mit anderen Wissenschaftlern, der Kooperation mit andern Vereinigungen, Sektionen und Arbeitskreisen und der Nachwuchsförderung zu. Innerhalb der Sektion erfolgt die Information und Vernetzung im Wesentlichen über eine Mailingliste sowie Tagungen und Veranstaltungen, in deren Rahmen aktuelle Forschungsarbeiten diskutiert werden. Auch die Einführung der Nachwuchswissenschaftler findet in der Regel auf Tagungen statt. Zudem existiert eine eigene Nach-

---

62 https://www.dvpw.de/gliederung/sektionen/spv/ueber-die-sektion.html. (Zugriff 30. März 2017)

wuchsgruppe der Sektion Policy-Analyse und Verwaltungswissenschaft.[63]

Die Deutsche Sektion der IIAS richtet sich nicht nur an Wissenschaftler, sondern auch an Praktiker. Sie ist als Verein organisiert, der derzeit etwa 400 Mitglieder hat. Zu den Kernaufgaben der Deutschen Sektion gehört es, vertiefte Kenntnisse über in- und ausländische Verwaltungswissenschaft und -praxis zu gewinnen und diese für einen breiten Kreis internationaler Interessenten nutzbar zu machen. Ihr Ziel ist es, Verwaltungswissenschaftlern breite Informationen aus der Praxis zu vermitteln und Praktikern Anregungen aus der wissenschaftlichen Erkenntnis zu geben. Auf diese Weise will die Sektion Wissenschaftlern und Praktikern die Wege zu gemeinsamen Gesprächen ebnen und den Dialog mit weiteren Gesprächspartnern und Verwaltungen in anderen Ländern fördern. Die Deutsche Sektion bringt erprobte Beispiele zur Verwaltungsmodernisierung in die internationale verwaltungswissenschaftliche Diskussion ein und gibt zugleich praktische Erfahrungen anderer Länder weiter.[64] Auch die Deutsche Sektion der IIAS fördert die Vernetzung ihrer Mitglieder insbesondere durch Fachtagungen und Publikationen.

---

63 Diese Informationen sind einem Interview mit Prof. Dr. Sylvia Veit, die dem Vorstand der Sektion Policy-Analyse und Verwaltungswissenschaft angehört, vom 3. Mai 2017 entnommen.
64 http://www.deutschesektion-iias.de/deutsche-sektion/fakten/. (Zugriff 30. März 2017)

*In Bezug auf die Verwaltungswissenschaft sollten Sie*

- *diese als wissenschaftliche Disziplin verorten können,*
- *ihre Traditionen und weitere Genese skizzieren können,*
- *Inhalte, thematische Schwerpunkte und weitere Ent-wicklungsmöglichkeiten verwaltungswissenschaftlicher Forschung kennen und diese fachdisziplinarisch zuord-nen können,*
- *um die vielfältigen Ausbildungsmöglichkeiten wissen,*
- *verwaltungswissenschaftliche Vereinigungen und ihre Aufgaben kennen.*

# 5

## Quo vadis? Verwaltung und Verwaltungswissenschaft im 21. Jahrhundert

*Im letzten Kapitel soll ein Ausblick in das 21. Jahrhundert gewagt werden. Wohin soll sich die Verwaltung in den nächsten Jahren und Jahrzehnten entwickeln? Wie kann die öffentliche Verwaltung den dargelegten Herausforderungen gerecht werden? Welche Funktion hat die politikwissenschaftliche Verwaltungswissenschaft in diesem Kontext? Welchen Beitrag kann sie leisten, um die Verwaltung zukunftsfähig zu machen? Welche Potenziale für eine Weiterentwicklung hat sie ihrerseits? Die Fragen können nicht abschließend diskutiert oder gar beantwortet werden. Es sollen aber erste Überlegungen zur Beantwortung der Fragestellungen aufgeworfen werden.*[65]

---

65 Dabei wird u. a. Bezug genommen auf Vorträge und Diskussion von Verwaltungswissenschaftlern und -praktikern auf der Jah-

In diesem Band sollte deutlich geworden sein, dass komplexe gesellschaftliche Wandlungsprozesse und veränderte politische Rahmenbedingungen eine Veränderung der Strukturen und Prozesse in der öffentlichen Verwaltung erfordern, die sich ihrerseits durch eine höhere Komplexität und Durchlässigkeit auszeichnen als die hierarchisch geprägte weberianische Verwaltung und die an Effizienz- und Effektivitätskriterien ausgerichtete Verwaltung des NPM. Auch im Bereich des Personals sind Veränderungen notwendig, soll die öffentliche Verwaltung flexibel und kurzfristig auf neue Herausforderungen und Entwicklungen reagieren können, ohne strategische Überlegungen und Zielsetzungen aus dem Auge zu verlieren. Die Verwaltung im 21. Jahrhundert ist daher pointiert mit den Adjektiven vernetzt, digital, projektorientiert, partizipativ, international und kompetent zu beschreiben.

## (1) Vernetzte Verwaltung

Die öffentliche Verwaltung wird sich zu einer *vernetzten Verwaltung* oder *Netzwerkverwaltung* entwickeln müssen, die andere Akteure in die Planung und Abwicklung

restagung der Deutschen Sektion des IIAS am 24. und 25. November 2016 zum Thema „Verwaltungspraxis und Verwaltungswissenschaft" sowie ein leitfadengestütztes Interview mit Sylvia Veit, Professorin für Public Management an der Universität Kassel und Vorsitzende der Sektion Policy-Analyse und Verwaltungswissenschaft der DVPW, das im Mai 2017 geführt wurde.

von Verwaltungsprozessen einbindet bzw. sich von anderen einbinden lässt. Diese anderen Akteure können dabei Verwaltungsträger in der in Kapitel 2.5 dargestellten Vielfalt von Rechts- und Organisationsformen sein, die EU oder eine ihrer Agenturen, zivilgesellschaftliche Akteure wie Vereine, Verbände oder soziale Bewegungen und schließlich Wirtschaftsunternehmen und ihre Interessenverbände. Die theoretische Grundlage dieser Idee von Verwaltung ist mit dem Governance-Konzept grundsätzlich beschrieben, wenn dieses auch mit einer gewissen begrifflichen und inhaltlichen Unschärfe einhergeht (vgl. dazu Grande 2012). Zudem ist die konkrete Ausgestaltung der Governance in der Praxis von dem jeweiligen Politikfeld und dem konkreten Inhalt abhängig. So kann es im Rahmen der internationalen Klimapolitik oder bei der Bekämpfung von Fluchtursachen notwendig sein, transnationale Governancearchitekturen zu schaffen, während es bei der Unterbringung von Geflüchteten auf kommunaler Ebene darauf ankommt, in Sozialräumen zu denken, die Akteure auf Stadtteilebene einzubeziehen und die Prozesse zwischen Bund, Ländern und Kommunen zu organisieren. Auch die Rolle der vernetzten Verwaltung variiert, weil die Grenzen zwischen dem innen und außen verschwimmen. Sie kann reichen von der der Koordinatorin und Organisatorin bis zu der einer Partnerin oder Akteurin unter vielen.

## (2) Digitale Verwaltung

Die Entwicklung der öffentlichen Verwaltung zu einer digitalen Verwaltung ist bereits ausführlich erörtert worden. Sie zeichnet sich aus durch die medienbruchfreie Gestaltung von Prozessen innerhalb der öffentlichen Verwaltung, zwischen verschiedenen Verwaltungsebenen sowie in Richtung Bürger und anderer Akteure (E-Government), ihre Offenheit und Transparenz (Open Data) und die Möglichkeit zur elektronischen Teilhabe (Open Government). Insofern nimmt sie wesentliche Aspekte der Netzwerkverwaltung auf, hier mit dem Schwerpunkt *digitaler Netzwerke* und *elektronischer Kooperationen.* Voraussetzung ist, dass sich die Verwaltung als digitaler Akteur definiert, mit entsprechenden digitalen Kompetenzen ausgestattet ist und dass die technischen Voraussetzungen für die digitale Verwaltung geschaffen werden.

## (3) Partizipative Verwaltung

Die Partizipation von Bürgern und anderer Akteure am Prozess der Politikformulierung und -verarbeitung durch die öffentliche Verwaltung ist in den skizzierten Vorstellungen der vernetzten Verwaltung und der digitalen Verwaltung bereits angelegt, wenn nicht wesentlicher Bestandteil. Mit der *partizipativen Verwaltung* soll daher eine Verwaltung beschrieben werden, die den Bürgern die Möglichkeit gibt, sich frühzeitig und in vielfältiger Weise an politischen Entscheidungsprozessen zu beteiligen und die die Kompetenzen und die Ressourcen der Bürger bei der Gestaltung des Gemeinwesens nutzt. Die Konzepte des aktivierenden Staates oder der Bürgerkommune, die bereits skizziert wurden, geben Hinweise auf die Vielfalt der Teilhabemöglichkeiten und zeigen, dass die partizipative Verwaltung insbesondere auf der kommunalen Ebene schon zur Realität geworden ist. Es kann davon ausgegangen werden, dass die seit einigen Jahren zu beobachtende Entwicklung des Hinterfragens parlamentarischer Entscheidungen durch die Bürger einerseits, der Forderung nach einer frühzeitigen Beteiligung an politischen Entscheidungsprozessen sowie der (Mit-)Gestaltung der konkreten Lebenssituation vor Ort andererseits, anhalten wird. Die öffentliche Verwaltung ist dazu aufgerufen, diese Potenziale zu nutzen. Dabei sollten die Möglichkeiten des Internets, das neue Formate zur politischen und gesellschaftlichen Teilhabe bietet, genutzt werden (Escher 2013).

## (4) Internationale Verwaltung

Auch die Internationalisierung des Verwaltungshandelns ist in diesem Buch thematisiert worden. Sie zeigt sich derzeit aus der Perspektive der europäischen Nationalstaaten insbesondere in der Durchdringung der Verwaltungsorganisation und der Verwaltungsverfahren durch die Vorgaben der EU sowie einen zunehmenden Standortwettbewerb vor allem in grenznahen Regionen. Einige Verwaltungen haben bereits mit der Einrichtung entsprechender Organisationseinheiten reagiert, andere ihre Bemühungen um Partnerschaften mit Verwaltungen oder Unternehmen aus anderen Ländern verstärkt. Allerdings stellt sich die Frage, ob dies ausreichend ist angesichts der Internationalisierung und Globalisierung der Problemlagen und Herausforderungen, denen die Verwaltung gegenüber steht. Nicht zuletzt die so genannte Flüchtlingskrise im Jahr 2015 dürfte verdeutlicht haben, dass globale und internationale Probleme entsprechender globaler oder internationaler Antworten bedürfen. Die öffentliche Verwaltung ist daher gefordert, ihre Strukturen und Prozesse kritisch daraufhin zu überprüfen, ob sie im internationalen Umfeld bestehen können. Dabei ist auch zu berücksichtigen, dass sich die Gesellschaft hierzulande durch eine zunehmende ethnische und religiöse Vielfalt auszeichnet und Probleme, deren Wurzeln im Ausland liegen – wie z. B. der Islamismus – importiert werden. Konzepte zur interkulturellen Öffnung der Verwaltung scheinen hier in die richtige Richtung zu weisen.

## (5) Kompetente Verwaltung

Dass die öffentliche Verwaltung bei dem „war of talents" aufgrund ihres starren Besoldungssystems und der häufig in nur geringem Maße gegebenen Karrieremöglichkeiten begrenzte Möglichkeiten hat, ihr Know-How durch externe Einstellungen zu vergrößern, wie es in der Privatwirtschaft Usus ist, ist an anderer Stelle bereits problematisiert worden. Umso wichtiger ist es, die wesentlichen Kompetenzen für eine vernetzte, digitale,

partizipative und internationale Verwaltung im Rahmen
der Aus- und Fortbildung zu entwickeln. Wesentliche
Schlüsselkompetenzen der Zukunft liegen entsprechend
im Bereich der Moderations- und Kollaborationskom-
petenzen, der E-Kompetenzen, der Europakompeten-
zen sowie der interkulturellen Kompetenzen und sollten bei den Beschäftigten aller Verwaltungsbereiche und
-ebenen systematisch gefördert werden. Auch die Bedeutung von Projektmanagementkompetenzen in der öffentlichen Verwaltung steigt vor dem Hintergrund, dass
sich diese Arbeitsform bei der Bearbeitung fachbereichs-
und verwaltungsebenenübergreifender Sachverhalte und
der Umsetzung europäischer Förderprogramme zunehmend durchsetzt.

Eine besondere Bedeutung haben im Rahmen der
Entwicklung zu einer *kompetenten Verwaltung* die Führungskräfte. Die Wahrnehmung der Vorbildfunktion
durch Führungskräfte, ein partizipativer Führungsstil
und die Entwicklung so genannter *Leadership-Skills* sind
in der vernetzten Verwaltung besonders wichtig, weil
es – vereinfacht gesagt – schwerer ist, ein Netzwerk zu
organisieren als einer hierarchisch strukturierten Behörde vorzustehen oder eine produktorientierte Organisation wie im NSM zu steuern.[66] Hinzu kommt, dass
sich durch die Digitalisierung die Rahmenbedingungen
von Führung wesentlich ändern. Sie zeichnen sich durch

---

66 Anzumerken ist in diesem Zusammenhang, dass Führungskräfte in der Regel verschiedene Führungsmodi bedienen können
müssen, weil die Steuerungssysteme parallel nebeneinander bestehen.

eine schnellere Kommunikation, flexiblere vernetzte Arbeitsstrukturen, den Verlust sozialer Interaktion und den verstärkten Einsatz neuer Medien aus und machen die Entwicklung von Medienkompetenzen auf der Führungsebene der Verwaltungen unabdingbar. Das Konzept des *E-Leadership* bietet Anhaltspunkte dafür, wie sich eine elektronisch vermittelte Führung gestaltet. Ferner entstehen angesichts der zunehmenden Diversität der Beschäftigten neue Anforderungen, etwa im Zusammenhang der Führung heterogener Teams. Die Entwicklung interkultureller Kompetenzen ist für Führungskräfte der öffentlichen Verwaltung daher von besonderer Bedeutung.

Neben der Aktivierung und Entwicklung eigener Kompetenzen kann die öffentliche Verwaltung einen wesentlichen Beitrag dazu leisten, sektorübergreifende Problemlagen zu lösen, indem sie das relevante Wissen anderer Akteure, u. a. aus dem wissenschaftlichen Bereich, zusammenführt. Auf die Funktion der Verwaltungswissenschaften in diesem Kontext wird noch eingegangen.

Die Problematik der Definition der *Verwaltungswissenschaft* und ihrer Verortung im deutschen Wissenschaftssystem ist bereits beschrieben worden. Die dabei identifizierten Schwachstellen – hervorzuheben ist an dieser Stelle die Verhaftung in einzelnen wissenschaftlichen Disziplinen und damit in entsprechenden Theorien, Methoden und Perspektiven auf den Untersuchungsgegenstand – sind gleichsam als Chancen zur Weiterentwicklung des Wissenschaftsgebiets zu sehen. Zudem sind Perspektiven der Verwaltungswissenschaft aus Sicht der über sie Forschenden aufgezeigt worden. Soll die Verwaltungswissenschaft darüber hinaus einen Beitrag zur Zukunftsfähigkeit der öffentlichen Verwaltung leisten, muss sie sich in folgenden Bereichen (stärker) profilieren.

## (6) Verwaltungswissenschaft als empirisch-analytische Wissenschaft

Die Verwaltungswissenschaft sollte ihren Charakter als *empirisch-analytische Wissenschaft* stärken, die Entwicklungen und Reformen der öffentlichen Verwaltung evaluiert, Veränderungen bewertet und damit die Basis zur Weiterentwicklung der Verwaltung liefert. Notwendig ist eine systematische Evaluations- und Transformationsforschung, die über die Evaluation einzelner Fallbeispiele hinausgeht und die Verwaltung in ihrer Gesamtheit und über einen längeren Zeitraum in den Blick nimmt. Ein positives Beispiel für eine solche Praxisevaluation bildet die bereits zitierte Untersuchung zu den Ergebnissen und Wirkungen kommunaler Verwaltungsmodernisierung in Deutschland (vgl. Bogumil et al. 2006; Bogumil et al. 2007). Während mit der genannten Untersuchung die Umsetzung des NSM in deutschen Kommunen umfassend evaluiert wurde, steht eine vergleichbare Evaluation des Governance-Konzeptes aus. Ursächlich dürften neben konzeptionellen Unschärfen methodologische Probleme sein (Grande 2012, S. 577).

## (7) Verwaltungswissenschaft als theoriegeleitete Wissenschaft

Die einzeldisziplinäre Verhaftung der Forschenden und die starke Anwendungsorientierung der Verwaltungswissenschaft in Deutschland hat ihr häufig den Vorwurf eingebracht, sie sei nicht theoriegeleitet oder es mangele an einer umfassenden Verwaltungstheorie. „Zur Beschreibung, Erklärung und Vorhersage von Interaktionen der öffentlichen Verwaltung und ihrer Aussagen ist ein theoretischer Bezugsrahmen erforderlich", wie Bohne betont (Bohne 2014, S. 188). Notwendig ist daher, bestehende Theorieansätze einzelner wissenschaftlicher Disziplinen, die zur Beschreibung und Erklärung der Verwaltung sowie zur Entwicklung normativer Konzepte für die öffentliche Verwaltung herangezogen werden, stärker herauszustellen. Beispielhaft zu nennen sind aus dem Bereich der Politikwissenschaft die Theorie des Liberalismus, die deliberative Demokratietheorie oder der Kommunitarismus.

## (8) Verwaltungswissenschaft als inter- und transdisziplinäre Wissenschaft

Zudem sollte die *Inter- und Transdisziplinarität* der Verwaltungswissenschaft gestärkt werden, also die Zusammenarbeit verschiedener wissenschaftlicher Disziplinen gefördert und eine fachübergreifende wissenschaftliche Betrachtung und Reflektion ermöglicht werden. Dies gilt insbesondere vor dem Hintergrund, dass komplexe po-

litische und gesellschaftliche Entwicklungen und sektorübergreifende Problemlagen einer fachübergreifenden
wissenschaftlichen Analyse bedürfen. Förderlich können in diesem Zusammenhang beispielsweise inter- und
transdisziplinäre Forschungsprojekte und Promotions-
vorhaben sein. Ein positives Beispiel bietet das *Fort-
schrittskolleg Online-Partizipation NRW,* in dem in dem
Wissenschaftler aus der Betriebswirtschaft, Informatik, Kommunikationswissenschaft, Politikwissenschaft,
Rechtswissenschaft und Soziologie gemeinsam mit Partnern aus der Praxis Möglichkeiten des Internets zur Beteiligung von Betroffenen an für sie relevanten Entscheidungen untersuchen und der Frage nachgehen, wie und
unter welchen Bedingungen das Potential von Online-
Partizipation auf kommunaler Ebene systematisch entwickelt, praktisch genutzt und wissenschaftlich evaluiert
werden kann.[67] Auch eine stärkere Vernetzung innerhalb und zwischen den wissenschaftlichen Vereinigungen bietet eine Möglichkeit, die Interdisziplinarität zu
fördern.

Einen inhaltlichen Bezugspunkt einer interdisziplinä-
ren Verwaltungsforschung sehen Bogumil und Jann derzeit in der Reintegration von Public Policies und Public
Administration, die die Perspektiven der internen (Soziologie, Ökonomie) und der externen Steuerungsprobleme (Politikwissenschaft) des öffentlichen Sektors zusammenführt (Bogumil und Jann 2009, S. 293 f.).

---

67 www.fortschrittskolleg.de. (Zugriff 2. Juni 2017)

## (9) Verwaltungswissenschaft als internationale Wissenschaft

Der Unterschiedlichkeit der politischen Systeme, der historischen und rechtlichen Rahmenbedingungen, des Aufbaus der Verwaltung, der Verwaltungskultur sowie der Wege zur Ausbildung und Rekrutierung des Verwaltungspersonals dürfte es geschuldet sein, dass sich die wissenschaftliche Betrachtung der Verwaltung bisher vorrangig an den Grenzen der Nationalstaaten orientiert. So ist auch in diesem Lehrbuch der Fokus eindeutig auf die Verwaltung und Verwaltungswissenschaft in Deutschland gelegt worden.

Allerdings hat sich der Untersuchungsgegenstand in den vergangenen Jahren, wenn nicht Jahrzehnten, zunehmend internationalisiert. Notwendig erscheint daher eine stärkere *internationale Ausrichtung der Verwaltungswissenschaft,* die die Verwaltung aus einer vergleichenden Perspektive in den Blick nimmt, ohne die jeweils spezifischen Rahmenbedingungen aus dem Auge zu verlieren. Werner Jann, Geert Bouckaert und Jana Bertels plädieren in diesem Zusammenhang nachdrücklich für die Entwicklung einer europäischen Perspektive auf die öffentliche Verwaltung: „Our basic question is how we as researchers and teachers will and should deal with the changing role of public administrations and the public sector in Europe" (Bertels et al. 2016, S. 6).

**(10) Verwaltungswissenschaft als institutionalisierte Wissenschaft**

Darüber hinaus sollte die Verwaltungswissenschaft stärker institutionalisiert und organisiert werden. Dies kann zum einen durch eine Stärkung der universitären Studiengänge, die sich explizit auf die Verwaltung konzentrieren und mit entsprechenden verwaltungswissenschaftlichen BA- und MA-Abschlüssen beendet werden, erfolgen. Zum anderen sollten sichtbare Studienprogramme in „Schools" für Public Administration, Public Policy oder Governance angeboten werden, wie sie aus den USA bekannt sind und sich seit einigen Jahren auch in Deutschland etablieren, die Fortbildungsprogramme für Führungskräfte in der öffentlichen Verwaltung oder politischen Mandatsträger anbieten.

Auch im Forschungsbereich sollte die Verwaltungswissenschaft strukturell stärker verankert werden durch den Aufbau entsprechender Lehrstühle, Forschungszentren und Forschungsschwerpunkte für Verwaltungswissenschaft und die Zusammenführung relevanter Forschergruppen in den akademischen Gesellschaften.

**(11) Verwaltungswissenschaft als attraktive Wissenschaft**

Schließlich muss die Verwaltungswissenschaft an Attraktivität gewinnen, um talentierte und motivierte Menschen für die öffentliche Verwaltung gewinnen zu können. Bis heute scheint der Verwaltung noch immer das

Bild der verstaubten Amtsstube anzuhaften. Warum sollte man sich als junger Mensch also dafür begeistern oder entschließen, diese zu studieren oder in ihr zu arbeiten?

Die Stärkung der Attraktivität der Wissenschaft kann zum einen über die bereits beschriebene Institutionalisierung erfolgen, zum anderen durch eine ansprechende Lehre, die sich durch ihren theoretischen Gehalt einerseits, ihre praktische Relevanz andererseits auszeichnet. Entscheidend aber dürfte sein, dass verwaltungswissenschaftliche Abschlüsse entsprechende Karrierewege in der öffentlichen Verwaltung eröffnen. Die berufsbegleitenden Masterstudiengänge für Public Administration oder Public Management bieten hier bereits erfolgversprechende Beispiele, insbesondere seitdem sie auch formal den Zugang zum höheren Dienst ermöglichen. Allerdings ist ihr Profil in hohem Maße praxisorientiert, so dass eine Ergänzung durch forschungsorientierte Master- und PhD-programme notwendig ist, die eine wissenschaftliche Karriere ermöglichen.

# Weiterführende Literatur

**Blanke, B; Nullmeiner, F., Reichard, C, & Göttrik, W. (Hrsg.). (2011), Handbuch zur Verwaltungsreform. Wiesbaden: VS Verlag.**
Relevante Themenfelder rund um die Verwaltung und die Verwaltungswissenschaft – wie Reformkonzepte sowie ihre Ergebnisse und Wirkungen, Fragen der Steuerung, der Organisation, des Personals und der Finanzen der öffentlichen Verwaltung sowie ihrer Entwicklung und Perspektiven – werden in diesem Handbuch vorgestellt. Es bietet die Möglichkeit, sich einen ersten Überblick über die einzelnen Themenfelder zu machen und macht gleichzeitig die Breite und Vielfalt verwaltungswissenschaftlicher Fragestellungen deutlich.

**Bogumil, Jörg; Jann, Werner (2009). Verwaltung und Verwaltungswissenschaft in Deutschland. Wiesbaden: VS Verlag.**
Mit dem 2005 erstmals erschienen und 2009 völlig überarbeiteten Werk liefern Jörg Bogumil und Werner Jann die erste umfassende Darstellung von Verwaltung und Verwaltungswissenschaft in Deutschland aus politikwissenschaftlicher Perspektive. Dieses Buch sollte im Bücherregal eines Studierenden der Verwaltungswissenschaft in keinem Fall fehlen!

**Bohne, Eberhard (2014). Gegenstand, methodische Grundlagen und theoretischer Bezugsrahmen der Verwaltungswissenschaft. *die Verwaltung*, Vol. 47, No. 2, pp. 159–195.**
Eine systematische Annäherung an den Begriff der Verwaltung und die Verortung der Verwaltungswissenschaft als Wissenschaftsdisziplin unternimmt Eberhard Bohne in dem o.g. Beitrag. Dabei stellt er die Bedeutung eines theoretischen Bezugsrahmens für eine praktische Wissenschaft deutlich heraus.

**Preisendörfer, P. (2016). Organisationssoziologie. Grundlagen, Theorien und Problemstellungen. Wiesbaden: Springer VS.**
Dieser Band bietet weit über das Bürokratiemodell Max Webers einen gelungenen Blick in die Organisationssoziologie. Er erläutert zahlreiche theoretische Modelle und ist insbesondere dann empfehlenswert, wenn eine umfassende Darstellung organisatorischer Zusammenhänge mit starkem Theoriebezug benötigt wird.

**Rudzio, W. (2015). Das politische System der Bundesrepublik Deutschland. Wiesbaden: Springer VS.**
Wolfgang Rudzios Werk, mittlerweile in der neunten Auflage erschienen, ist völlig zu Recht ein Klassiker der deutschsprachigen Politikwissenschaft. Der interessierte Studierende findet hier Grundsätzliches zum politischen System der Bundesrepublik Deutschland. Insbesondere das erste Kapitel dieses Bandes kann inhaltlich vertieft werden.


**Seibel, W. (2016). Verwaltung verstehen. Eine theoriegeschichtliche Einführung. Berlin: Suhrkamp.**
Wolfgang Seidels äußerst lesenswerte Monografie ist eher interessant für den fortgeschrittenen Studierenden, der den gleichermaßen essayistischen wie mitunter (selbst-) ironischen Duktus zu werten weiß. Wer sich auf dieses Buch einlässt, erfährt Wissenswertes zur öffentlichen Verwaltung weit über fachlichdisziplinäre Grenzen hinaus.


**Ziekow, J. (Hrsg.). (2003). Verwaltungswissenschaften und Verwaltungswissenschaft. Berlin: Duncker & Humblot.**
Der Band fasst die Vorträge und Diskussionen des gleichnamigen Symposiums zusammen, das am Forschungsinstitut für öffentliche Verwaltung Speyer 2002 veranstaltet wurde. Er beleuchtet die Verwaltungswissenschaft als multi- und interdisziplinärer Perspektive und lässt namhafte Wissenschaftler zu Worte kommen, die die Verwaltungswissenschaft in Deutschland maßgeblich geprägt haben

# Literaturverzeichnis

Abraham, M. & Büschges, G. (2009). *Einführung in die Organi-sationssoziologie.* Wiesbaden: Springer VS.

Alemann, U. von & Münch, C. (2006). Einleitung – Steigerung der lokalen Europafähigkeit, in: U. Alemann & C. Münch (Hrsg.), *Europafähigkeit der Kommunen – Die lokale Ebene der Europäischen Union* (S. 16–22). Wiesbaden: Verlag für Sozialwissenschaften.

Bach, T., Jantz, B. & Veit, S. (2010). Verwaltungspolitik als Politikfeld. In. B. Blanke, F. Nullmeier, C. Reichard & G. Wewer (Hrsg.), *Handbuch zur Verwaltungsreform* (S. 527–536). Wiesbaden: VS Verlag für Sozialwissenschaften.

Bauer, M.W. (2015). Die Verwaltungswissenschaft und die Herausforderungen der Denationalisierung. *Politische Vierteljahresschrift, 4/2015, 56. Jg.,* S. 648–671.

Bauer, M, W. & Becker, S. (2017). Das gespaltene Selbstverständnis der deutschen Verwaltungswissenschaft. Erste Ergebnisse einer Befragung unter Fachvertreterinnen und Fachvertretern. In E. Grande & M. Bauer (Hrsg.), *Perspektiven der Verwaltungswissenschaft. Reihe Staatslehre und politische Verwaltung.* Baden-Baden: Nomos (in preparation).

Baum, K.-B., Hinrichs, K. & Potratz, W. (1974). Die restaurative Dienstrechtsreform. Bemerkungen zum Gutachten der Studien-Kommission. http://library.fes.de/gmh/main/pdf-files/gmh/1974/1974-05-a-273.pdf, Zugriff 1. März 2017.

Beck, S. & Plazek, M. (2012). *Haushaltsmodernisierung in den Bundesländern. Vielfältige Reformpfade.* Berlin: Institut für den öffentlichen Sektor.

Beer, M.J. (2011). Staatsleitbilder. In: B. Blanke, F. Nullmeier, C. Reichard & G. Wewer (Hrsg.), *Handbuch zur Verwaltungsreform* (S. 53–60). Wiesbaden: Verlag für Sozialwissenschaften.

Benz, A. (1994). *Kooperative Verwaltung. Funktionen, Voraussetzungen und Folgen.* Baden-Baden: Nomos Verlagsgesellschaft.

Benz, A. (2009). *Politik im Mehrebenensystem.* Wiesbaden: Verlag für Sozialwissenschaften.

Benz, A. & Dose, N. (Hrsg.). (2010). *Governance – Regieren in komplexen Regelsystemen. Eine Einführung.* Wiesbaden: Verlag für Sozialwissenschaften.

Benz, A. (2003). Politologische Verwaltungsforschung. In J. Ziekow (Hrsg.), *Verwaltungswissenschaften und Verwaltungswissenschaft. Forschungssymposium anlässlich der Emeritierung von Univ.-Prof. Dr, Dr. Klaus König* (S. 77–82). Berlin: Duncker & Humblot.

Bertels, J., Bouckaert, G. & Jann, W. (2016). *European Perspectives for Public Administration (EPPA).* Paper presented at the AGPA Annual Conference, 22.–26. August 2016. Utrecht, the Netherlands.

Bertelsmann Stiftung (Hrsg). *Leitbild bürgerorientierte Kommune.* Orientierungsrahmen und Qualitätsmaßstab. www.buer gerorientierte-kommune.de Zugriff 5. Januar 2017.

Beruf und Familie (2014). *Vereinbarkeit 2020 – Von Lebensentwürfen zur individualisierten Personalpolitik.* http://berufundfa milie.de/images/dokumente/WhitePaper_Vereinbarkeit2020. pdf. Zugriff 23. Februar 2017.

Bibricher, T. (2012): *Neoliberalismus.* Hamburg: Junius Verlag.

Blanke, B.; Nullmeier, F.; Reichard & C.; Wewer, G. (Hrsg.). (2010): *Handbuch zur Verwaltungsreform.* Wiesbaden: Verlag für Sozialwissenschaften.

Böhret, C., Jann, W. & Kronewett, E. (1988). *Innenpolitik und politische Theorie. Ein Studienbuch.* Opladen: Westdeutscher Verlag.

Böhret, C. (2003): Politologische Verwaltungswissenschaft – Kommentar. *Verwaltungswissenschaften und Verwaltungswissenschaft. Forschungssymposium anlässlich der Emeritierung von Univ.-Prof. Dr. Dr. Klaus König* (S. 83–87). Berlin: Duncker & Humblot.

Bogumil, J. (2002): Zum Verhältnis von Politik- und Verwaltungswissenschaft in Deutschland, in: polis Nr. 54/2002. http://homepage.rub.de/joerg.bogumil/Downloads/FEG/po lis54.pdf, Zugriff 5. April 2017.

Bogumil, J., Holtkamp, L. & Schwarz, G. (2003): *Das Reformmodell Bürgerkommune. Leistungen – Grenzen – Perspektiven.* Berlin: edition sigma.

Bogumil, J., Grohs, S. & Kuhlmann, S. (2006): Ergebnisse und Wirkungen kommunaler Verwaltungsmodernisierung in Deutschland – Eine Evaluation nach 10 Jahren Praxiserfahrungen. In J. Bogumil, W. Jann & F. Nullmeier (Hrsg.), *Politik und Verwaltung.* Politische Vierteljahresschrift. Sonderheft 37/2006 (S. 151–184). Wiesbaden: Verlag für Sozialwissenschaften.

Bogumil, J., Jann, W. & Nullmeier, F. (Hrsg.). (2006). *Politik und Verwaltung.* Politische Vierteljahresschrift. Sonderheft 37/2006. Wiesbaden: Verlag für Sozialwissenschaften.

Bogumil, J., Grohs, S., Kuhlmann, S. & Ohm, A. K. (2007): *Zehn Jahre Neues Steuerungsmodell. Eine Bilanz kommunaler Verwaltungsmodernisierung.* Berlin: edition sigma.

Bogumil, J., Holtkamp, L., Kißler, L., Kuhlmann, S., Reichard, C., Schneider & Wollmann, H. (2007). *Perspektiven kommunaler Verwaltungsmodernisierung. Praxiskonsequenzen aus dem Neuen Steuerungsmodell.* Berlin: edition sigma.

Bogumil, J. & Jann, W. (2009). *Verwaltung und Verwaltungswissenschaft in Deutschland. Einführung in die Verwaltungswissenschaft.* Wiesbaden: Verlag für Sozialwissenschaften.

Bohne, E. (2014). Gegenstand, methodische Grundlagen und theoretischer Bezugsrahmen der Verwaltungswissenschaft. *die Verwaltung,* Vol. 47, No. 2, S. 159–195.

Bornträger, M. (2015). Nachwuchskräfte und öffentlicher Dienst – ein Bund fürs Leben? In A. Gourmelon (Hrsg.), *Kompetenzen für die Zukunft – Personalentwicklung im Fokus.* (S. 9–21). Heidelberg: Rehm Verlag.

Budäus, D. (2006). Entwicklungen und Perspektiven eines Public Management in Deutschland. In: W. Jann, M. Röber & H. Wollmann (Hrsg.), *Public Management – Grundlagen, Wirkungen, Kritik. Festschrift für Christoph Reichard zum 65. Geburtstag* (S. 173–186). Berlin: edition sigma.

Bull, H.-P. & Mehde, V. (2015). *Allgemeines Verwaltungsrecht mit Verwaltungslehre.* Heidelberg: C. F. Müller

Bundesministerium des Innern (2012). *Open Government Data Deutschland.* Berlin.

Bundesministerium des Innern (Hrsg.). (2015): *Jedes Alter zählt. Weiterentwicklung der Demografiestrategie der Bundesregierung.* Berlin: o. V.

Bundesministerium für Familie, Senioren, Frauen und Jugend (2010). Allgemeines Gleichbehandlungsgesetz. https://www. bmfsfj.de/bmfsfj/aktuelles/alle-meldungen/allgemeines-gleichbehandlungsgesetz/80790?view=DEFAULT. (Zugriff 7. Juni 2017)

Bundesregierung (Hrsg.). (2011). *Nationaler Aktionsplan Integration. Zusammenhalt stärken – Teilhabe verwirklichen.* Berlin: o. V.

Buhr, C.-C. (2014). Open Data in Europa – 10 Thesen. In: H. Hill, M. Martini & E. Wagner (Hrsg.), *Transparenz, Partizipation, Kollaboration. Die digitale Verwaltung neu denken* (S. 97–107). Baden-Baden: Nomos Verlagsgesellschaft.

BVerfG 7, S. 155 ff. 162.

Cohen, M. D., March, J. G. & Olsen, J. P. (1972). A Garbage Can Model of Organizational Choice. *Administrative Science Quaterly, Vol. 17,* S. 1–25.

Deutscher Bundestag (2002). *Schlussbericht der Enquête-Kommission „Zukunft des Bürgerschaftlichen Engagements".* Drucksache 14/8900. Berlin: Bundesanzeiger Verlagsgesellschaft.

Deutscher Bundestag (2002). *Schlussbericht der Enquête-Kommission „Demographischer Wandel – Herausforderungen unserer älter werdenden Gesellschaft an den Einzelnen und die Politik".* Drucksache 14/8800. Berlin: Bundesanzeiger Verlagsgesellschaft.

Die Bundesregierung (1999): *Moderner Staat – Moderne Verwaltung. Das Programm der Bundesregierung.* Berlin.

DIN 69901-5:2009 Nr. 3.43. http://www.olev.de/p/projekt.htm (Zugriff 1. März 2017)

Ehlers, D. (2010). Verwaltung und Verwaltungsrecht im demokratischen und sozialen Rechtsstaat. In H.-U. Erichsen & D. Ehlers (Hrsg.), *Allgemeines Verwaltungsrecht.* (S. 4–252). Berlin/New York: De Gruyter.

Emmer, M. (2017). Soziale Medien in der politischen Kommunikation. In M. Taddicken & J.H. Schmidt, (Hrsg.), *Handbuch Soziale Medien* (S. 81–110). Wiesbaden: Springer VS.

Endruweit, G. (2004). *Organisationssoziologie.* Stuttgart: Lucius & Lucius.

Erbguth, W. (2005). *Allgemeines Verwaltungsrecht mit Verwaltungsprozess- und Staatshaftungsrecht.* Baden-Baden: Nomos Verlag.

Escher, T. (2013). Mobilisierung zu politischer Partizipation durch das Internet: Erwartungen, Erkenntnisse und Herausforderungen der Forschung. *Analyse und Kritik,* Heft 2/2013, S. 449–476.

EU-Commission (Hrsg.). *Method Paper 2010: Preparing the 9th Benchmark Measurement* – SMART 2009/0023-3.

Etzioni, A. (1995). *Die Entdeckung des Gemeinwesens.* Stuttgart: Fischer Verlag

Fengler, S. & Vestring, B. (2009). *Politikjournalismus.* Wiesbaden: VS Verlag für Sozialwissenschaften.

Fischer, T. (2014). Prozessmanagement. In R. Paulic (Hrsg.), *Verwaltungsmanagement und Organisation* (S. 155–202). Frankfurt: Verlag für Verwaltungswissenschaft.

Fischer, T. (2015). Grundlagen des Personalmanagement. In T. Fischer (Hrsg.), *Personalmanagement* (S. 21–40). Frankfurt: Verlag für Verwaltungswissenschaft.

Fischer, T. (2015). Personalpolitik. In T. Fischer (Hrsg.), *Personalmanagement* (S. 41–69). Frankfurt: Verlag für Verwaltungswissenschaft.

Franz, T. (2013). *Einführung in die Verwaltungswissenschaft.* Wiesbaden: Springer VS.

Frey, R. (Hrsg.). (1976). *Kommunale Demokratie.* Bad Godesberg: Verlag Neue Gesellschaft GmbH.

Frey, R. (1976). Verwaltungsreformen in Deutschland: Voraussetzung zur Verwirklichung lokaler Demokratie? In R. Frey (Hrsg.), *Kommunale Demokratie* (S. 97–140). Bad Godesberg: Verlag Neue Gesellschaft GmbH.

Gerlach, I. (2010). *Bundesrepublik Deutschland. Entwicklung, Strukturen und Akteure eines politischen Systems.* Wiesbaden: Verlag für Sozialwissenschaften.

Goetz, K. H. (2006). Europäisierung der öffentlichen Verwaltung – die europäische Verwaltung? In J. Bogumil, W. Jann & F. Nullmeier (Hrsg.), *Politik und Verwaltung.* Politische Vierteljahresschrift, Sonderheft 37/2006 (S. 472–490). Wiesbaden: Verlag für Sozialwissenschaften.

Gourmelon, A., Seidel, S. & Treier, M. (2014). *Personalmanagement im öffentlichen Sektor. Grundlagen und Herausforderungen.* Heidelberg: Rehm Verlag.

Grande, E. (2012). Governance-Forschung in der Governance-Falle? Eine kritische Bestandsaufnahme. *Politische Vierteljahresschrift*, 53. Jg., 4/2012, S, 565–592.

Gunkel, A. & Hoffmann, B. (2016). *Beamtenrecht in Nordrhein-Westfalen.* Witten: Verlag Bernhardt-Witten.

Habermas, J. (1992). *Faktizität und Geltung. Beiträge zur Diskurstheorie des Rechts und des demokratischen Rechtsstaats.* Frankfurt am Main: Suhrkamp Verlag.

Hammermann, A. & Stettes, O. (2014). *Lebensphasenorientierte Personalpolitik. Theoretisches Konzept und empirische Evidenz.* Köln: Institut der deutschen Wirtschaft.

Hansen, S. (2015). Personalmarketing. In T. Fischer (Hrsg.), *Personalmanagement* (S. 125–149). Frankfurt: Verlag für Verwaltungswissenschaft.

Hill, H. (2014). Wandel der Verwaltungskultur und Kompetenzen im digitalen Zeitalter. In H. Hill, M. Martini & E. Wagner (Hrsg.), *Transparenz, Partizipation, Kollaboration. Die digitale Verwaltung neu denken* (S. 125–148). Baden-Baden: Nomos Verlagsgesellschaft.

Hofmann, H., Gerke, J. & Hildebrandt, U. (2016). *Allgemeines Verwaltungsrecht mit Sozialverwaltungsverfahren, Bescheidtechnik, Verwaltungsvollstreckung und Rechtsschutz.* Stuttgart: Deutscher Gemeindeverlag.

Holtkamp, L. (2012). *Verwaltungsreformen. Problemorientierte Einführung in die Verwaltungswissenschaft.* Wiesbaden: Springer.

IfD-Allensbach (2013). Monitor Familienleben 2013 – Einstellung der Bevölkerung zur Familienpolitik und zur Familie. http://www.ifd-allensbach.de/uploads/tx_studies/7893_Monitor_Familienleben_2013.pdf. Zugriff am 23. Februar 2017.

Initiative Neue Qualität der Arbeit (Hrsg.). (2014). *Gesunde Mitarbeiter – gesundes Unternehmen. Eine Handlungshilfe für das Betriebliche Gesundheitsmanagement.* Berlin: o. V.

Innenminister des Landes Nordrhein-Westfalen (Hrsg.). (2001). Bericht des Innenministeriums Nordrhein-Westfalen zum Stand der Verwaltungsmodernisierung für den Ausschuss für Innere Verwaltung und Verwaltungsstrukturreform des Landtages Nordrhein-Westfalen. Düsseldorf.

Jann, W., Röber, M. & Wollmann, H. (2006). (Hrsg.). *Public Management – Grundlagen, Wirkungen, Kritik. Festschrift für Christoph Reichard zum 65. Geburtstag.* Berlin: edition sigma.

Jann, W. & Wegrich, K. (2010). Governance und Verwaltungspolitik: Leitbilder und Reformkonzepte. In A. Benz & N. Dose (Hrsg.), *Governance – Regieren in komplexen Regelsystemen. Eine Einführung* (S. 175–200). Wiesbaden: Verlag für Sozialwissenschaften.

Kipke, R. (2000). Gemeinden in der politischen Ordnung der Bundesrepublik Deutschland. In J. Bellers, R. Frey & C. Rosenthal (Hrsg.), *Einführung in die Kommunalpolitik* (S. 75–88). München/Wien: Oldenbourg Verlag.

Kluth, W. (2011). Europäisierung von Verwaltungsorganisation und -prozessen. In B. Blanke, F. Nullmeier, C. Reichard & G. Wewer (Hrsg.), *Handbuch zur Verwaltungsreform* (S. 588–595). Wiesbaden: Verlag für Sozialwissenschaften.

Kommunale Gemeinschaftsstelle für Verwaltungsmanagement (1992): *Wege zum Dienstleistungsunternehmen – Kontraktmanagement in den Niederlanden (Fallstudie Tilburg).* Bericht 19/1992, Köln.

Kommunale Gemeinschaftsstelle für Verwaltungsmanagement (1993): *Das Neue Steuerungsmodell – Begründung, Konturen, Umsetzung.* Bericht 5/1993. Köln.

Kommunale Gemeinschaftsstelle für Verwaltungsmanagement (1999): *Bürgerengagement – Chance für Kommunen.* Bericht 6/1999, Köln.

Kommunale Gemeinschaftsstelle für Verwaltungsmanagement (2005): *E-Government und Verwaltungsreform: Auf dem Weg zur Netzwerkverwaltung.* Positionspapier Juni 2015. Köln.

Kommunale Gemeinschaftsstelle für Verwaltungsmanagement (2007): *Das Neue Steuerungsmodell: Bilanz der Umsetzung.* Bericht 2/2007. Köln.

Kommunale Gemeinschaftsstelle für Verwaltungsmanagement (2014): *Leitbild Bürgerkommune. Entwicklungschancen und Umsetzungsstrategie.* Bericht 3/2014. Köln.

König, K. (2008). *Moderne öffentliche Verwaltung. Studium der Verwaltungswissenschaft.* Berlin: Duncker & Humblot.

Kost, Andreas (2013). *Direkte Demokratie.* Wiesbaden: Springer.

Mayntz, R. (2010). Governance im modernen Staat. In A. Benz & N. Dose (Hrsg.), *Governance – Regieren in komplexen Regelsystemen. Eine Einführung* (S. 37–48). Wiesbaden: Verlag für Sozialwissenschaften.

Mergel, I., Müller, P. S., Parycek, P. & Schulz, S. E. (2017): *Praxishandbuch Soziale Medien in der öffentlichen Verwaltung.* Wiesbaden: Springer VS.

Möltgen, K. (2010). Veränderungsbedarfe im Personalmanagement öffentlicher Verwaltungen vor dem Hintergrund des demografischen Wandels. In J. Stember & W. Eixelsberger (Hrsg.), *Verwaltung im Wandel. Neue Anforderungen des modernen Verwaltungsmanagements in Mitteleuropa.* (S. 281–315). Münster: LIT Verlag.

Möltgen, K. (2011): Governance. In B. Frevel (Hrsg.), *Staat und Gesellschaft. Soziologische und politologische Grundlagen öffentlicher Verwaltung* (S. 215–235). Frankfurt: Verlag für Verwaltungswissenschaft.

Möltgen, K. (2014). Projektmanagement. In. R. Paulic (Hrsg.), *Verwaltungsmanagement und Organisation* (S. 275–292). Frankfurt: Verlag für Verwaltungswissenschaft.

Möltgen, K. (2015). Personalentwicklung und interkulturelle Kompetenzen. In. A. Gourmelon (Hrsg.). *Kompetenzen für die Zukunft. Personalentwicklung im Fokus* (S. 33–51). Heidelberg: Rehm Verlag.

Möltgen, K. & Otten, H. (2015). Interkulturelles Personalmanagement. In T. Fischer (Hrsg.). *Personalmanagement* (S. 369–391). Frankfurt: Verlag für Verwaltungswissenschaft.

Münkler, H. (2006). Geschichte und Selbstverständnis der Politikwissenschaft in Deutschland, in: H. Münkler (Hrsg.), *Politikwissenschaft. Ein Grundkurs* (S. 13–54). Hamburg: Rowohlt.

Naßmacher, H & Naßmacher, K.-H. (2007): *Kommunalpolitik in Deutschland.* Wiesbaden: VS Verlag für Sozialwissenschaften.

Naßmacher, K.-H. (2010): *Politikwissenschaft.* München: Oldenbourg Wissenschaftsverlag.

Neuenhaus-Luciano, P. (2012). Amorphe Macht Herrschaftsgehäuse – Max Weber. In P. Imbusch (Hrsg.), *Macht und Herrschaft: Sozialwissenschaftliche Theorien und Konzeptionen* (S. 97–114). Wiesbaden: Springer VS

Noelle-Neumann, E. (2001). *Die Schweigespirale. Öffentliche Meinung – unsere soziale Haut.* München: Langen Müller.

Nullmeier, F. (2006): Policy-Forschung und Verwaltungswissenschaft. In H. Münkler (Hrsg.), *Politikwissenschaft. Ein Grundkurs* (S. 285–323). Hamburg: Rowohlt.

Nuscheler, F. (2009): Good Governance. Ein universelles Leitbild von Staatlichkeit und Entwicklung? INWF-Report 96/2009, Duisburg: Institut für Entwicklung und Frieden, Universität Duisburg Essen.

Paulic, R. (Hrsg.). (2014). *Verwaltungsmanagement und Organisation.* Frankfurt: Verlag für Verwaltungswissenschaft.

Preisendörfer, P. (2016). *Organisationssoziologie. Grundlagen, Theorien und Problemstellungen.* Wiesbaden: Springer VS.

Püttner, Günter (2007). *Verwaltungslehre.* München: Beck Verlag.

Reichwein, A. (2014). Verwaltungsmanagement und Organisation. In R. Paulic (Hrsg.), *Verwaltungsmanagement und Organisation* (S. 23–65). Frankfurt: Verlag für Verwaltungswissenschaft.

Richter, P. (2012). Die Organisation öffentlicher Verwaltung. In M. Apelt & V. Tacke (Hrsg.), *Handbuch Organisationstypen* (S. 91–112). Wiesbaden: Springer VS.

Robert Bosch Stiftung (Hrsg.) (2009). *Demographieorientierte Personalpolitik in der öffentlichen Verwaltung.* Stuttgart: o. V.

Ruß-Mohl, S. (2003). *Journalismus. Das Hand- und Lehrbuch.* Frankfurt: FAZ

Obama, B. (2009). Transparency and Open Government, Memorandum of January 21, 2009, Federal Register, Vol. 74 (2009), No. 15, S. 4685.

Odenthal, F. W. (2015): *Einführung in die öffentliche Betriebswirtschaftslehre.* Witten: Verlag Berhardt-Witten.

Ott, K. (2016): *Zuwanderung und Moral.* Stuttgart: reclam.

Rau, T. (2007): *Betriebswirtschaftslehre für Städte und Gemeinden. Strategie, Personal, Organisation.* München: Verlag Franz Vahlen.

Rudzio, W. (2015). *Das politische System der Bundesrepublik Deutschland.* Wiesbaden: Springer VS.

Ruß-Mohl, S. (2003): *Journalismus. Das Hand- und Lehrbuch.* Frankfurt: FAZ.

Reichard, C. (2007): Die Stadt als Konzern: „Corporatization" als Fortführung des NSM? In J. Bogumil, L. Holtkamp, L. Kißler, S. Kuhlmann, C. Reichard, C. Schneider & H. Wollmann (Hrsg.), *Perspektiven kommunaler Verwaltungsmodernisierung. Praxiskonsequenzen aus dem Neuen Steuerungsmodell* (S. 55–73). Berlin: edition sigma.

Schamann, H. & Kühn, B. (2016). Kommunale Flüchtlingspolitik in Deutschland, hrsg. von der Friedrich-Ebert-Stiftung. Abteilung Wirtschafts- und Sozialpolitik. Bonn.

Scharpf, F. W. (1973). Verwaltungswissenschaft als Teil der Politikwissenschaft. I F. Scharpf (Hrsg.), *Planung als politischer Prozess. Aufsätze zur Theorie der planenden Demokratie* (S. 90–105). Frankfurt: Suhrkamp.

Schmidt, M. G. (2007). *Das politische System Deutschlands.* Bonn: Bundeszentrale für politische Bildung.

Schröter, E. (2011): Europäischer Verwaltungsraum und Reform des öffentlichen Sektors. In B. Blanke, F. Nullmeier, C. Reichard & G. Wewer (Hrsg.), *Handbuch zur Verwaltungsreform* (S. 596–606). Wiesbaden: Verlag für Sozialwissenschaften.

Schwietring, Thomas (2011). *Was ist Gesellschaft? Einführung in soziologische Grundbegriffe.* Konstanz: UVK Verlagsgesellschaft.

Seibel, W. (2016). *Verwaltung verstehen. Eine theoriegeschichtliche Einführung.* Berlin: Suhrkamp.

Statistisches Bundesamt (2017). *Bevölkerung und Erwerbstätigkeit. Bevölkerung mit Migrationshintergrund – Ergebnisse des Mikrozensus 2015.* Wiesbaden: Statistisches Bundesamt.

Statistisches Bundesamt (2015). *Beschäftigte der öffentlichen Arbeitgeber.* https://www.destatis.de/DE/ZahlenFakten/Gesell schaftStaat/OeffentlicheFinanzenSteuern/OeffentlicherDien st/Personal/Tabellen/OeffentlicherArbeitgeber.html, Zugriff 22. Februar 2017

Treier, M. (2014). Nicht dem Zufall überlassen … Gesundheitsmanagement im öffentlichen Sektor. In A. Gourmelon (Hrsg.), *Forschung für die Praxis – neue Erkenntnisse für ein professionelles Personalmanagement* (S. 37–52). Heidelberg u. a.: Rehm Verlag.

Voigt, R. (1995). Der kooperative Staat. Auf der Suche nach einem neuen Steuerungsmodus. In R. Voigt (Hrsg.), *Der kooperative Staat. Krisenbewältigung durch Verhandlung?* (S. 33–92). Baden-Baden: Nomos Verlagsgesellschaft.

Voss, K. (Hrsg.). (2014). *Internet und Partizipation. Bottom-up oder Top-down? Politische Beteiligungsmöglichkeiten im Internet.* Wiesbaden: Springer.

Wagener, F. (1969). Neubau der Verwaltung. Berlin: Duncker & Humblot.

Weber, M. (2005a). *Politik und Gesellschaft.* Neu Isenburg: Melzer Verlag GmbH.

Weber, M. (2005). *Wirtschaft und Gesellschaft. Grundriss der verstehenden Soziologie.* Neu Isenburg: Melzer Verlag GmbH.

Winter, T. (2003). *Kommunale Kulturpolitik in Nordrhein-Westfalen. Genese, Veränderung und modernes Selbstverständnis eines verfassungsrechtlichen und gesellschaftspolitischen Auftrages.* Münster: Agenda Verlag.

https://www.arnsberg.de/zukunft-alter/. (Zugriff 22. Februar
    2017)

http://www.bamf.de/DE/Fluechtlingsschutz/AblaufAsylv/
    Entscheidung/entscheidung-node.html. (Zugriff 28. Februar
    2017)

https://www.bmfsfj.de/bmfsfj/aktuelles/alle-meldun-
    gen/allgemeines-gleichbehandlungsgesetz/80790?view=
    DEFAULT (Zugriff 7. Juni 2017)

http://www.bmi.bund.de/DE/Themen/IT-Netzpolitik/
    E-Government/E-Government-Gesetz/e-government-gesetz_
    node.html. (Zugriff 12. Februar 2017)

http://www.bpb.de/nachschlagen/lexika/lexikon-der-
    wirtschaft/20711/stabilitaetsgesetz (Zugriff 27. Februar 2017).

http://www.brandtschool.de/the-school/. (Zugriff 30. März
    2017)

https://www.bundesregierung.de/Content/DE/Artikel/2016/
    06/2016-06-22-bamf-vortrag-weise-asylverfahren-schneller-
    entschieden.html. (Zugriff 28. Februar 2017)

https://daten.rlp.de. (Zugriff 17. Februar 2017)

http://www.deutschesektion-iias.de/deutsche-sektion/fakten/.
    (Zugriff 30. März 2017)

https://www.demografie-portal.de/SharedDocs/Informieren/
    DE/ZahlenFakten/Oeffentlicher_Dienst_Anzahl.html (Zu-
    griff 26. Juli 2017)

https://www.dvpw.de/gliederung/sektionen/spv/ueber-die-
    sektion.html. (Zugriff 30. März 2017)

http://www.fernuni-hagen.de/KSW/portale/bapvs/einstieg/
    studienziele-und-berufsfelder. (Zugriff 29. März 2017)

http://www.fernuni-hagen.de/KSW/bapo/studieninhalte/
    2015ws/vertiefung_verwaltung.shtml. (Zugriff 29. März
    2017)

http://www.fernuni-hagen.de/KSW/portale/magov. (Zugriff 29. März 2017)

http://www.fernuni-hagen.de/KSW/portale/magov/einstieg/studienziele-und-berufsfelder. (Zugriff 29. März 2017)

http://www.fernuni-hagen.de/KSW/portale/magov/studium/ss-2017. (Zugriff 29. März 2017)

http://www.fernuni-hagen.de/polis/lg4/. (Zugriff 29. März 2017)

https://www.fhoev.nrw.de/uploads/media/ModulhandbuchMPMabJahrgang2016.pdf (Zugriff 30. März 2017)

https://www.fhoev.nrw.de/studium/masterstudiengaenge/mpm/startseite.html. (Zugriff 30. März 2017)

www.fortschrittskolleg.de. (Zugriff 2. Juni 2017)

www.govdata.de. (Zugriff 17. Februar 2017)

https://www.hertie-school.org/de/forschung/professoren. (Zugriff 29. März 2017)

https://www.hertie-school.org/en/study/course-catalogue. (Zugriff 30. März 2017)

https://www.hertie-school.org/de/ueber-uns/chronik. (Zugriff 29. März 2017)

http://www.integration-interkommunal.net/iinet_start/iinet_start.de.jsp. (Zugriff 26. Juli 2017).

www.interamt.de. (Zugriff 24. Juli 2017)

https://www.reporter-ohne-grenzen.de/rangliste/2017/ (Zugriff 30. April 2017)

http://www.it-planungsrat.de/SharedDocs/Downloads/DE/Entscheidungen/10_Sitzung/Leitlinie_Informationssicherheit_Hauptdokument.html?nn=6849116. (Zugriff 22. Januar 2017)

http://www.lvstein.uni-kiel.de/t3/. (Zugriff 30. März 2017)

http://www.mi.niedersachsen.de/zablage_alte_knotenpunkte/60708.html. (Zugriff 27. Januar 2017) http://www.muenchen.de/aktuell/2016-09/auszeichnnung-fuer-pressestelle-polizei-muenchen.html (Zugriff 22. Mai 2017)

http://nrwschool.de/die-school/die-nrw-school-2. (Zugriff 30. März 2017)

http://nrwschool.de/lehre-und-qualifizierung/politikmanagement-m-a/ (Zugriff 30. März 2017)

http://www.politische-bildung-brandenburg.de/sites/default/files/bilder/verwaltungsgliederungsplang.gif (Zugriff 20. April 2017)

https://www.politikwissenschaft.tu-darmstadt.de/index.php?id=2946. (Zugriff 30. März 2017

https://www.polver.uni-konstanz.de/studium/master/mapolver. (Zugriff 27. März 2017)

http://www.sowi.rub.de/regionalpolitik/profil/index.html.de. (Zugriff 29. März 2017)

https://www.uni-due.de/studienangebote/studiengang.php?id=31. (Zugriff 30. März 2017)

https://www.uni-due.de/studienangebote/studiengang.php?id=155. (Zugriff 30. März 2017)

https://www.uni-erfurt.de/studium/studienangebot/master/public-policy. (Zugriff 22. Mai 2017)

https://www.uni-konstanz.de/studieren/vor-dem-studium/studienangebot/studiengaenge-a-z/politik-und-verwaltungs wissenschaft-ba. (Zugriff 27. März 2017)

https://www.unikims.de/de/mba-masterstudiengaenge/master-of-public-administration-mpa-/studienziele. (Zugriff 30. März 2017)

http://www.uni-potsdam.de/wiso/studium/bachelor/ba-politik-und-verwaltung/studienziele-aufbau-des-studiums.html. (Zugriff 29. März 2017)

http://www.uni-potsdam.de/wiso/studium/bachelor/ba-politik-verwaltung-und-organisation.html. (Zugriff 29. März 2017)

http://www.uni-potsdam.de/wiso/studium/master/
ma-verwaltungswissenschaft/studienziele.html. (Zugriff
29. März 2017)

http://www.uni-potsdam.de/wiso/fakultaet/struktur/politik-
verwaltung.html. (Zugriff 23. März 2017)

http://www.uni-speyer.de/de/forschung/forschungsprojekte.
php. (Zugriff 23. März 2017)

http://www.uni-speyer.de/de/universitaet/gegenwart-und-
geschichte/begruessung.php?p_id=823. (Zugriff 23. März
2017)

http://www.uni-speyer.de/de/studium/public-administration/
profil.php?p_id=1052. (Zugriff 23. März 2017)

http://www.uni-speyer.de/de/studium/oeffentliche-wirtschaft-
ma/profil.php?p_id=807. (Zugriff 23. März 2017)

http://www.uni-speyer.de/de/studium/staat-und-verwaltung-
in-europa-llm/profil.php?p_id=739. (Zugriff 23. März 2017)

http://www.uni-speyer.de/de/studium/staat-und-verwaltung-
in-europa-llm/profil.php?p_id=739. (Zugriff 23. März 2017)

http://wirtschaftslexikon.gabler.de/Definition/digitalisierung.
html. (Zugriff 11. Februar 2017)

http://wirtschaftslexikon.gabler.de/Definition/privatisierung.
html. (Zugriff 17. Januar 2017)

http://wirtschaftslexikon.gabler.de/Definition/verwaltungs-
reform.html. (Zugriff 27. Februar 17)

http://www.zeit.de/1949/08/diktiertes-beamtengesetz (Zugriff
27. Februar 2017)

The manufacturer's authorised representative in the EU is Springer
Nature Customer Service Centre GmbH, Europaplatz 3, 69115 Heidelberg,
Germany. If you have any concerns regarding our products, please
contact ProductSafety@springernature.com

Printed and bound by CPI Group (UK) Ltd, Croydon, CR0 4YY
23/04/2026
02095645-0001